JN113322

文眞堂現代経営学選集 II 11

フォレットの解釈学的経営思想

杉田　博　著

文　眞　堂

まえがき

　ヨコのものをタテにして若干のコメントを付す研究スタイルは芸術作品を鑑賞するかのようである。かつて，わが国のこうした経営学は訓詁学と揶揄された。もっとも経営学説の作品となると，研究者らは味わうことに加えて使いものになるかどうかも考える。だが，レンズの度が合わないとか切れ味が悪いとか評価は芳しくない。その中でも古典と称される学説は過去の遺物に過ぎず，もはや役立つはずはないと思われているらしい。

　そこに学の世界的な潮流が拍車をかける。多くの実証研究者が必要とするのはトップジャーナルであって，理解に苦しむ古典などそもそも紐解くに値しない。せいぜい先行研究の整理として一往書き記しておく程度のものなのであろう。そういう状況だから，学説理論系の学会は若手研究者から敬遠されてしまい，その結果として会員の減少に歯止めがかからないのだ。

　いささか申し開きをすれば，学説理論系の経営学のすべてが訓詁学というわけではない。テキスト解釈の技法として誕生した解釈学が，人間存在の意味を問い，さらには人間の社会性や歴史性を問うものに進化したように，わが国における学説理論系の経営学は単なる文献解釈に止まらない。その大きな貢献は経営学の射程に表れている。科学を志向する経営学が捨象してしまう価値的な側面を丁寧に取り扱うことで，合理性，人間性，社会性を同時に問う経営学を構築させたのである。このことはバーナードなどの古典が現代経営学でもなお生きられる力を持っていることの証左であろう。

　それではフォレットはどうか。その知名度の低さからすれば，まずは訓詁学的研究から始めたい気もするが，どうやらその時間はなさそうだ。そこで本書では訓詁学的な考察を必要最小限に留め，科学と哲学の長い歴史の中でフォレット思想を捉え直したい。つまり，フォレットの著作を単に作品として味わうのでもなく，フォレットの経営思想を現代の経営問題の解決に役立てるのでもない。

　ホワイトヘッド著『科学と近代世界』の冒頭の一文，「本書は，過去3世紀

における西欧文化の諸相を，それが科学の発展によって影響された範囲において研究した一つの試み」になぞらえるならば，本書『フォレットの解釈学的経営思想』は，「過去4世紀における科学と哲学の諸相からフォレット思想を再構成する一つの試み」である。フォレットの経営思想は何処から来たのか，そして何処へ行くのか。本書はこれを問う。

　今から約400年前，近代は「恩寵の光」から「自然の光」へのパラダイム転換によって幕を開けた。それに先鞭をつけたのがデカルトであった。中世ヨーロッパ思想の中心をなすスコラ学の教えではなく，人間の生得的な知的能力で真理の探究を目指したデカルトは，主観と客観の問題，そして精神と物質の問題について，それぞれ主客分離論と物心二元論をもってすれば科学的な真理を獲得できると考えたのである。こうして学のスタイルを確立させた科学は，それまで不可分の関係にあった哲学と袂を分かつことになった。

　そして，これに異を唱えたのがホワイトヘッドであった。ホワイトヘッドによれば，哲学の役割には科学的なコスモロジー（宇宙論）に対する批判がある。こうした立場から，「過去3世紀における西欧文化の諸相を，それが科学の発展によって影響された範囲において研究した一つの試み」の成果として上梓したのが『科学と近代世界』だったのである。ホワイトヘッドは，デカルトらの科学的なコスモロジーとその背後にある唯物論を批判することで「有機体の哲学」を誕生させたのだ。

　ホワイトヘッドに影響を受けたフォレットも科学的なコスモロジーに批判的であった。ドイツ観念論哲学やプラグマティズムを基盤とするフォレットの政治・社会思想はもともと哲学的であったし，そこにホワイトヘッドの有機体論が加わった経営思想はさらに哲学の度合いを増した。1920年代半ば以降，哲学の伝統——主観と客観の問題，精神と物質の問題——に真正面から向き合ったフォレットには経営哲学者という肩書きがよく似合う。

　そこで本書では，現代経営学の「主流」である「科学としての経営学」と対比する形でフォレットの「哲学としての経営学」を提示したいと思う。それが「過去4世紀における科学と哲学の諸相からフォレット思想を再構成する一つの試み」である。とはいえ，経営学における科学的なコスモロジーの単なる批

判ではない。フォレットの言葉を借りれば，本書は「科学としての経営学」と「哲学としての経営学」との「建設的対立」を目指している。プラグマティズム的に言えば，これからの経営学に必要なのは両者の対話である。

2020 年 9 月 18 日

杉田　博

目　　次

第Ⅰ部　フォレットの基本的スタンス

第Ⅲ部　フォレットの経営思想と解釈学

序章
解釈学的経営思想の視座

第1節　科学と哲学，そして解釈学

　「我思う，ゆえに我あり（Cogito, ergo sum）」。これは近代哲学の父と称されるデカルト（R. Descartes）が，懐疑主義を論駁する意図のもとに考案した「疑う自分の存在は疑えない」とする言明である。自分の内なる観念を意識し，同時にそれを意識している自分を把握すること，すなわち，明晰判明を真理の基準とすることで，デカルトは「物体」と「精神」とを峻別する物心二元論の機械論的自然観を誕生させた（伊藤 2012, 124 頁）。それ以降，科学者は「物体」について性質を問い，哲学者は「精神」について意識を問うようになったのである。

　まず，科学者らの関心事は「物体」の性質である空間的な広がりにあった（竹田・西 1998, 135 頁）。そしてデカルトと同時代を生きたガリレイ（G. Galilei），ケプラー（J. Kepler），ニュートン（I. Newton）らは，その形，大きさ，運動の数学的な法則の解明を科学の役割と考えた。そして，16 世紀から 17 世紀にかけて惹起した天文学上の科学的発見，たとえば，ニュートン力学に代表される機械論的自然観が，それまで支配的だったアリストテレス（Aristoteles）の目的論的自然観を根底から覆して近代科学を成立させたのである。ちなみに歴史学者バターフィールド（H. Butterfield）は，こうした時代区分を産業革命に倣って科学革命（scientific revolution）と呼称したのだった[1]。

　その後の進歩は科学史を辿るまでもない。20 世紀になると自然科学者の立場がさらに優勢となり，人文・社会科学などすべての学問の方法を，数学と物理学の方法に統一しようとする動きが現れた。いわゆる統一科学化の構想であ

る。これを主導したのがウィーン学団の論理実証主義（logical positivism）者
たちであった。その領袖カルナップ（R. Carnap）は，形而上学は科学ではな
く詩や芸術の代用物であり，「形而上学者は音楽の才能のない音楽家」（Carnap
1959, p.80, 翻訳書 31 頁）だと皮肉った[2]。結果的に，統一科学化や形而上学
の除去は実現しなかったが，今日の各研究領域における実証主義への傾倒は統
一科学化の再来を予感させるものがある。

　次に「精神」の問題は，デカルトを出発点として，そこから近代哲学の二つ
の対立的な流れ——イギリス経験論と大陸合理論——を経て，その超克と位置づ
けられるカント（I. Kant）の超越論的観念論に辿り着いた[3]。デカルトからカ
ントへの主観主義の流れは，主観の中から意識の普遍性を取り出すこと（石
川 2009, 130-131 頁），つまり，主観に共通する認識の探究へと向かわせたの
だ（竹田・西 1998, 121 頁）。カントが「コペルニクス的転回（kopernikanische
Wendung）」と自画自賛した超越論的観念論について，ローティー（R. Rorty）
は冷静に哲学用語を用いて「認識論的転回（epistemological turn）」と評した。
カントの認識論を中心に発展した近代哲学にあって，人間の「心」は自然を映
し出す「鏡」と見做されたのである。

　そして 20 世紀になると，まもなく分析哲学が主潮流となった。フレーゲ（F.
L. G. Frege）やラッセル（B. A. W. Russell）の数理・記号論理学を源流とする
分析哲学は，命題を数学的な記号によって表すことで客観的な処理の可能性を
追求した。そこで対象となったのが「言語」だった。ウィーンの論理実証主義
陣営の人物でラッセルの弟子，ヴィトゲンシュタイン（L. J. J. Wittgenstein）
の「語りえないことには沈黙しなければならない」という言説からして，「言
語」は自然科学のように客観性を担保できるものと考えられた。つまり，論理
実証主義と相性のよい分析哲学の研究者は，自然科学を標準とする統一科学化
の肯定派だったのだ[4]。

　ローティーは，この流れを「言語論的転回（linguistic turn）」と位置づけた。
だが，ここには分析対象を「心」から「言語」へ転化させただけだとの批判の
意が込められていた。ローティーは「心」や「言語」を知識の絶対的な源泉と
位置づける哲学的立場を基礎づけ主義（foundationalism）と呼び，それらを映
す「鏡」の反射メカニズムの探究に固執することを不毛だと切り捨てたのであ

る（仲正　2008, 198-199 頁）。

　では哲学は如何にあるべきか。元来は分析哲学の流れを汲むローティーだが，その批判の矛先は「言語」を認識論的に分析し，それを絶対的真理として「基礎づける」ことにあった。そうではなく，それぞれの「言語」を成り立たせている歴史や文化を読み解き，そこから共通理解の余地を広げていこうと考えたのだ。問われるべきは「言語」の論理学的な構造ではなく，それが語られた歴史的・社会的な文脈なのだと。こうしてローティーは，解釈学を方法として「会話（conversation）」に注目すべきと主張したのである。

　もとより，解釈学（Hermeneutik）はテキスト解釈の技法として誕生した。テキスト文書を「全体から部分へ」と「部分から全体へ」という相互的循環によって読み進めるように，会話をその文脈から理解するというローティーの主張は，まさに伝統的な解釈学に適合的である。また，最終的な真理に到達することはできなくても，継続的な対話を通して少しでもより良い状態にしようとする態度を尊重する点にプラグマティズムの特徴が表れている。こうして「解釈学的転回（hermeneutic turn）」と言わんばかりのローティーは，ネオ・プラグマティズムの旗手とも評されるのである。

　ところで，プラグマティズムにはローティーらの「新」や「ネオ」とは別に「旧」や「古典」と呼ばれるものがある。それは南北戦争の対立を乗り越えて人々が再び連帯していくという姿を捉えたもので，19 世紀末から 20 世紀初頭にかけてのアメリカで生まれ広まった思想である。こうした民主主義の精神と行為にプラグマティストたちは新たな真理と価値を見出したのである。とはいえ，プラトン（Plato）のイデア論をはじめ伝統的哲学のように，日常的な行為・経験の彼方や背後にその本質を探ろうとしたわけではない（宇野　2013, 43頁）。彼らプラグマティストの着眼点は，他者とともに世界と関わっていく人々の行為であり，そこで問われるのは「生き方」としての「経験」そのものだった。

　それゆえ「経験」を「私」の意識の中に閉じ込めることはできない。そう考えた「旧」と「新」のプラグマティストたちは，デカルトやカントのような主観主義的で原子論的な世界観を批判するのである（宇野　2013, 44頁）。問うべきは「経験」か，それとも「会話」か。同じプラグマティズムでも「旧」と

「新」では，それぞれの思想が誕生した時代背景，またそれぞれの対象や意味・内容も異なるが，両者には「解釈学的循環（hermeneutischer Zirkel）」と「先行了解（Vorurteil）」という同じ特性を確認することができる。本書では，これを「部分と全体との生ける有機的関係」（新田 2006, 229 頁）として取り扱うこととする。

第 2 節　本書の目的と方法

　ヨーロッパを軸に発展した解釈学は，アメリカの「旧」と「新」のプラグマティズムにも影響を与えた。プラグマティズムと言っても論者によって異なるが，「旧」を代表するジェームズ（W. James）のプラグマティズムは，人間と社会の主体的把握と多元的理解に特徴がある。20 世紀初頭，プラグマティズムと全体論の復権という知的状況の中で初期アメリカ経営学は産声をあげた。その代表的な人物であるフォレット（M. P. Follett）は，それらを思想的基盤として解釈学的な経営思想を説いたのである。

　一般に，科学は自然界における因果性の分析に関心を示す。現代経営学も例外ではなく，実証主義に依拠して経営世界の「存在」を問う方法が「主流」である。こうした科学を標榜する経営学は三人称と位置づけられよう。また近年では，ナラティブ（narrative）など臨床的な方法を採用する経営学が出現しつつある。野家啓一は，これを「二人称の科学」と称している。そして三人称でも二人称でもなく，自分が生きる経営世界の「生成」に注目したのがフォレットであった。その特徴は，一人称（我）ないし一人称複数（我々）で流転する状況を捉えるところにある。その移ろいゆく状況への眼差しが，フォレットに「ワガコト」の経営の解釈学を創出させたのだ[5]。

　では，そもそも経営学とは何か。それは科学なのか，それとも哲学なのか。何とも禅問答のようで，その本質を一言で述べるのは難しい。社会科学における統一科学化が進みつつある昨今，経営学の科学志向はますます強くなるものの，それでも経営世界の価値・規範を重要視する経営学者は少なくない。一部の学会では会員同士が対話を繰り返すことで，経営学の科学性と哲学性につい

ての理解を共有しようとしてきた[6]。

　それでは解釈学的経営思想はどうか。字面からして何とも科学とは言い難い。では哲学なのか，それとも単なる個人的見解なのか。哲学と思想との線引きに明確な基準はないが，それを検証可能性に求める声もある。そこでデカルトから現代に至る哲学上の基本問題，すなわち，「主観と客観（主体と客体）の問題」，「個と全体（一と多）の問題」，そして「過程（時間）の問題」から，解釈学的経営思想のスタンスを確認しておきたい。

　第一は「主観と客観（主体と客体）の問題」である。近代史を概観すると，カント以降の認識論は主観主義のもとで発展しつつもそれに慎重であった。なぜなら，過度の主観主義は独我論に陥ってしまうからである。そこに現れたのが，主観と客観の未分離ないし統合を主張する論者である。

　たとえば，「あいだ」の概念を提唱する木村敏によれば，「リンゴは向こう側，客観の側にあるものだけれども，それが落ちるという経験は，いわばこちら側，主観の側にある」（木村 1982, 10 頁）。リンゴという「もの」は塊に過ぎないが，落ちるという「こと」は，知覚・認識する側との関係を含んでいる（中村 2007, 39-40 頁）。木村敏が指摘するように，「こと」の世界は主観と客観の「あいだ」にあり，そこには「見るもの」と「見られるもの」という認識論的な区分がない。言うなれば「こと」の世界は，認識の主体と対象との絶えざる相互作用の中で進化し，深まりゆく可能性を持ったものであると考えられる。

　第二は「個と全体（一と多）の問題」である。ジェームズの「多元的宇宙」では，無数の小さな宇宙（multiverse）が寄り集まり，そして織り交わって一つの宇宙（universe）を形成する（大賀 2015, 68 頁）。そこでは「一」の中に「多」が含まれ，「多」のそれぞれに「一」が現れる。さらに「個」と「個」との関係が「全体」を形成し，その「全体」がそれぞれの「個」に影響を与える。つまり「個」と「全体」は，両者の相互作用によって自己を創造する過程的存在と位置づけられる。それゆえ「個」と「全体」は主体でもあり客体でもある。この場合の「個」と「全体」は，人間と組織の，また人間と社会の関係に当てはまる。これらをジェームズ流に言えば，人間は実体的・固定的な存在というよりは，むしろ複合的・多元的なものであり，そして組織や社会という

全体もまた，多元的・複合的・協働的なものである（村田 1988, 147 頁）。

　世界は〈人間 - 組織 - 社会 - 自然〉の階層性と相互性によって成り立っている。組織は人間を内包し，社会は人間と組織を内包し，自然は人間と組織と社会の活動を包み込んでいる。このとき，人間は組織の下位システムであり，社会は組織の上位システムと考えられる。かかる階層には下位と上位との間に相互性が存在する。村田晴夫は，階層性と相互性の二つの関係を「階層的多元主義」（村田 1992, 21-26 頁）と称し，ＡとＢが互いに独立している「水平同型性」と，ＡとＢが互いに含み含まれる「垂直同型性」とに分類した（村田 1990, 201-206 頁）。こうした「垂直同型性」の思考様式は，「主観と客観（主体と客体）の問題」および「個と全体（一と多）の問題」と軌を一にする。

　ところで，科学は過ぎ去った出来事の因果法則を説明するが，哲学は過去から現在，そして未来へと流れる時間の中で「こと」の意味を問う。木村敏流に言えば「もの」は主客分離論となるが，「こと」は「ワガコト」として主客の相互作用を認める。こうした「ワガコト」の哲学は，プラグマティズム流に言えば，第三の「過程（時間）の問題」について，経験の規範性，すなわち，自己を含む人間の生き様と世界の在り様に目を向けるのである。それが「垂直同型性」の思考様式に他ならない。

　バーナード（C. I. Barnard）は主著『経営者の役割（*The Functions of the Executive*)』で，意思決定における機会主義的側面と道徳的側面を論じた。前者は，所与の目的達成に向けて環境を分析し，そこから手段を選択することを指す。ゆえに現在の時間を見ている。それに対して後者は，長期的視点で目的そのものを問い直し，ときに新しい目的を設定することを指す。ゆえに未来の時間を見ている。小笠原英司は，「創造性の原理とは，手段の創造である前に目的・価値の創造を意味する」（小笠原 2004, 340 頁）とし，価値創造の意思決定こそ経営者の職能的使命をなすと述べる。また藤沼司は，経営者による「新たな真・善・美の調和の創造」（藤沼 2015, 173 頁）が，バーナードの創造的管理論の要だと指摘している。ここで興味深いのが「フォレット＝バーナードの系譜」という主張である。藤沼司は，フォレットとバーナードは経営科学が考察対象から排除した価値の問題を積極的に取り扱い，自身の経営思想や理論体系の中に取り組んでいるとして，彼らを経営哲学の論者と位置づけるので

ある（藤沼 2015, 171 頁）。

　近代科学における「ニュートン時間では時間はそれ自体として一様に流れていくと考えられるが，有機体の時間は諸要因の相互連関において生み出される」（村田 2013, 111 頁）。フォレットとバーナードは「垂直同型性」の思考様式のもと，機械論的な刹那的時間ではなく，未来に向けて目的・価値を創造する持続的時間を想定した。かかる「有機体の時間」は「自ら目的を形成し，意思決定を行い，行動する」（村田 1984, 109-110 頁）ための創造的・過程的時間である。

　そこで本書は，ホワイトヘッド（A. N. Whitehead）の「有機体の哲学」に注目する。村田晴夫によれば，有機体は，「全体性」：部分の総和を越えるものとして統合されている，「能動性」：他からの力に対して単に反応するのではなく，それ自体の内発的な力によって活性化する，「過程性」：静態的ではなく動態的であり，過程として存在する，という特徴を持つ（村田 1984, 6-7 頁）。先に提示した三つの問題——「主観と客観（主体と客体）の問題」，「個と全体（一と多）の問題」，「過程（時間）の問題」——を包含しているホワイトヘッドの有機体論は，ジェームズのプラグマティズムとともに，フォレットの解釈学的経営思想に大きな影響を与えた。フォレットは，人間を他者との関係の中で主体性を得る存在と把握し，コミュニティや組織における人間の生き様を問うた。『創造的経験（*Creative Experience*）』というタイトルが物語るように，フォレットは行為者自身の眼差しを大切にしたのだ。

　経営学史上，水平同型の研究は方法論的個人主義であり，垂直同型の研究は方法論的有機体主義であった。その中で，初期アメリカ経営学に位置づけられるフォレットは，垂直同型的に「部分と全体との生ける有機的関係」を問うたのだ。「垂直同型性の側で考えられる解釈学は，認識と存在の間をつなぐものである。科学が専ら認識の側に位置していたことに比べて，解釈学が存在へと向かうことに両者の相違点がある。科学はその説明という本分からして実践へそのまま結びつくことはできないけれども，解釈学は了解という自己の満足を通して了解者に活性を与え，実践へと向かわしめる直接的契機を持つ」（村田 1984, 214-215 頁）。一人称で物語るフォレットの経営思想は規範性と実践性を有している。こうした点に，解釈学的経営思想の学術的ならびに社会的な

意義があると筆者は考えている。

第3節　本書の構成

　本書は3部で構成される。

　まず第Ⅰ部では，フォレットの生涯を素描し，解釈学的経営思想に関わる基本概念を整理・検討する。続く第Ⅱ部では，フォレットの思想形成に影響を与えた思想・哲学に注目する。そして第Ⅲ部では，フォレットの物語論的で解釈学的な経営思想を提示し，その現代的意義を表明したい。それを物語るのが「一人称の経営学」である。

　それでは，各章の論点を簡単に紹介しておこう。

　第1章では，フォレットの生涯を，「第1期：出生から学究生活期まで」，「第2期：ソーシャル・ワーカーとしての活動期」，「第3期：企業経営の分野での活動期」，「第4期：晩年期」に区分し，経営思想の生成に影響を与えた出会いや出来事を概観する。19世紀後半から20世紀初頭にかけて，フォレットはこの激動の時代をどのように生きたのか。それを辿ってみたい。

　第2章では，フォレット経営思想の主要概念である「機能（function）」と「統合（integration）」に注目し，そこから動態的な組織観と管理観を考察する。「（状況の）法則」や「（円環的）反応」などの語句を多用するフォレットは機能主義者と見做されがちだが，人間の成長や自由，そして組織の発展のために論じられる「機能」と「統合」のプロセス性から，フォレットに対する誤ったラベル貼りは改められるであろう。

　ではフォレットの動態的思考は何処から来たのか。そこで第3章は，ドイツ観念論哲学との関連を検討する。フィヒテ（J. F. Fichte）研究者から学んだフォレットは，ソーシャル・センターでの経験を踏まえ，政治哲学の立場で自己論と他者論を唱えた。そして，民主主義社会の実現に向けて集団と国家の在り様を問う段階になるとヘーゲル（G. W. F. Hegel）を評価するようになる。ここでは，こうしたフォレットの思想形成の変遷を整理したい。

　フォレットは，ヘーゲルの全体論をジェームズ思想と関連づける。古典的プ

ラグマティズムの論者として知られるジェームズに，フォレットは何を見ていたのだろうか。そこで第4章では，ジェームズ心理学における意識論，ジェームズ哲学における経験論，そしてジェームズのプラグマティズムとフォレット思想との関連を考察する。そこに浮かび上がるのが社会を生きる人間の姿である。ここで実用主義ないし道具主義という通俗的なプラグマティズムの理解は斥けられるであろう。

　ヘーゲルとジェームズから全体的思考を学んだフォレットは，1920年代半ばにホワイトヘッドと出会う。この時期に政治哲学者から経営哲学者へと転身したフォレットにとって，当代一流の哲学者が唱える「有機体の哲学」は大きな力添えとなった。両者に共通しているのは「個」と「全体」との関係性である。そこで第5章では，フォレットがホワイトヘッド思想を援用する形で主張したプロセス的な〈人間‐組織‐社会〉の関係性を史実資料から明らかにする。

　ヘーゲル，ジェームズ，そしてホワイトヘッドらの哲学を踏まえ，第6章ではフォレット経営思想の解釈学的特性を検討しよう。その特徴は行為者視点にある。フォレット思想では行為者自身が状況を解釈し，新たな状況を作り出すというプラグマティックな姿が捉えられている。つまり，解釈の主体は観察者としての研究者ではない。あくまで行為者本人なのである。いわゆる機能主義や解釈主義は研究のアプローチやパースペクティブを指すが，フォレットの場合には思想そのものである。ここで，その方法と意味を解き明かそう。

　それでは行為・解釈の主体を如何に捉えるか。これを検討するにあたり，コミュニタリアンらの主張に耳を傾けたい。彼らは，共同体を生きる人間が社会的・歴史的な文脈に影響されながらも自由に生きる方法を解釈学的に示した。同じようにフォレットも，社会を生きる人間の物語をプラグマティックに思い描いたのである。生きた年代は異なるが，両者の主張には自己と他者がともに善く生きるという実践性がある。ここでコミュニタリアンらが用いる「物語」という語はフォレットの思想にも似つかわしい。第7章では，その物語性を吟味したい。

　自己と他者とが関わり合う物語は他にもある。それは社会構成主義（social constructionism）の流れを汲むものであり，近年，医療や介護のような臨床の現場で実践されているナラティブと称されるような物語論である。そこでは

「語ること」が重要視されているが，コミュニタリアンらは「生きること」を問うている。そこで第8章では，アクチュアリティという概念の相違から，二つの物語論の特徴を明確にする。フォレット経営思想における物語性が「生きること」にあるのは言うまでもない。また，ここでは行為哲学的な物語論の実践的意義に迫りたい。

　第9章では，こうした物語論とプラグマティズムとの関連を検討しよう。そこで行為者自身の「経験」を問う。フォレットの創造的経験は，ジェームズ哲学における「知覚」が鍵を握っている。つまり，自分の目の前に現れるアクチュアリティという現実世界をあるがままに認識し，その世界を生きるのである。ここにプラグマティズムの本質がある。かかるフォレットの創造的経験では，〈人間‐組織‐社会〉の階層的かつ相互的な世界を道徳的に生きる人間の姿が浮かび上がるだろう。

　そして最終章では，フォレットの解釈学的経営思想を「一人称の経営学」として提示したい。これを要するに，経営を生きる当事者の経営学である。「実務家にして研究者」のフォレットは，行為者自らが経営世界を生きるという思想を作り上げたのである。かかる「一人称の経営学」と科学を志向する「三人称の経営学」とを合わせれば，経営学はより豊かな学問になり得るのではないか。上林憲雄は，「領域分断化（過度の専門分化）」と「見える化（方法論所与の無思考化や反知性主義）」を特徴とする軽薄な仮説‐検証型の実証研究が，「長期的で大局的な視座に立った問いかけや意味の深耕」を妨げていると警鐘を鳴らす（上林 2019, 13頁）。グローバル市場主義の進展が研究の短期化や小粒化を招いているというのだ[7]。そうであるならば，われわれは「長期的で大局的な視座に立った経営学」を問い，それを発信し続けなければならない。経営学は規範論たるべきである。筆者はそのように考えている。

注
　1）近代科学の成立を指すバターフィールドの「科学革命」について，野家啓一は次のように説明する。「〔科学と人間〕という提題がなされる場合の〔科学〕とは西欧近代科学，すなわち地域的には西ヨーロッパに，また時代的には16世紀から17世紀にかけて出現した特徴的な知識形態（あるいはそれによって確立された世界像）を指すことに異論はないであろう。イギリスの歴史家バターフィールドは，この西欧近代科学の成立という歴史的事象を科学革命という名で呼んだが，彼によればこの科学革命こそがルネサンスや宗教革命にも増して〔近代〕を近代として特徴づける決定的な事件だったのである」（野家 1993, 39頁）。ところで科学革命と言えばクーン（T. S. Kuhn）が

有名である。だが，クーンとバターフィールドの概念は全く異なる。クーンによれば，科学革命は「専門家たちに共通した前提をひっくり返してしまうような異常な出来事」(Kuhn 1962, 2012, p.6, 翻訳書 7 頁) であり，「通常科学（normal science）の伝統に縛られた活動と相補う役割をし，伝統を断絶させるもの」である (Kuhn 1962, 2012, p.6, 翻訳書 7 頁)。こうした観点により，クーンは科学の歴史における非連続的なパラダイム（paradigm）の交代を科学革命と称したのである。

2）ここでカルナップは次のように述べる。「多分，音楽は根本的態度の最も純粋な手段であろう。何故なら対象への関わりから全く自由だからである。形而上学者が一元論的体系において表現しようとしている，調和のとれた感情や態度はモーツァルトの音楽においてより明瞭に表現されている。更に，形而上学者が二元論的体系の中で二元論的で英雄的な人生への態度に言語表現を与えるというのは，適切な媒体においてこの態度を表現するというベートーヴェンのような才能が欠けているからではないのだろうか。形而上学者は音楽の才能のない音楽家である。その代わり彼等には，理論的なものの媒体内で仕事をし，概念および思想を結びつけようという強い性癖がある。ところが，一方では科学の領域においてこの性癖を活躍にする代わりに，他方では表現の要求を芸術において満たす代わりに，形而上学者達はこの二つのものを混同し，知識にとっては何にもならない構造や，態度の表現にとっては不適切なものを作り出す」(Carnap 1959, p.80, 翻訳書 31-32 頁)。さらに，「最高の芸術的な才能を持っていたと思われる形而上学者」(Carnap 1959, p.80, 翻訳書 32 頁) であるニーチェの『ツァラトゥストラはかく語りき』は，「誤解を導きやすい理論的形式は選ばずに公然と芸術の詩の形式を採っている」(Carnap 1959, p.80, 翻訳書 32 頁) と皮肉交じりに述べた。

3）イギリス経験論と大陸合理論，そして両者の超克としての超越論的観念論は，竹田・西 1998, 118-121 頁，を参照されたい。まずイギリス経験論の哲学者たちは，「異なった思想を排斥する宗教同士の対立〔不寛容〕を批判し，互いに思想信条の自由を認め合う〔寛容〕の精神を説く。彼らは人々が多様な世界像を持つことを認めたうえで，しかも人々の共存を可能にする社会秩序を構想しようとする」(119 頁)。次に大陸合理論の哲学者たちには，「世界は客観的な合理的秩序が支配している（＝真理はある）はずだ，それを認識できないはずはないという感覚が強く見られる。宗教戦争を経て早々と市民革命をなし遂げたイギリスと異なって，大陸ではキリスト教の影響が強かったせいか，世界像の多様性の感覚が弱いように感じられる」(120 頁)。そしてカントは考えた。「主観は主観の〔外〕に出られず，それぞれが世界の像を〔信念〕として作り上げているだけだというイギリス経験論の破滅的な結論を受け止めつつ，他方で数学や自然科学の認識の確かさには根拠があるはずだという大陸合理論の言い分にも答えることはできないか」(121 頁) と。カントによれば，「主観はいわば取り外し可能なメガネをかけているようなもので，客観それ自体〔物自体〕を眺めることは決してできない。しかし，どの主観のメガネも基本的には共通な構造をしているのであり，だからこそ，ある種の事柄に関しては誰にでも共通な〔普遍妥当的な〕認識が可能なのである」(121 頁)。こうしてカントは，認識の客観性の根拠を事物の側にではなく主観の共通性に求めた。

4）ヴィトゲンシュタインの哲学的スタンスは初期と後期で大きく異なる。また分析哲学者らのスタンスも一様ではなかったようだ。たとえばカルナップと論争を繰り広げたクワイン (W. V. O. Quine) は「新」プラグマティズムの論者として知られている。そのキーワードは「言語」である。野家啓一は「カルナップ - クワイン論争」を高く評価して次のように言う。「論争の帰趨を決したのは，言うまでもなくクワインのすでに古典となった論文〔経験主義の二つのドグマ〕(1951) であった。この中でクワインは，C. フックウェイの表現を借りるならば，〔哲学者たちが用いる〈意味〉の概念が弁護の余地のないものであることを結論し，それによって哲学的分析という観念全体に挑戦した〕のである。より具体的には，カルナップに代表される論理実証主義の基本前提の中に潜む二つの隠れたドグマ，すなわち〔分析／総合の区別〕および〔感覚与件（センス・データ）

還元主義〕を徹底的に批判することを通じて，クワインは〔ドグマなき経験主義＝プラグマティズム〕を旗印に掲げて独自の道を歩むことになる」（野家 1993, 187 頁）と。

　そして，この頃から論理実証主義の影響力は急速に衰え，それと同時にアメリカにおける分析哲学の中心はシカゴ大学からハーバード大学へと移っていった（野家 1993, 187-188 頁）。こうした分析哲学の展開を野家啓一は次のように評する。「ドグマの解体に始まったこの運動は，やがて第一哲学の解体を帰結する〔自然化された認識論〕の提唱へと至り着く。その過程は，一種の分析哲学の自己否定の運動と言えなくもない。いわば，ヨーロッパにおいて後期ヴィトゲンシュタインが果たした役割を，クワインはアメリカにおいて果たしたのだと言うことができる」（野家 1993, 188 頁）。「相撲で稽古をつけてもらった兄弟子を本場所で打ち負かすことを〔恩返し〕をすると言うけれども，その伝で行くならば，クワインはまさに論理実証主義に対して〔恩返し〕をした哲学者」（野家 1993, 186 頁）であった。

5）齊藤毅憲は経営学における「ワガコト」の視点を次のように説明している。「主客が分離した科学としての経営学では，〔経営する人間〕はどこまでも研究の対象であり，〔ヒトゴト〕であって〔ワガコト〕にはなっていない。この〔ヒトゴト〕の経営学の存在を私は認める。しかし，〔ワガコト〕主義に立脚する実践経営学を他方で重視すべきであるとも考える。そして，この実践経営学は〔生きて行為する人間の学〕」（齊藤 2020, 69 頁）であり，それはいわば「生き学」だという。こうした考えに至った理由を齊藤毅憲は次のように述べる。「筆者は，学生が巨大企業の経営戦略などの特徴を教えられ，たとえそれが強く興味を感じたとしても，それは学生にとってどこまでも〔ヒトゴト〕に過ぎないのではないかと感じていた。また，科学としての経営学の教科書も必要であるが，学生が〔ワガコト〕と感じ，主体的に関与（コミット）できる教科書ができないものかと思っていた。3 部作（『個人の自立と成長のための経営学入門』（2016），『自分で企業をつくり，育てるための経営学入門』（2017），『農山漁村で働き，生きるための経営学入門』（2018），いずれも文眞堂）は，学生が近い将来，企業と直接どのように関わり，どのように働き生きていくかを自問させるという〔ワガコト〕主義の立場に立っている。つまり，この教科書は学者の目線ではなく，学生の目線に立とうとしている」（齊藤 2020, 70 頁）。齊藤毅憲の「ワガコト」は学生目線であり，本書の「一人称」は「実務家にして研究者」の目線である。このように両者は「ヒトゴト」の目線ではない。

6）筆者が所属する経営哲学学会と経営学史学会では，経営と組織の概念，さらには学会名称そのものの意味を問う統一論題が掲げられてきた。まず経営哲学学会では，第 16 回大会（1999）「経営哲学とは何か——方法と課題——」，第 17 回大会（2000）「経営哲学を問う——21 世紀を迎えて——」，第 18 回大会（2001）「経営学と科学——経営哲学の存在を問う——」を経て，第 19 回大会（2002）では，その集大成として「経営哲学の新たなる探究・総括シンポジウム大会」が開催された。こうした成果に，経営哲学学会編（2003）『経営哲学とは何か』文眞堂，がある。また経営学史学会では，第 1 回大会（1993）「経営学の位相」から現在に至るまで「学としての経営学（史）」について議論がなされてきた。過去 5 年間だけを振り返ると，第 23 回大会（2015）「経営学の批判力と構想力」，第 24 回大会（2016）「経営学史研究の興亡」，第 25 回大会（2017）「経営学史研究の挑戦」，第 26 回大会（2018）「経営学の未来——経営学史研究の現代的意義を問う——」，第 27 回大会（2019）「経営学の『概念』を問う——現代的課題への学史からの挑戦——」が開催された。このように，経営哲学学会と経営学史学会は経営の学説・理論・歴史を問い続けてきた。議論は喧々囂々としてしまい，なかなか共通認識には至らないが，プラグマティズム的に言えば，学会で顔を合わせながら話し合いを続ける行為にこそ意味がある。

7）上林憲雄は自ら会長を務めた日本労務学会の 50 年の歴史を振り返って次のように述べている。「研究アプローチに関して，統一論題報告であっても何らかの実証データを踏まえ，それを分析した研究成果の発表という形態が増加してきた。自由論題報告においてはなお一層その傾向が強く，

ここ数年の大会ではほとんどすべての研究報告が何らかの実証的調査に基づいている。集団としての〔労働〕から人間個人に焦点化した〔仕事〕へと関心が移行するにつれ，ミクロデータを収集してそれを分析しようとする研究報告，領域的なアプローチをとり，そこから何らかの新しい〔発見〕，マネジメントに関する示唆を得ようとする実証研究がここのところますます増加してきている」（上林 2020, 11 頁）。上林憲雄はさらに続ける。「かつては一定数を占めていた思想や理念を取り上げて吟味しようとする批判的で哲学的な研究，社会制度の在りようそれ自体を真正面から議論しようとする研究，先行諸研究での議論の立ち位置や分析視角を丹念に整理・分類しようとする研究，既存概念の精緻化を徹底して試みようとする研究，大局的に歴史の流れを捉えたうえで現状を位置付けようとする研究といった類の報告は，明らかに数が減ってきている」（上林 2020, 11 頁）と。そして日本労務学会の現在の様子を次のように述べる。「人間や社会の理想的な在りようを問う長期スパンの研究から，むしろ現状の社会体制や制度体系は所与とした，個人の〔身の回り〕ないし〔日常性〕を検討しようとした短期スパンの研究へと，時代の流れとともに学会全体の関心がシフトしつつあるといえよう。何らかの結果が出てきやすい実証研究には進んで取り組むが，手間暇がかかりなかなか成果の出にくい理論研究は，当学会においても敬遠される傾向にあることを示唆しているのかもしれない」（上林 2020, 11 頁）。これは日本労務学会だけの問題ではない。

第Ⅰ部
フォレットの基本的スタンス

第1章
フォレットの生涯とその時代

第1節　はじめに

　その人の思想や哲学というものは生まれ育った家庭環境もさることながら，成長段階での学びや出会い，さらに時代状況などが複雑に絡み合い，影響し合いながら形成される。本書で取り上げるメアリー・パーカー・フォレット (Mary Parker Follett: 1868-1933) は，南北戦争後の混乱と産業復興，革新主義運動の盛り上がりと第一次世界大戦の勃発，さらに大戦後の経済成長と世界恐慌という，19世紀末から20世紀初頭にかけての激動のアメリカを生き，さまざまな学問や人との出会いを通して自らの独創的な思想を作り上げた。

　本章では，そうしたフォレットの生涯とその時代を，「第1期：出生から学究生活期まで（1868-1899）」，「第2期：ソーシャル・ワーカーとしての活動期 (1900-1924)」，「第3期：企業経営の分野での活動期（1925-1927）」，「第4期：晩年期（1928-1933）」に区分し，彼女の思想形成に影響を与えた出来事を概観したい[1]。いわばフォレットの人生物語である。

　それでは，時間を遡って南北戦争が終結して間もないアメリカ北東部の町を訪れてみよう。その時代に，その場所で，アメリカ経営学は誕生した。

第2節　出生から学究生活期まで
（1868-1899）

1. 幼少期のメアリー

　フォレットは，1868年9月3日，マサチューセッツ州のクインジーに生ま

れた。州都ボストンから 10 マイルほど南方にあるクインジーは，当時，人口増と工業化の進展によって造船業と製靴業が栄えた。また，建築材としての御影石を全米に出荷する港町でもあった。父チャールズ・フォレット（Charles Allen Follett）と，母エリザベス・バグスター（Elizabeth Curtis Baxter）はともに古い家柄の出であったが，鍛冶屋を営むフォレット家に対して，バグスター家は精肉販売などの小売商を皮切りに銀行業や保険業で財を成し，クインジーの富豪としての社会的地位を高めた。

　鍛冶職人である祖父の仕事を見て育った父チャールズは，機械工として働いていたが，南北戦争が始まるとグラント将軍率いる北軍の志願兵となり，1864年の，いわゆる「第二次ピーターズバーグの戦い」で激戦地に赴いた。そして終戦から 2 カ月後の 1865 年 6 月に除隊すると，心の傷も癒えぬまま小売商や機械工として働くが，どの仕事も長続きすることなく転職を繰り返した。1867年にはエリザベスと結婚したものの，富豪の娘として育った妻を満足させるほどの収入を得ることはなかった。

　バグスター家の支援を得ていたフォレット一家は経済的に恵まれていたが，幼少時代のメアリーは幸せとは言い難い日々を送っていた。華美な服装や社交を好む母エリザベスとは対照的に，娘のメアリーは本の虫で地味な少女だったため，母は人好きのしない娘よりも，メアリーの弟ジョージ（George Dexter Follett）を可愛がった。そうした母と弟はメアリーに対して威圧的な態度で接することが多かった [2]。

　だが父チャールズだけはメアリーの味方だった。キリスト教プロテスタント（クエーカー）の宗教心に富み，生真面目で物静かなチャールズは娘のメアリーを溺愛した。チャールズはメアリーの聡明さを誇りにし，控え目な性格の娘をそっと見守ってくれた。しかし，すべてを受け入れてくれた最愛の父は43 歳という若さで病死した。このときメアリーは 16 歳だった。

2.　学びの世界へ

　フォレットは学童期を地元の学校で学び，その後，12 歳でクインジーの南にあるブラントリーのセイア・アカデミー（Thayer Academy）に入学した。ここでフォレットはアンナ・トンプソン（A. B. Tompson）という女性教師の

薫陶を受け，そして知的世界への扉が開かれた。トンプソンはハーバード大学教授ジョサイア・ロイス（J. Royce）の弟子であり，ドイツ観念論者フィヒテに関する書物を執筆した哲学者でもあった。トンプソンは歴史科の担当だったが，フォレットはトンプソンから幅広い知的教養を授かったばかりでなく，禁欲的で質素な生活態度を学ぶなど精神的にも大きな影響を受けた。

　セイア・アカデミーを卒業した年，フォレットは最愛の父チャールズと，母方の祖父を亡くした。エリザベスは自分の父親から遺産を相続していたため，夫が死亡しても家族の生活に窮することはなかった。しかし，エリザベスが家計を取り仕切ることはなく，その一切を娘メアリーに委ねた。10代後半のメアリーは，さらに厳しい母親の監視の下で不動産投資や貸金業の業務などに従事せざるを得なかった。

　それでもセイア・アカデミー卒業から1年が経過した1885年9月，17歳のフォレットに再び学びの機会が訪れた。通信教育を利用して，英文学，歴史，美術，フランス語，ドイツ語，そして科学などを学んだのである。家庭学習という環境ではあったものの，フォレットにとっての3年間は，家族からの圧力を和らげてくれたばかりか，さらなる知的好奇心を育む貴重な時間となった。

　こうして1888年秋，フォレットはハーバード大学の女子部であるラドクリフ・カレッジ（Radcliffe College：当時のアネックス Annex）に入学した。このときフォレットは20歳だった。政治学を主専攻としたフォレットは，後の著書『下院議長（*The Speaker of the House of Representatives*）』の緒言を寄せているアルバート・ハート（A. B. Hart）教授に師事した。ここでフォレットは，ハートから政治制度ならびに政治過程に関する実証的・歴史的研究の方法を学んだ。

　1890年，フォレットはセイア・アカデミー時代からの師であるトンプソンに勧められ，1年間の留学のためイギリスに渡った。ケンブリッジ大学ニューナム・カレッジ（Newnham College）では高名な哲学者であるヘンリー・シジウィック（H. Sidgewick）の門を叩いた。道徳哲学を専門とするシジウィックは，ヨーロッパとアメリカの政治思想家に強い影響力を持っていた。また，シジウィックは女性の社会進出を肯定する立場を貫き，ケンブリッジ大学でも女子教育に尽力した人物として知られていた。この留学時，フォレットは

ニューナム歴史学会で「アメリカの下院議長の任務について（On the American Speakership）」と題する初めての学会発表を経験した。

　1891年，ラドクリフ・カレッジに復学したフォレットは，ワシントンD. C. で開催されたアメリカ歴史学会で「下院議長としてのヘンリー・クレイ（Henry Clay as Speaker of the United States of Representatives）」と題する研究報告を行った。内容はニューナム歴史学会での発表を基に，アメリカ下院議長の中でも議会運営に秀でたクレイに焦点を当てたものだった。その後もフォレットは，ハートからの助言を得ながら膨大な議事録や議会情報誌を丹念に読むとともに，歴代の下院議長にインタビューをするという二段階アプローチによって，徹底的に下院議長の職務を調査・分析した。こうした地道な研究作業は，1896年，処女作『下院議長』に結実するのである。同書は『アメリカ歴史評論』の中で，その5年後に合衆国大統領となるセオドア・ルーズベルト（T. Roosevelt）によって，連邦議会の事実をありのままに捉えた卓越した研究と評された。

　この年，フォレットにとってかけがえのない人物との出会いがあった。それはイザベル・ブリッグス（I. L. Briggs）という20歳年上のイギリス人女性との出会いだった。二人はボストンのビーコン・ヒル地区にあるオーティス・プレイスの集合住宅で共同生活を始めた。ブリッグスは自ら校長を務める女学校でシェークスピア文学を教えつつ，フォレットの草稿の下読みや原稿の校正，また日常生活の家事雑事などをした。

　1898年，フォレットは最優等の成績でラドクリフ・カレッジを卒業した。同校に入学して10年が経過し，フォレットは30歳の誕生日まで数カ月を残す年齢になっていた。フォレットは研究者の道を望んだが，当時の大学は女性に教員としての門戸を開放していなかったため，ボストンの弁護士事務所に勤務したり，私立学校で教鞭をとったりした。そして夏季休暇には，バーモント州の山荘でブリッグスと穏やかな時を過ごした[3]。

第 3 節　ソーシャル・ワーカーとしての活動期
(1900-1924)

1. ロクスバリー地区におけるスクール・センター事業

　ラドクリフ・カレッジ卒業から 2 年後，フォレットはブリッグスに紹介され
たポーリン・ショウ（P. A. Shaw）に誘われて社会活動をするようになった。
最初の仕事は，ボストンで治安の悪いとされるロクスバリー地区にスクール・
センターを開設することだった。センターでは少年少女の教育機会とレクリ
エーションを目的に，放課後の校舎を開放する事業を展開した。

　19 世紀末から 20 世紀初頭のアメリカは，第二次産業革命に沸いたものの，
急激な工業化が労使の対立をもたらした。その克服を目指して，フレデリッ
ク・テイラー（F. W. Taylor）が科学的管理を提唱したのもこの時期だった。
高度成長の背後で生じた矛盾と対立は，社会から切り離されていると感じる
人々を増加させた。その結果，彼らの公共心は薄れ，コミュニティは崩壊の一
途を辿った。そこでフォレットは，自治的運営を基本とするスクール・セン
ター活動を通して，人々に自ら民主主義を実現する方法と意味を考えさせよう
とした。この施策は好評を博し，マサチューセッツ州全体の学校で活用するた
めの予算措置がなされた。

　1902 年，フォレットはエジンバラを訪問・視察した際，イギリスの職業紹
介所の活動に衝撃を受けた。そしてフォレットはボストンに戻るや否や，ス
クール・センター内に若者を対象とした職業紹介のための事務所を開いた。こ
うした社会事業はショウからの資金援助で成り立っていたが，フォレットも少
なからず自らの財産を投じていた。

2. ボストン婦人市政同盟における職業紹介事業

　社会活動の分野におけるフォレットの公的記録は，ボストン婦人市政同盟
（The Women's Municipal League of Boston）に関するものが多い。この組織
は当時のハーバード大学学長アボット・ローウェル（A. L. Lowell）の妹であ

るキャサリン・L・ボルガー（K. L. Bowlker）により運営され，ボストンにおける婦人の積極的な社会参加を目指していた。取り組む課題は，食品流通の衛生，煙・騒音公害，スラム街の衛生，およびフォレットが取り組んだ放課後の校舎利用など多岐にわたった。そして1909年1月，フォレットは同盟の『会報』に「ソーシャル・センターとしての校舎について（Report on Schoolhouse as Social Center)」という記事を寄せた。このときのフォレットの役職は，ハーバード大学社会倫理学科教授で内科医のリチャード・キャボット（R. C. Cabot）の妻，エラ・キャボット（E. L. Cabot）が委員長を務める教育部門委員会の下部組織の長だった。

　1912年秋，フォレットはボストン婦人市政同盟から派遣され，ボストン教育委員会が開設した職業紹介所の委員となった。このとき，ボストン商業会議所から派遣されてきたのがヘンリー・デニソン（H. S. Dennison）だった。また，マサチューセッツ州で成立した婦人最低賃金法の調停委員として登録されていたフォレットは，1920年からマサチューセッツ州最低賃金委員会の市民代表に選ばれた。この委員会は女性の賃金の不当な引き下げが，売春，私生児，育児放棄などの増加を招くとして設置された組織だった。フォレットは，自治体による民間介入に異を唱える資本家に立ち向かう一方で，デニソン（紙製品メーカー）やエドワード・ファイリーン（E. A. Filene)（百貨店）ら，リベラルな実務家たちと親交を結んだ。こうした人物たちとの交流を通して，フォレットは企業経営の世界に関心を持つようになっていった。
　　　　　　　　　・

3. 『新しい国家』とフォレット

　経営思想史研究者のダニエル・レン（D. A. Wren）は，「フォレットを理解するには，彼女の哲学的嗜好を吟味する必要がある」（Wren 1994, pp.256–257,翻訳書284頁）としてフィヒテに注目する。フィヒテ哲学の中心は「相互承認論（gegenseitige Anerkennung)」と呼ばれる自我論であり，それがフォレット思想の礎となっている。それゆえ「人間とは何か」という問いに，フォレットは他者との関係の中で主体性を得る存在という答え方をする。このように，フォレットの思想形成の起源はドイツ観念論哲学にまで遡ることができるが，コミュニティ論や国家論へ関心が広がるにつれ，トーマス・グリーン（T. H.

Green）など，ネオ・ヘーゲル主義者からの影響も大きくなる。

　また，フォレットはラドクリフ・カレッジの卒業生であるトンプソンと同じように，ハーバード大学の哲学者達から多大な影響を受けた。当時のハーバード大学では，観念論者ロイスと経験論者ウィリアム・ジェームズによる論争が繰り広げられていた。宇宙は神の心中にあるとするロイスに対して，ジェームズは意識から人間と社会そして宇宙を説いた。かかるジェームズの経験論は，行為による観念の真理化というプラグマティズムに帰結する。1918 年に出版されたフォレットの『新しい国家（*The New State*）』は，ドイツ観念論哲学とジェームズ哲学に依拠しつつ，新しい政治や社会を実現させる民主主義の在り方を問うている [4]。

4.　『創造的経験』とフォレット

　企業経営者らとの交流はフォレットの関心事をコミュニティから企業へと転換させた。それによって『新しい国家』で抱いた「個」と「全体」の同時的成長・発展が，企業における組織と管理の実践によって実現可能だと考えるようになった。このような観点から，フォレットは心理学的知見を踏まえて第三の著書『創造的経験（*Creative Experience*）』を 1924 年に上梓したのだった。フォレットは，全体主義的な危険性を孕んでいるゲシュタルト心理学の限界を指摘しつつも，「そうである（so-being）」ではなく「そのように機能している（so-functioning）」という動態的な性質に注目した（Follett 1924, p.94, 翻訳書 104 頁）。こうしてフォレットはゲシュタルト心理学の動態性と全体性に依拠し，個人は組織的な集団活動を通して自己の能力を最大限に発揮できると考えるようになったのである。

　この『創造的経験』を執筆していた 1923 年晩秋，フォレットは体の不調を訴え，ハーバード大学附属マサチューセッツ総合病院（Massachusetts General Hospital: MGH）の内科医 R. キャボットの診察を受けた。X 線検査の結果，右腎臓の肥大が確認された。フォレットは，R. キャボットと外科の担当医から治療には摘出手術が必要であり，術後は長期の療養生活を要するという説明を受けた。だがフォレットは執筆中の『創造的経験』を書きあげることに専念し，治療を延期させることにした。それが原因となったのであろうか。

翌春の手術で摘出された右腎臓の腫瘍は検査時よりも大きく，診断書には腎細胞癌と記された。

第4節　企業経営の分野での活動期
(1925-1927)

1.　ニューヨーク人事管理協会

　1915年のテイラー没後，科学的管理の非人間的側面を批判する声がテイラー協会（The Taylor Society）に集中するようになった。こうした中，協会の中心人物で企業経営における人間問題を専門とするヘンリー・メトカーフ（H. C. Metcalf）は，1920年，ニューヨーク人事管理協会（The Bureau of Personnel Administration in New York）を創設し，著名な知識人を招いて実務家向けの講演会を開催した。その講師陣にフォレットも名を連ねていた。ちなみに，メトカーフとフォレットとの接点は10数年ほど遡る。1910年代にボストン市が実施した職業紹介所における職業相談プログラムの提案者がフォレットであり，その運営者がメトカーフであった。

　フォレットは1924年から1925年の「経営管理の科学的基礎（The Scientific Foundation of Business Administration）」のコースからニューヨーク人事管理協会に参加し，1925年1月に「心理学的基礎（The Psychological Foundation）」を主テーマとして，「建設的対立（Constructive Conflict）」，「命令の授与（The Giving Orders）」，「統合的統一体としての企業（Business as an Integrative Unity）」，「権力（Power）」について語った。

　また，1925年から1926年の「専門的職業としての経営管理（Business Management as a Profession）」のコースでは，10月に「経営管理が専門的職業の本質を所有するためには如何に発展しなければならないか（How must Business Management develop in order to possess the Essentials of a Profession?）」を，そして11月に「経営管理が専門的職業となるためには如何に発展しなければならないか（How must Business Management develop in order to become a Profession?）」を論じた。このコースにはフォレットとデ

ニソンの他，シラキュース行政大学院（Syracuse University School of Citizenship and Public Affairs）のウィリアム・モッシャー（W. E. Mosher）や，ハーバード経営大学院のウォーレス・ドナム（W. B. Donham）等も講師として参加していた。

　企業経営の世界で注目されるようになった矢先，フォレットに悲劇が襲った。クリスマスが近づく頃，ブリッグスが病に倒れたのだ。末期の肺癌だった。MGH でも手の施しようがないまま，ブリッグスは 1926 年 1 月 8 日に死亡した。77 歳だった。このときフォレットは 30 年間連れ添った最愛の人を失った。

　死別の悲しみをそのままに，フォレットはニューヨーク人事管理協会での講演活動を再開させた。4 月には「経営管理における責任の意味（The Meaning of Responsibility in Business Management）」，5 月には「一般に承認された経営管理の改造における従業員代表制度の影響（The Influence of Employee Representation in a Remolding of the Accepted Type of Business Management）」と題する講演を行った。

2. イギリスにおける二つの講演

　1926 年下半期，フォレットは数々の招待講演を引き受けた。7 月上旬に開催されたシラキュース行政大学院での社会科学者のためのセミナーが終了すると，フォレットは約 4 カ月間のイギリス出張へと出発した。目的は産業心理学会（National Institute for Industrial Psychology）とラウントリー講演会（Rowntree-Sponsored Conference）に出席することだった。この出張は，産業心理学会の副会長で子爵のホールデン（R. B. Haldane）による計らいであり，出張中はスコットランドのエジンバラにあるホールデン卿の自宅に数日間滞在した。ホールデン卿は，フォレットの『新しい国家』（第 3 版 1920 年発行）に序文を寄稿した人物でもある。

　このイギリス出張時における最初の講演は，9 月末に開催された産業心理学会での「経営管理における統制の基礎（The Basis of Control in Business Management）」と「経営管理に科学的基盤をもたらす心理学（Psychology can help to give us Scientific Foundations for Business management）」の二

つだった。続いて 10 月上旬に，オックスフォード大学ベリオール・カレッジ
(Balliol College) で開催されたラウントリー講演会では，「経営効率化のいく
つかの方法 (Some Methods of Executive Efficiency)」と「最終的責任の錯覚
(The Illusion of Final Responsibility)」の二つを語った[5]。

　ラウントリー講演はフォレットにとっても大きな意味を持つことになった。
チョコレート・メーカーの経営者にしてイギリスの社会改良運動のリーダーで
もあったシーボーム・ラウントリー (B. S. Rowntree) が，リンドール・アー
ウィック (L. A. Urwick) を講演会場に招いていたのだ。一人のアメリカ人女
性を紹介したいとラウントリーから告げられたアーウィックは，気乗りのしな
いまま講演を聞き始めた。しかしアーウィックは，たった 2 分間でフォレット
の話に魅せられてしまった，とその出会いを回顧している (Hoopes 2003, p.
101, 翻訳書 149-150 頁)。

3.　ハーバード大学アカデミー交流

　フォレットがボストンから離れている間，R. キャボットは，ハーバード大
学で「社会科学を構成する根本原理 (Fundamentals underlying the Social
Sciences)」を統一論題とする「社会倫理学セミナー (Social Ethics
Seminary)」(1926 年 10 月 4 日～1927 年 5 月 23 日) を企画していた。1926 年
12 月 10 日，ニューヨークで「最終的権限の錯覚 (The Illusion of Final
Authority)」の講演を済ませると，フォレットは「社会倫理学セミナー」の報
告のためにボストンに戻った。フォレットの担当は 12 月 20 日であった。この
報告に題目はなかったが，内容は同年 7 月に開催されたシラキュース行政大学
院での社会プロセスに関する講演が基となった。

　これを踏まえ，フォレットは翌春の 1927 年 3 月に開催されたニューヨーク
人事管理協会で「統制の心理学 (The Psychology of Control)」と題する講演
を行っている。このときには，「同意と参加の心理学 (The Psychology of
Consent and Participation)」，そして「斡旋と仲介の心理学 (The Psychology
of Conciliation and Arbitration)」の報告もなされた。また 4 月と 11 月には連
続する形で「指導者と専門家 (Leader and Expert)」と題する講演が行われ，
さらに 1928 年 3 月の「リーダーシップの理論と実際とのいくつかの不一致

(Some Discrepancies in Leadership Theory and Practice)」へと続いた。

<h1 align="center">第 5 節　晩年期</h1>
<h2 align="center">(1928-1933)</h2>

1. 世界恐慌の混乱期

　1928 年 5 月末，フォレットは友人らとスイスへ渡った。フォレットがジュネーブへ赴いたのは，『新しい国家』の執筆当時から抱き続けてきた国際協調や世界国家の理想が，国際連盟によって実現されているか否かを確認するためだった。その 10 年ほど前，当時の大統領ウッドロウ・ウィルソン（T. W. Wilson）は，第一次世界大戦後の混乱を国際的平和維持機構としての国際連盟によって乗り越えようとした。同じく，関係各国の協調を基盤とする国際機関の重要性を指摘していたフォレットは，ウィルソンが設立を呼びかけた国際連盟に賛成の立場だったのである。しかしながら，モンロー主義を唱える議会の反対により，アメリカは条約を批准せず，その後の政権も国際連盟に参加することはなかった。

　このジュネーブで，フォレットはキャサリン・ファーズ（K. Furse）というデイム（Dame）の称号を持つイギリス人女性と出会い親交を結んだ。ファーズは，第一次世界大戦期に海軍女性支援隊を率いた功績によって大英帝国の女性一等勲爵士を授与され，戦後はガールスカウト世界連盟総本部のトップに就任していた。翌年，フォレットはロンドンに生活の拠点を移し，ファーズの住むアパートの上階に住んだ。イギリスで過ごした 1930 年から 1931 年にかけての 2 年間は体調不良のため，フォレットに目立った活動はなかった。

　1932 年以降，フォレットは体調の優れないまま，アメリカとイギリスの間を何度か行き来することとなった。まずは大恐慌の真直中の 1932 年春，フォレットは久しぶりにニューヨーク人事管理協会で「計画された社会における個人主義（Individualism in a Planned Society）」という講演を行った。この講演は「経済計画と社会計画（Economic and Social Planning）」と題するコースの中で行われた。フォレットは，自由放任主義の反義語は強制ではなく「調整

(coordination)」であると主張し，不況下にある国家および産業機関こそ，「自己統制活動（auto-controlled activity）」を基本に計画されるべきであると指摘した。そのうえで，「事実による統制（fact control）」と「集合的統制（collective control）」による「経済計画と社会計画」を説いたのである。

　ニューヨーク人事管理協会におけるフォレットの講演は，1925 年 1 月から1932 年 4 月まで 7 年間続いた。これらの記録は，メトカーフとアーウィックによって『組織行動の原理（*Dynamic Administration*）』として 1941 年に出版された。

2.　最後の仕事，そして最期

　ロンドン・スクール・オブ・エコノミクス（LSE）に経営学科が新設されると，フォレットはアーウィックの肝いりで記念講演会に招かれた。そして，1933 年 1 月から 2 月にかけて「経営における組織と調整の問題（The Problem of Organization and Coordination in Business）」と題して，「命令の授与（The Giving of Order）」，「権限の基礎（The Basis of Authority）」，「リーダーシップの本質（The Essentials of Leadership）」，「調整（Coordination）」，「統制のプロセス（The Process of Control）」という 5 回続きの講演を行った。これらは，1949 年にアーウィックによって『自由と調整（*Freedom & Co-ordination*）』と題する書物して出版された。

　1933 年 6 月には母エリザベスが死亡したためボストンに一時帰ったが，ファーズの体調も芳しくなく，すぐにイギリスに戻った。ファーズの体調が回復した秋口になって，フォレットは体に鞭を打ちつつ再びボストンへと向かった。1929 年 10 月 24 日に株式が大暴落した「暗黒の木曜日」を境に，フォレットの所有する資産価値も大幅に目減りした。もはやボストンに住居を持たないフォレットは，ビーコン・ヒル地区のホテルに滞在しつつ，その資産状況を自分の目で確かめた。この時期のアメリカでは，第 32 代大統領に就任した民主党のフランクリン・ルーズベルト（F. D. Roosevelt）によってニューディール政策が推し進められていた。

　このボストン滞在中に体調の限界を感じたフォレットは，友人の R. キャボットに促され，ハーバード大学医学部の研究施設が集積するニューイングラ

ンド・ディアコーネス病院（New England Deaconess Hospital in Boston）に入院した。検査の結果は甲状腺腫だった。このときフォレットは自分の死を予感していた。入院中のベッドで、「私の身に何かあっても心配しないように」と親しい友人たちに手紙をしたためたのだった。手術は12月16日に行われた。手術そのものは難なく成功したが、その2日後、1933年12月18日午後11時45分、フォレットは心臓発作を起こして息を引き取った。65歳だった。死亡後、フォレットの体中に癌転移が確認された[6]。

　12月21日、葬儀はボストンのホレスト・ヒルズ墓地の教会でしめやかに営まれた。後日、フォレットの遺骨はデニソン夫妻によってバーモンド州のオーバーヒルズに散骨された。そこは、フォレットがブリッグスや親しい友人たちと、楽しく穏やかな時間を過ごした思い出の場所だった。

第6節　おわりに

　フォレットが企業経営の分野で活躍する1920年代は、科学的管理法の賞賛と批判、そして人間関係論の生成の時期に当たる。作業の合理化を図る管理方法は、ヘンリー・フォード（H. Ford）らによって有効性が認められ、さらなる「作業の科学」を求めて始まったホーソン実験は、期せずして社会的な人間の姿を確認させてくれた。

　こうした1920年代に、フォレットは、「作業の科学」を成し遂げたテイラーに影響されて、「管理の科学」を構想したのだった。ただし「状況の法則（low of the situation）」（Metcalf and Urwick 1941, 1955, pp.58-64, 翻訳書83-91頁）の概念に基づく「管理の科学」は、主観的なその性格ゆえに科学とは言い難く、むしろ哲学と呼ぶに相応しい。レンが指摘するように、フォレットは経営哲学者（business philosopher）だった（Wren 1994, pp.259-260, 翻訳書286-287頁）。

　また当時の経営組織に関する研究は、仕事の担い手たる人間を動かすべく、職務の合理的構成が焦点となっていた。そこで組織は「仕事の枠組み」と捉えられ、いわば組織編成論として静態的な構造的側面に目が向けられた。これに

対してフォレットは，組織を活動ないし機能の統一体（unity）と捉え，その動態的な協働に焦点を当てた。

　静態的な構造ではなく動態的なプロセスに注目したフォレットの組織論は，チェスター・バーナードやカール・ワイク（K. E. Weick）らに影響を与えた[7]。「組織の動態的要素に優れた洞察力を持っている」（Barnard 1938, 1968, p.122, 翻訳書128頁）とフォレットを評するバーナードは，実体としての「協働システム（cooperative system）」との対比で組織を「活動のシステム」と把握した。また，組織の本質を「組織化（organizing）」にあるとするワイクは，「センスメーキング（sensemaking）」という独自の概念と，フォレットの「関係づけ」という組織観との類似性を指摘している（Weick 1995, pp.32-34, 翻訳書42-46頁）。ピーター・ドラッカー（P. F. Drucker）をして「マネジメントの予言者（*Prophet of Management*）」（Graham 1995, pp.1-9, 翻訳書1-11頁）と言わしめたフォレットの思想には，現代マネジメント思想の単なる先取りではなく，それを超える知恵が垣間見えたのであろう（Hoopes 2003, p.127, 翻訳書183頁）。

　ジェームズはバケツに汲んだ水を分析しても，ワイクはスナップショットを何枚撮っても，プロセスである「流れ」は理解できないと言う[8]。フォレットは，かかるプロセスに目を向けていたのだ。だから「我」という一人称と「我々」という一人称複数で流転する〈人間 - 組織 - 社会〉を語ることができたのである。伝統的組織論の時代に生きながらも，一貫して組織をプロセスとして捉えていたフォレットは，まさに動態的組織観のパイオニアであった。

　フォレットの論文集に *Dynamic Administration* というタイトルをつけたメトカーフとアーウィックは，彼女の動態的な経営思想に惹かれたに違いない。次章ではフォレット経営思想の主要概念に注目し，その動態的な組織観と管理観を見てみたい。その「機能」と「統合」のプロセス性から，伝統的組織論者や機能主義論者との違いが明確になるだろう。

注

1）本章は，Fox (1970), Cohen (1971), Tonn (2003), Hoopes (2003), 三戸公・榎本世彦（1986）を参考にしている。

2）フォレットは『組織行動の原理』所収の「指導理論と実際とのいくつかの不一致」の中で，弟と思しき人物のリーダーとしての失敗要因を「優越特性（ascendancy traits）」にあるとして次のよ

うに述べている。「〔優越特性〕は必ずしも指導のあることを示すとは決まっていないばかりか，反対にそれらはしばしば直接的に指導を妨げる。私はある少年を知っているが，彼ははっきりと子供の期間ずっと仲間の大将になっていた。この少年は今はもう 45 歳になっているが，彼は企業において上に昇って行く能力も彼の地域社会で指導者になる力も示さなかった。そして私は，これは彼の〔優越特性〕があったにも拘わらずそうなったというよりは，そのような特性があったからこそそうなった，と思う」（Metcalf and Urwick 1941, 1955, p.270, 翻訳書 371-372 頁）。フープス（J. Hoopes）は「メアリーには 10 歳年下の弟ジョージがおり，ジョージはエリザベスがメアリーにあれこれ命じる様をよく真似したものである。母親と弟は仲がよく，やがてメアリーは二人とも尊大で破滅的な性格だと考えるようになった。ジョージはクインジーで保険関係の仕事に携わったが，一生うだつが上がらなかった。メアリーは，ジョージが子供の頃，暴君のように振舞っていたことと，成人してから事業で大成できなかった事実を考え合わせて，事業で成功するには威圧的な性格が欠かせないという，1920 年代に支配的だった考え方を否定した」（Hoopes 2003, p.105, 翻訳書 154 頁）と記している。

3 ）R. キャボットの追悼文（Cabot 1934）によれば，フォレットにはパリの大学への留学経験がある。その時期は 1898 年から 1900 年までの間と記されているが詳細は不明である。

4 ）フォレットは『新しい国家』が刊行された翌 1919 年にニューヨーク州のコーネル大学で開催されたアメリカ哲学学会において「コミュニティはプロセスである」と題する研究発表を行った。

5 ）1912 年，フォレットは科学的管理の視察のために訪れたニューヨークでラウントリーと出会った。フォレットとラウントリーとの関連，およびラウントリー講演の詳細は Tonn（2003, pp.422-425）を参照されたい。

6 ）三戸・榎本（1986）によれば，「デニソンからフォレットが重体であって面会謝絶であることを聞いたアーウィックは，スノードロップの大きな花束に伝言をつけて，ボストンのニューイングランド・ディアコーネス病院のフォレットに送ったが，彼女はその花の香りをかぐこともなく癌で死去してしまった」（35 頁）。同書には，フォレットの死後から『組織行動の原理』（1941）が刊行されるまでのエピソードが次のように記されている。「フォレットの死は，多くの人々に深い悲しみと衝撃を与えた。彼女は，かつて，全米を席巻するほどの大きな運動となった，公立学校の校舎を利用した，ケース・ワーク活動の中心人物であったからだ。そのような運動は，彼女の唱える真の民主主義を形成するという崇高な理念を日常生活に根ざした集団形成の実践活動の中から生成せしめようとしたがゆえに，アメリカの人々は彼女の死を心から惜しんだ。（改段）そのようなことは，産業に従事する人々にとっても同様であった。彼女は，近隣集団を対象とした自覚的集団形成活動のケース・ワーク活動が下火になった後，職域集団形成にその活路を見出し，当時の進歩的な経営者たちとの関係を通して，テイラー協会やニューヨーク人事管理協会の諸講演を通して，真の民主主義社会形成の理念の実現への道を求めていた。（改段）そこで，アーウィックはニューヨーク人事管理協会の主催者，ヘンリー・メトカーフと交渉して，同協会における彼女の講演論文を編集して，出版したいと申し出た。しかし，その仕事は大西洋を挟んでの共同作業であり，両者のフォレット理論への見解が不一致になったりして，多くの困難が伴った。しかも，その当時，アーウィックはコンサルタント会社の設立を準備していた。ようやく 8 年後，オードウェイ・ティード（Ordway Tead）の仲介によって，メトカーフとの交渉が成立し，1941 年にイギリスで，翌年にアメリカで『組織行動の原理──動態的管理──』が出版された」（36 頁）。

7 ）バーナードは『経営者の役割』，第 9 章「非公式組織およびその公式組織との関係」，第 3 節「公式組織による非公式組織の創造」の「注」でフォレットを参照するように求めている。その前後の文章は次の通り。「公式組織と結合した非公式組織は，多くの場合，経営者，政治家，ならびに他の組織の首脳部によって直観的に理解されてはいるが，私の知っている限りでは，今までは経営組織の生産レベルだけについて明確に研究されてきたに過ぎない。実際，非公式組織は，公式組織に

関連すると否とに関わらず，日常の結合関係という当たり前の身近な経験の一部であるから，それ
に含まれる特定の相互作用の一部のみを見ているだけで非公式組織には気づいていないのである。
しかし，公式あるいは特定の活動との関連における人々の結合関係には，それに付随的な相互作用
が必ず含まれていることは明らかである」（Barnard 1938, 1968, pp.121-122, 翻訳書 121 頁）。バー
ナードによれば，「意識的な公式組織のプロセスと比較すれば，非公式組織は無意識的な社会プロ
セスから成り立っている」（Barnard 1938, 1968, p.116, 翻訳書 127-128 頁）。フォレットは公式組織
と非公式組織という区別をしていないが，「社会プロセス」として組織を捉えていた。かかる動態
性にバーナードは注目したのだろう。

　またワイクは『センスメーキング　イン　オーガニゼーションズ』，第 2 章「センスメーキング
の七つの特性」，第 3 節「有意味な環境をイナクトするプロセス」で，「センスメーキングのときに
生じている進行中の相互限定（codetermination）ということを銘記するために，私たちが普段ど
のようにプロセスを描写しているか考えてみる必要がある。〔ある著者たちは，行動プロセスにつ
いてその他の点では正確に述べているにもかかわらず，いまだに結果（result）──プロセスの結
果──という言葉を用いている。プロセスの結果など存在せず，ただプロセスの中の瞬間が存在す
るだけなのだ〕（Follett 1924, p.60）。言い換えれば，思想や，原因 - 結果，刺激 - 反応，主体 - 客体
とは，プロセスの中の瞬間についての記述に過ぎない。別の瞬間を観察すれば，別の瞬間の観察に
よる仮の〔産物〕の意味が組み替えられるだろう。Follett は〔結果〕について論じるよりも，む
しろ〔関係づけ〕について論じるべきだと述べている」（Weick 1995, pp.32-33, 翻訳書 44 頁）と
フォレットを評している。ワイクによれば，「人びとは自らの環境を創造するが，その環境もまた
人びとを創造する。このプロセスを深く理解するなら，そして，そのプロセスの瞬間と結果を凍結
して把握するのがいかに不完全であるかを理解するなら」（Weick 1995, p.34, 翻訳書 46 頁），セン
スメーキングが可能になるという。センスメーキングのキーワードであるイナクトメント
（enactment）は，「組織の生において自分の直面する環境の一部を自分が生み出しているという事
実」（Weick 1995, p.30, 翻訳書 41 頁）を指すが，ワイクはこれと同じ創造性の性質をフォレットの
「創造的経験」に感じたのであろう。

8）まず，ジェームズ（1892, 1984, p.151, 翻訳書 231 頁）については本書第 4 章を参照されたい。次
　に，ワイクについては関係する部分をここで引用しておこう。「流れとか変化こそ管理者が管理す
　るものの本質である。管理者が不本意ながら棘条を数えたり過去の化石に走ったりするのは，この
　過程を捉えるのが難しいからだ。管理者がこれらの静止したスナップショットを組織の重要なリア
　リティだと誤解すると，自分で事態を悪化させたり，本来具わっている自然の制御系を破壊した
　り，組織を混乱に陥れかねない」（Weick 1979, p.43, 翻訳書 56 頁）。

第2章

フォレット経営思想における
組織と管理の基本概念

第1節　はじめに

　「組織とは二人以上の人々の意識的に調整された活動，または諸力のシステムである」（Barnard 1938, 1968, p.81, 翻訳書 84 頁）。バーナードによってなされたこの「組織（formal organization）」の定義づけは，経営学に組織研究の転回（turn）をもたらした。伝統的組織論が，もっぱら「仕事の枠組み」を組織の問題としていたのに対して，バーナードは組織を「実体ではなくて，むしろ主として諸々の関係によって特徴づけられるような無形のもの」（Barnard 1938, 1968, pp.74-75, 翻訳書 77 頁），つまり「活動のシステム」と捉え，その動態性に焦点を当てたのである[1]。

　そして，この有名なバーナードよりも前に動態的な組織観を提唱していたのがフォレットである。バーナードが主著『経営者の役割』（1938）を刊行した約 10 年前の 1920 年代後半に，フォレットは人間協働を動態的なプロセスとして論じていたのだ。フォレット経営思想における組織と管理の概念は「統合（integration）」を原理としている。かかる「統合」はフォレット独特のプロセス思考に基づくものであり，それらは一貫して「機能」ないし「活動（activity）」を意味しているのである。

　そこで本章では，フォレット思想に見受けられるプロセス思考についての考察を試みたい。人間と組織の同時的な成長・発展は「機能の統合」が鍵を握る。一般に，組織における機能化は合理化を指すが，フォレット思想における機能化は「人間らしく生きる」という問題に関わっている。フォレットは動態

的な協働のプロセスにおいて，人間を如何に把握していたのであろうか。そこ
で，まずはフォレット経営思想における人間観を「機能の統合」という観点か
ら検討してみたいと思う。

第 2 節　プロセス観の基礎
——統合論——

　人間とは何か。「全体の中で自分の場所を見出す」（Follett 1918, 1998, p.65,
翻訳書 63 頁）ことを個性だと考えるフォレットならば，この問いに他者との
関係の中で主体性を得る存在とでも答えるかもしれない。次章で詳述するが，
関係人モデルとでも言うべきフォレットの人間観は，ドイツ観念論哲学者フィ
ヒテの自我論を基礎としている。それゆえ，人間は他者との相互作用を通して
「人間らしさ」を実感する存在と把握されるのである。
　こうした相互作用は次のような様相を示す。つまり，A が B に影響を及ぼ
すと，B はそれによって変化し，その変化した B からの影響を A が受けると
いうものである。このように，ある活動が他の活動と結合し，またある傾向が
他の傾向に条件づけられるようなプロセスを，フォレットは「円環的反応
（circular response）」と呼んだ（Follett 1924, pp.62-63, 翻訳書 71-72 頁）。こ
のプロセスでは「あなた＋私」に反応する「私＋あなた」というように，自己
と他者との関係によって形成される全体との相互作用もが捉えられている。そ
の関係化の方法が「統合」である。
　フォレットによれば，コンフリクト（conflict：対立）を処理するには三つ
の方法がある。すなわち，「抑圧（domination）」，「妥協（compromise）」，そ
して「統合」である（Metcalf and Urwick 1941, 1955, p.31, 翻訳書 43 頁）。第
一の方法である「抑圧」は一方が他方を制圧することである。この三つの中で
は最も容易な方法であるが，「抑圧」される側は不満を持ちながら服従するの
で積極的な力は出てこない。よって効果的ではない。第二の方法である「妥
協」は相手側に僅かばかり譲歩するというものである。われわれの論争の解決
策として最も多く用いられるが，実際には「妥協」を望む者などいない。なぜ

なら，どうしても不本意さが残ってしまうからだ。したがって，諦めたはずの欲求が再燃してしまうことが多く，結果的に一時的な解決策にしかならない。そして第三の方法が「統合」である。フォレットは，この「統合」こそ真の解決策であるとした。「統合」は対立する両者がそれぞれ自分の主張する意見を部分的にも全面的にも諦めることも譲歩することもなく，それぞれの側が要求のすべてを受け入れ，欲求のすべてを満足させるというものである。しかも，両者は「統合」によって新しい価値を生み出すという相乗効果を期待することができる。

　フォレットは「統合」を実現させるための方策を二つ指摘している。一つは「差異の解明」である（Metcalf and Urwick 1941, 1955, pp.38-39, 翻訳書 54-55 頁）。相違点が何であるのか分からなければ「統合」は望み得ない。フォレットによると「差異の解明」は「欲求の再評価」を促し，さらに高次の欲求を生じさせることにつながるという。そしてもう一つは「欲求の分解」である（Metcalf and Urwick 1941, 1955, pp.40-42, 翻訳書 57-60 頁）。これは「シンボルの検討」によって欲求の核心に迫ることを意味している。たとえば「旅行」という言葉は，ある人にとっては雪を頂く山々や寺院のシンボルであり，またある人にとっては友人と楽しい時間を過ごすことのシンボルかもしれない。当事者にとって，その言葉は何のシンボルなのか。こうしたシンボルの相互検討と相互理解が「統合」への道を切り拓くとフォレットは述べている[2]。

　ただ「抑圧」や「妥協」に比べると「統合」は容易でない。フォレットによると，その原因は，われわれ一人ひとりにある。すなわち，(1) 高度の知力，鋭い洞察力，相違に対する識別力，優れた創意工夫力が欠如しているから，(2) 日々の社会生活で支配志向に慣れてしまっているから，(3) 行動よりも過度の理論づけに関心が向いてしまうから，(4) 対立的な言葉を使用しがちであるから，(5) 暗示や模倣など指導者から不当な影響を受けるから，(6) 統合の訓練を受けていないから，が考えられる（Metcalf and Urwick 1941, 1955, pp.45-49, 翻訳書 64-70 頁）。これらを乗り越えて「統合」を実践するためには他者への配慮と貢献が欠かせない。そこに人間の誠実さ（integrity）が表れるとフォレットは言うのである（Follett 1924, p.157, 翻訳書 165 頁）。

第3節　組織化のプロセス
──統合的統一体論──

　フォレットによれば，組織とは「各部分の活動が密接につながり，また互い
に調和を図りながら一緒になって動き，しかも各部分が互いに結び合い絡み合
い関係し合って一つの単位体となっている」（Metcalf and Urwick 1941, 1955,
p.71, 翻訳書101頁）ものを指す。フォレットは，これを「統合的統一体
(integrative unity)」ないし「機能的統一体 (functional unity)」と称した。
　前者の「統合的統一体」は，個々人が相互に関係し合って「集合的観念
(collective idea)」と「集合的意思 (collective will)」を形成するプロセスに，
後者の「機能的統一体」は，個々人の機能が相互に関係づけられるプロセスに
注目している（三井 2009, 109頁）。基本的に，この二つの統一体は同一であ
るが，「統合的統一体」は組織の価値的な創造性を，「機能的統一体」は組織の
機能的な関係性を捉えている。創造性と関係性を特徴とする統一体は，双方と
もに静態的なものではなく，それ自体，常に進化・発展する動態的なものであ
る。こうした統一体の性質として，フォレットは，「相互作用 (interacting)」，
「統一体化 (unifying)」，そして「創発 (emerging)」の三つを提示するのであ
る（Metcalf and Urwick 1941, 1955, p.198, 翻訳書273頁）。
　まず，「相互作用」は「作用‐反作用」や「刺激‐反応」のような一方的な関
係ではなく，その様は前述のように，AがBに影響を及ぼすとBはそれに
よって変化し，その変化したBからの影響をAが受けるというものである。
さらに，AとBは相互作用によって形成された全体状況とも関係し続ける。
こうして「相互作用」は「円環的反応」として理解され得る。次に，「統一体
化」は「円環的反応」によって全体が形成されていくプロセスの在り様であ
る。かかるプロセスには，価値の交織（統合的統一体）と機能の交織（機能的
統一体）という二つの側面がある。そして「創発」は，統一体の創造的性格を
表している。「機能的な関係化は自己創造の継続的なプロセスである」（Metcalf
and Urwick 1941, 1955, p.200, 翻訳書277頁）と述べるフォレットによれば，

相互作用によって創発される統一体は単なる部分の総和ではなく，価値的にも機能的にも部分には還元できない全体性を有しているのである。

　プロセスに注目するという観点は，フォレットの人間観と組織観に共通している。機能の統合を遂行する人間は，他者との交織化の中で「人間らしさ」を実感し，その関係の充実が「統合的統一体」ないし「機能的統一体」と呼ばれる組織を形成していく。こうしてフォレットは組織を「仕事の枠組み」としてではなく，交織し続ける活動のネットワークとして捉えたのである。

第 4 節　組織化のプロセスと管理

1.　統制と調整

　組織を動態的なネットワークと捉えたフォレットは，その組織化のプロセス——「相互作用」，「統一体化」，「創発」——を同時に管理のプロセスと考えた。そこでフォレットは，新しい管理観として「統制（control）」に注目し，その本質を「調整」に見出すのである（Metcalf and Urwick 1941, 1955, p.296, 翻訳書 407 頁）。ここで「統制」の担い手は経営者ないし管理者に限らない。統一体の形成に関与している者はすべて「統制」の主体である。組織化のプロセスでは，あらゆる場面で，あらゆる人々によって「調整」が行われなければならないのである。

　フォレットが「組織の原則」と称した「調整」は次の通りである（Metcalf and Urwick 1941, 1955, p.297, 翻訳書 408 頁）。

　⑴　関連している責任ある人たちの直接接触による調整
　⑵　初期の段階における調整
　⑶　状況にあるすべての要因を相互に関連づけるものとしての調整
　⑷　継続しているプロセスとしての調整

第一の原則は，「関連している責任ある人たちの直接接触による調整」である。フォレットは，企業組織の最大の弱点として部門間の関係の希薄さを指摘し，従来の垂直的管理に水平的管理を加えることの意義を強調する。顧客の要求がラインを遡って全般管理者のところに行き，それからラインを降って各部

門担当者に伝達される「縦の関係」に，各部門担当者が直接接触できる「横の関係」を組み合わせるというものである（Graham 1995, pp.186-187, 翻訳書221頁）。

　第二の原則は，「初期の段階における調整」である。これは第一の「直接接触」が早い段階で始まらなければならないということを意味している。たとえば，全体方針を設定する場合，各部門ですでに決定している諸方針を持ち寄ると政治的な行動が横行しがちであり，全体方針の調整は困難を極めてしまう。それを避けるためには，全体方針と部門方針との設定と調整を早くから実施しなければならない（Metcalf and Urwick 1941, 1955, p.298, 翻訳書409頁）。

　第三の原則は，「状況にあるすべての要因を相互に関連づけるものとしての調整」である。これは第一と第二の原則に関わっている。つまり「初期の段階」からの「直接接触」では，「全体的関連性（total relativity）」が問われなければならないというのだ。かかる「全体的関連性」は，各部門の要求を寄せ集めた「加算的全体（additional total）」ではなく，各部門の要求を相互に浸透させた「関係的全体（relational total）」という性格を有している（Graham 1995, pp.215-216, 翻訳書254頁）。

　そして第四の原則は「継続しているプロセスとしての調整」である。統一体の「調整」では絶えず新しい要素がその状況に入ってくるため，その事象は常に変化している。したがって，かかる「調整」は一時的・断続的ではなく，連続的・継続的なプロセスとして考えられなければならない。

2.　権限と責任

　フォレットによれば，統一体の「調整」は「事実による統制（fact control）」と「集合的統制（collective control）」によって遂行される（Metcalf and Urwick 1941, 1955, pp.295-296, 翻訳書406頁）。その様子は権限論に表れる。フォレットは，上位者から下位者への「専断的権限（arbitrary authority）」を否定し，上位者の権限は各職位の権限を集合させたものであるとする「累積的権限（cumulative authority）」を主張するのである（Graham 1995, pp.148-149, 翻訳書176-177頁）。こうした権限理解の中でも「権限は機能に付随する」（Metcalf and Urwick 1941, 1955, p.205, 翻訳書283頁；Graham 1995, pp.152-

153, 翻訳書182頁）という言説は，権限法定説ないし上位権限説，そして権限受容説と対比される形で権限機能説と呼ばれている[3]。

　同様のことは，フォレットの責任論にも確認できる。最高経営者は最終的な意思決定をするシンボル的な存在だが，その決定に至るまでには多くの関係者の「権限」と「責任」が積み重なっている。それゆえ「最終権限」も「最終責任」も幻想だとフォレットは言うのだ。こうしてフォレットの責任論では，「累積的責任（cumulative responsibility）」という考え方が示されるのである（Metcalf and Urwick 1941, 1955, pp.154-160, 翻訳書215-223頁）。

　このようにフォレットの権限論と責任論は，「上からの権力（power-over）」ではなく「共にある権力（power-with）」を特徴としている（Metcalf and Urwick 1941, 1955, p.101, 翻訳書142頁）。統一体における権限と責任は，人々を発令者と受令者という二階級に分割することから生じるものではない。すべての構成員が状況を把握し，それに基づいて機能を遂行するときに付随するものなのである。

3. 状況の法則

　命令の授与の場面でフォレットは次のように言う。「一人ひとりの人間が個人として他の人間個人に命令を与えるべきではなく，双方ともその特定の状況から命令を取り出すことに同意すべきである。もし命令が単に特定の状況の一部分になっていれば，ある者が命令を出し，ある者がその命令を受けるといった問題は起こらない。つまり，双方ともその状況自体によって与えられる命令を受容する」（Metcalf and Urwick 1941, 1955, pp.58-59, 翻訳書83-84頁）と。

　ここで「状況」とは関係の一局面であり，ある局面から次の局面へと変化する過程的趨勢をフォレットは「状況の法則」と呼んだ。そして組織の構成員が「状況の法則を発見し，それに従う」（Metcalf and Urwick 1941, 1955, p.58, 翻訳書83頁）ことを「命令の非人格化（depersonalizing orders）」と称したのである（Metcalf and Urwick 1941, 1955, pp.59-60, 翻訳書84-85頁）。上位者が下位者に対して一方的に命令しているように見えても，実際には状況が求める要求を上位者が認識し，それを踏まえた仕事が命令という形で下位者に伝達される。こうして「状況の法則を発見し，それに従う」限り，下位者が上位者

に服従を強いられることはない。なぜなら，そもそも受け入れられない命令は発令されないからである。

　また，命令の「非人格化」は同時に「再人格化（repersonalizing）」の問題として論じられている（Metcalf and Urwick 1941, 1955, p.60, 翻訳書85頁）。状況が変われば，その状況の中にいる人間の思考も活動も変化する。これが「再人格化」である。つまり「状況の法則」は，人間からではなく状況から命令を受けるという意味での「非人格化」と同時に，状況とともに人間も成長していくという意味での「再人格化」を実現し得るものと解される。このように，フォレットにとって人間は，主体的かつ積極的に状況へと関与するプロセス的な存在なのである。

4.　管理者の役割とリーダーシップ

　「状況の法則を発見し，それに従う」というフォレットの管理観からすれば，職位上の権限によって専断的に服従を強いるような管理者は，当然のことながら否定される。とはいえ，管理者という存在そのものを否定しているわけではない。むしろフォレットは，組織化のプロセスにおける「調整」の担い手として，経営者ないし管理者の役割は重大だと指摘している。

　フォレットは最高経営者の役割として，「調整」，「目的の明確化」，そして「予測（anticipating）」を示す（Metcalf and Urwick 1941, 1955, pp.260-266, 翻訳書357-366頁）。第一の「調整」は，前述のように「相互作用」，「統一体化」，「創発」を如何に促進するかの問題である。その際，経営者は「喚起（evoking）」を重要な任務としている（Metcalf and Urwick 1941, 1955, p.267, 翻訳書366-367頁）。経営者は「相互作用」を行う個々人の知識と経験を上手に引き出し，「自己統制活動」（Graham 1995, p.219, 翻訳書258頁）をし得る人材に育成しなければならない。その意味で経営者は教育者でもあるというのである。

　第二の「目的の明確化」は，組織の全体目標と部分目標との関連を人々に自覚させ得るものである。共通の目的は「見えざるリーダー（invisible leader）」（Graham 1995, p.172, 翻訳書204頁）として組織の結束力を高め，組織構成員の「自己統制活動」を促すことになるという。

そして第三の「予測」は，進むべき組織の方向性を見極めることである。優れた経営者は状況の移りゆくプロセスを見極める能力に長けている。これは「状況の法則」を発見する能力に他ならない。ここで「予測」は単に状況に適応するためのものではなく，新たな状況を創造するためのものである。その意味で「予測」は分析的というよりも，むしろ創造的な性格を有している。

　前述した権限論と責任論と同様の論理で，フォレットは，「職位のリーダーシップ（leadership of position）」と「人格のリーダーシップ（leadership of personality）」に代えて，状況を創造する「機能のリーダーシップ（leadership of function）」の重要性を指摘する（Graham 1995, p.174, 翻訳書 207 頁）。経営者は長期的な視点で社会にとって何が良いことなのかを理解しなければならない（Metcalf and Urwick 1941, 1955, pp.264-265, 翻訳書 363-364 頁）。ここでフォレットが問うているのは，未来を志向し，そして社会を志向する経営者なのである。

第 5 節　管理の科学のフロンティア

　テイラーの没後，産業界では科学的管理を構成する一つ，すなわちテイラー・システムのみが脚光を浴びるようになり，その結果として労働の非人間化が惹起した。こうした社会問題を危惧し，企業経営における人間的側面の尊重を目指したのがメトカーフであった。メトカーフはアーウィックと編集した『組織行動の原理』の序言で次のように述べている。「テイラーの教えの中では，新しい経営哲学の採用——彼の言葉を用いると〔精神革命〕——が彼の新しい技法の基本的な部分であった。しかし，彼の方法が一般に知られるようになるにつれて，科学的管理の基礎になる哲学を無視して，科学的管理の実践方法が発展し拡大するようになった」（Metcalf and Urwick 1941, 1955, pp.23-24, 翻訳書 30 頁）と。

　三戸公によれば，テイラーの精神革命は「経験から科学へ」の機能主義と，「対立から協調へ」ないし「心からなる兄弟のような協働」の人間主義の二つで構成されている（三戸 1997a, 1998）。しかし，メトカーフとアーウィックが

言うように，経験と勘に代わる科学的な管理方法の開発と実施は，いつしか
「心からなる兄弟のような協働」という人間主義を置き去りにし，機能主義一
辺倒の路線を突き進むことになった。こうした経緯がメトカーフに健全な人間
協働の促進を目的とするニューヨーク人事管理協会を創設させたのだ。前章で
記したように，メトカーフは当時の著名な知識人を講師に招き，実務家を対象
として人事・労務問題に関する講演を開催したのである。フォレットもその講
師の一人だった。

　さて，そもそも管理者が取り扱う二つの要素——「モノ」と「ヒト」——につ
いて，その両方を科学的に扱うことはできるのか。テイラーは「モノ」に関す
る「作業の科学」を機能主義的に展開した。では「ヒト」に関する科学はあり
得るのか。シェルドン（O. Sheldon）は不可能と考えたが，フォレットは可能
と考えた（Metcalf and Urwick 1941, 1955, p.123, 翻訳書 173 頁）。科学を「体
系的な観察，実験，論証によって得た知識，調整され（co-ordinated），整理
され（aranged），体系づけられた知識」（Metcalf and Urwick 1941, 1955, p.123,
翻訳書 174 頁）と定義するフォレットは，科学的管理によって「作業の科学」
を確立させたテイラーに触発され，それを経営者の仕事に適用することで「管
理の科学」の成立を目指そうとしたのである。フォレットの目論みは，テイ
ラー・システムを経営者という「ヒト」に適用させることだったのだ（Metcalf
and Urwick 1941, 1955, p.125, 翻訳書 176 頁）。

　テイラーの科学的管理は，精神革命によって機能主義と人間主義との統合を
視座に据えながらも，実際に成し遂げられたものは機能主義的な「作業の科
学」であった。そこでは「モノ」と「ヒト」が引き裂かれ，またシェルドン流
に片方の「モノ」だけが科学の対象とされた。それとは逆に，フォレットの
「管理の科学」は，一部の論者から「技術の面」が捨象された「人間の面」，つ
まり，組織における人間関係のみを論じていると指摘されることがある[4]。し
かしシェルドンを批判し，「モノ」と「ヒト」の両方を同時に扱うべきとして
提唱した「状況の法則」は，単に人間主義のみを追求するものではなかった。
ではフォレットの「管理の科学」の射程は何処にあるのだろうか。次に，この
問題をプロフェッション論との関連で検討することとしたい。

第6節　プロフェッションとしての経営管理

　フォレットがニューヨーク人事管理協会で論じた「経営管理が専門的職業の本質を所有するためには如何に発展しなければならないか」は、「管理の科学」を構想する内容であった。テイラー・システムで作業員の仕事が分析されたように、経営者ないし管理者の仕事の分析も試みられるべきであり、それによって科学的な企業経営が可能になるというものだった。そして、この「管理の科学」には続きがある。それは、「経営管理が専門的職業となるためには如何に発展しなければならないか」という翌月の講演におけるプロフェッション論への展開である[5]。

　フォレットによれば、プロフェッションは社会的に必要な機能である（Graham 1995, pp.269-270, 翻訳書320頁）。ただし、ここで機能は「奉仕（service）」と「科学」に基づくものでなければならない。まず「奉仕」は機能の内なる精神である。この場合の機能は、上記のように「社会的に必要な機能」を指している。そしてフォレットは、「企業経営者は自分の仕事が社会にとって必要な機能の一つであると考え、また他の人々も必要な機能を遂行することで、全体が健全で健康で有用な社会を作っていると認識すべきである。機能は最も適した言葉である。というのは、この言葉には自分たちの社会に奉仕する責任を持っているのみならず、あらゆる社会に奉仕する責任も部分的に持っているという意味を含んでいるからである」（Graham 1995, p.269, 翻訳書319頁）と述べる。こうした論理によって、企業経営における「経済的な責任に基づく仕事」と「社会的な責任に基づく仕事」は統合されることになるのである[6]。

　次に「科学」は「状況の法則」のコンテクストで論じられる。すなわち、「状況の法則を発見し、それに従う」という経営者ないし管理者の職務を分析し、そこから得られる知見を蓄積することによって管理機能は科学的な基礎を得るというのだ（Metcalf and Urwick 1941, 1955, pp.125-126, 翻訳書176-177頁）。こうして「状況の法則」から導出される管理機能は、「奉仕」と「科学」

を基礎に据えて「社会的に必要な機能」となり得る。

　これがフォレット流のプロフェッションとしての経営管理である。今日，プロフェッションの要件として，① 専門的知識・技術に基づく仕事であること，② 専門的知識・技術は体系的な教育訓練によって習得されること，③ 理論的基礎と汎用性を有すること，④ 専門家団体の基準があること，などが挙げられているが，これらは20世紀初頭から変わらない[7]。現にフォレットは，経営者も同業者による準拠集団を持ち，そこでアソシエーションとしての標準を維持・発展させるべきだと述べているのである（Graham 1995, pp.271-275, 翻訳書321-326頁）。1920年代半ば以降，フォレットが精力的に参加していたニューヨーク人事管理協会は，まさに準拠集団としての経営者専門家団体の典型であったのだ。

　さらにプロフェッションの意識を支え，それを発展させるのに不可欠なのが「仕事に対する愛情（love of work）」と「仕事に対する満足（satisfaction in work）」だという（Graham 1995, p.270, 翻訳書320-321頁）。これらは自らの職務の自発的な訓練を促し，また正直な仕事をしようとする意識を向上させ，仕事に対する自己の「標準（standard）」の設定に貢献する。熟練職人，芸術家，医師，弁護士らが自分の職業をプロフェッションであると自覚しているのは，「仕事に対する愛情」と「仕事に対する満足」によるところが大きく，それと同様の意識が企業経営者にも芽生えつつあることをフォレットは指摘するのである[8]。

　ここでフォレットはホワイトヘッドを引いて次のように述べる。すなわち，「スタイル的感覚を持った経営者は無駄を嫌い，スタイル的感覚を持ったエンジニアは彼の用いる材料を節約する。スタイル的感覚を持った熟練職人は優れた仕事を好む。スタイルは最終的な心の道徳である」（Graham 1995, pp.275-276, 翻訳書327頁）と。ここで「スタイル」とは仕事に対する考え方や行為のパターンを指す。そして「心の道徳」とは人間の精神的価値である。スタイルのある企業経営者は関係する人々の精神的価値を尊重し，組織にとっても社会にとっても有益な仕事をするという意味でプロフェッショナルであると考えられるのである（Graham 1995, pp.277-278, 翻訳書329頁）。

　話を管理の「標準」に戻そう。フォレットによれば，管理は「奉仕」と「科

学」を基礎に持つものであった。かかる管理は，当事者の専断的で恣意的な人格に依拠するのではなく，「状況の法則」から導かれるものであった。状況から要求される機能を管理の「標準」とするならば，企業の経営管理はプロフェッションになり得る。フォレットはそのように考えていたのだろう。

第 7 節　おわりに

　フォレット経営思想において「統合」は機能ないし活動の交織を意味するものであり，それは彼女の人間観，組織観，そして管理観に貫かれている論理であることを見てきた。機能遂行者である人間は，同じ機能遂行者である他者と機能を統合することで統一体としての組織や社会を形成する。かかる「機能の統合」は，「相互作用」，「統一体化」，そして「創発」が同時に起こり，同時に進行する社会的プロセスであった。そこにフォレットは組織と管理の基本原則である「調整」を見出したのである。

　フォレットは，こうした営みに人間の自由と成長があると考えた。自由は利己的な欲望を満足させることではなく，他者や全体との機能の「統合」を通して得られるものなのだ。そして，その関係を深めれば深めるほど人間は成長し，同時に全体的な関係としての組織や社会も発展し続けるとフォレットは信じた。それゆえに，フォレット思想は「個」と「全体」の同時的成長・発展を捉えているのである。

　1920 年代後半，自分の関心事がコミュニティや国家から企業へと移るや否や，フォレットは社会的機関としての企業の道徳性を積極的に問うようになった。それがプロフェッションとしての経営管理であったのだ。パーカー（P. Parker）も指摘しているように，フォレットは企業経営における「社会的責任と経済的責任との統合」（Graham 1995, p.289, 翻訳書 343 頁）を論じていたのである。こうして，機能主義と人間主義との「統合」がフォレット経営思想の射程となったのであろう。

　しかしながら，「状況の法則」に従うことによって管理の「標準」が設定されるとはいえ，企業は得てして「組織の論理」によって閉ざされた「標準」を

設定するものである。そして，その閉ざされた組織の「標準」が，ときに人間の「標準」と社会の「標準」との間に重大なコンフリクトを惹き起こす[9]。われわれ人類は，それを経験してきた。そこでフォレットは言うだろう。企業経営は「何である可能性があるか（what perhaps may be）」（Metcalf and Urwick 1941, 1955, p.34, 翻訳書 48 頁）と。われわれ経営学者は，この問題に答えなければならない。

　以上，フォレット経営思想の基本概念を見てきた。その特徴は機能の動態性であった。では，フォレットは如何にして動態的思考を手に入れたのであろうか。そこで第 II 部では「フォレットの哲学的基礎」を問う。まずはドイツ観念論哲学とフォレット思想との関連を検討することから始めたい。フォレットにとってドイツ観念論哲学は知的世界への最初の扉だった。

注

1) バーナードによれば，組織は「人力の場（field of personal forces）」，すなわち「活動のシステム」である。ここでシステムとは「各部分がそこに含まれる他のすべての部分とある重要な方法で関連を持つがゆえに全体として扱われるべきあるものである，と言えよう。何が重要かということは，特定の目的のために，あるいは特定の観点から，規定された秩序によって決定される。したがって，ある部分と他の一つあるいはすべての部分との関係にある変化が起こる場合には，そのシステムにも変化が起こり，一つの新しいシステムとなるか，または同じシステムの新しい状態となる」（Barnard 1938, 1968, p.78, 翻訳書 80-81 頁）。ここで「ある重要な方法」とは，構成要素が相互依存的ということである。ちなみに，バーナードはこの説明でヘンダーソン（L. J. Henderson）を引用している。

2) フォレットの統合論はニューヨーク人事管理協会で報告された 1925 年の「建設的対立」だけではない。1924 年刊行の『創造的経験』でも統合論は大きな柱として論じられている。この段落に関する記述であれば，「全体を分解・分析すること（analyze），相違性を認識すること（differentiate），そして相違性を理解すること（discriminate）」（Follett 1924, p.165, 翻訳書 172 頁）がある。フォレットは，「分裂的な力と創造的な力の間の関係性を理解すべきである」（Follett 1924, p.178, 翻訳書 184 頁）と述べ，さらに次のように続ける。「人が生きていく過程はときに分裂的なものであり，その分裂が新たなより実り多いまとまりへと導いていく。またときに，人が生きていく過程は有益な手段であり，それによって，形式上の全体（formal wholes）は，関連づけの中にあるまとまり（functional unities）に席を譲るのである。ただし，分裂は，ある人が生きていく過程全体からすればほんの部分であるに過ぎない。この人が生きていく過程全体の中のより包括的な側面に，われわれは統合という名を与えてよいであろう」（Follett 1924, p.178, 翻訳書 184 頁）と。

3) 伝統的な権限論では，その源泉を部下から上司へ，そして取締役会，株主総会，さらに究極的には社会にまで遡り，そこから付託されたものと考える。これが権限委譲の論理である。かかる権限法定説ないし上位権限説は形式的・規範的な性格を有する。これに対して，権限受容説は実質的な性格を有するものと解されるだろう。バーナードによれば，「もし命令的な伝達がその受令者に受け入れられるならば，その人に対する伝達の権威が確認あるいは確定される。それは行為の基礎と認められる。かかる伝達の不服従は，彼に対する伝達の権威の否定である。それゆえ，この定義で

は一つの命令が権威を持つかどうかの意思決定は受令者の側にあり、〔権威者〕すなわち、発令者の側にあるのではない」(Barnard 1938, 1968, p.164, 翻訳書171頁)。阪柳豊秋が指摘するように、権限が上位者から与えられたとしても、それに基づく命令が受令者によって受容されない限り、それは単なる形骸と化し、なんら実質的かつ有効的な意味を持ち得ない。このことから「バーナードにあっては権限の存在を決定づけるものは、むしろ下位者の受容に関する意思決定である」(阪柳 1984, 182-183頁)。

　　もっとも伝統理論からすれば、受容する側に主体性があるなどという説明こそ規範的であろう。しかし、バーナードは組織における発令者と受令者との間には次のような現象が確認できると述べている。「① 上位者は下位者が絶対に受容し得ないような命令は出さない、② 仮に受容されにくいような命令を出さなければならない場合には、その受容を可能にするような手立てが講じられる、③ しかも下位者はできる限りそれを受容しようとする傾向を持つ。すなわち下位者にしても、自分たちがそれを受容することによって組織の成果が確保され、それによって組織に参加した自分たち個々人の利益が獲得できるものであることは、これを熟知している。その意味で、彼らが参加し続ける限り、かかる成果の確保のために、一般的にはある種の命令については無意識のうちに服従するとともに、こうした無意識に服従するような命令の範囲を、むしろ拡大しようとさえ努める傾向を持つ」(Barnard 1938, 1968, p.166, 翻訳書173-174頁)。バーナードは、このように下位者によって問題なく無条件で受け入れられるような命令の範疇を「無関心圏 (zone of indifference)」(Barnard 1938, 1968, p.168, 翻訳書175頁)と称した。そして、フォレットの権限機能説も権限受容説と同じように権限の実質的な側面を捉えている。こうしてフォレットとバーナードは、「権限は上から委譲される」という伝統理論は一つの擬制を生じさせると批判する。つまり、上位者から下位者への権限と責任の委譲は、フォレットによれば「錯覚 (illusion)」(Metcalf and Urwick 1941, 1955, pp.146-149, 翻訳書204-208頁)であり、バーナードによれば「仮構 (fiction)」(Barnard 1938, 1968, p.170, 翻訳書178頁)である。なお、バーナードの権限論は第10章でも取り上げている。参照されたい。

4) 藻利重隆は、フォレットの経営管理論が「人間の面」に関して心理学的偏向を示しているために「技術の面」から乖離していると指摘している(アーウィック編、藻利解説 1963, 235-237頁)。したがって、フォレットの経営管理論は「管理の科学」ではなく、一切の人間関係を対象にした「社会的管理の科学」、換言するならば「協働の科学」をなすものと解すべきだという。

5) プロフェッションの要件は太田肇(1993)を参考にしている。私見によれば、これまでのプロフェッション研究には三つの流れがある。① 専門職組織(病院、大学、会計事務所等)に勤務するプロフェッショナル、② 非専門職組織(企業のR&D部門等)に勤務するプロフェッショナル、③ 非専門職組織(企業等)のプロフェッショナル・マネジャー、である。近年は太田肇が指摘するように② を研究対象としているものが多い。③ については、メトカーフ編集の *Business Management as a Profession*, 1927. 以降、今日までその議論が続いている。たとえばドラッカーは、高度な知識・技術を駆使してビジネスを行っている経営者をナレッジ・ワーカーと呼び、またベニス (W. Bennis) は、狭小な組織それ自体の観点にとらわれることのない広い社会的視野を持つ経営者をプロフェッショナル・マンと呼んでいる。このように企業のような非専門職組織に属する経営者ないし管理者を対象としたプロフェッション研究は、アメリカにおける経営学の伝統を築いてきた。詳しくは植村省三(1987, 71頁)を参照されたい。

6) パーカー (P. Parker) は、フォレット経営管理論の現代的意義について、ビジネスと社会のビジョンの統一、学際的アプローチ、管理概念のヒューマニティ、国際主義、相互的奉仕を指摘している (Graham 1995, pp.282-290, 翻訳書334-344頁)。

7) こうした要件に従えば、企業の経営者ないし管理者のように、所属部門の専門分化が如何に進んでいようとも、専門的な知識・技術が特定の組織内でしか価値を持ち得ないという場合には、彼ら

はゼネラリストに対するスペシャリストとは呼び得てもプロフェッショナルとは呼べないという指摘もある。ここでスペシャリストとプロフェッショナルとの区別は森川英正（1980）を参照されたい。ちなみに同論文の要旨には，「管理的人材が極度に不足していた工業化初期段階の日本の産業界には，一見プロフェッショナル風の企業人が出没した。しかし，これはまったく経過的現象で，やがて人材の内部養成・定着のシステムが固定し，プロフェッショナル企業人は育ちにくい環境が形成される。しかし，企業人の主流をなすまでには至らないが，プロフェッショナル企業人の活動の跡が見られることも事実なのである」（組織学会 HP 参照）と記されている。

8）プロフェッションの標準という観点からすると，準拠集団は，「標準の維持」,「公衆の教育」,「標準の発展」に貢献する。第一の「標準の維持」は，所属する組織に対するよりも，職業や仕事に対して強い忠誠心を感じることができるような標準を設定し普及させることを指す。一般に，プロフェッションに従事する人々は所属意識よりも職業意識が強い。それゆえ，所属組織の標準と専門職業の標準との間にコンフリクトが発生した場合であっても，専門職業の標準が優先される。第二の「公衆の教育」は，プロフェッションの標準を通じて公衆を教育・訓練していくことを意味する。プロフェッションの標準を維持し厳守している企業は，単に公衆のその時点の欲求・要求に従うのではなく，公衆のためになる高次の欲求・要求を創造させるように働きかける。第三の「標準の発展」は，標準に即した実践活動を通じて，職業の基礎をなす知識を常に拡大していくことを意味する。裁判官らが判例を作成しそれを基準とするように，企業経営の経験を分類し，知識を経営者団体で蓄積・共有していくことの必要性をフォレットは指摘している（Graham 1995, pp.271-274, 翻訳書 321-325 頁）。

9）組織の価値基準によって行動を制約されることなく，自らの職業的価値のみによって行動することは難しい。仮に組織的価値と職業的価値との間に矛盾・対立が生じたときには，その選択にあたって組織的価値に傾くのが現代経営者の一般的な姿かもしれない。そうした現状を踏まえるならば，プロフェッションの性格は，経営者の行動を表すというよりは，むしろ経営者が志向すべき姿勢と見るべきであろう。植村省三（1987, 71 頁）は，この問題をバーナードの管理責任論との関連で検討している。参照されたい。

第Ⅱ部

フォレットの哲学的基礎

第3章

フォレット経営思想とドイツ観念論哲学
──フィヒテ，ヘーゲルとの関連──

第1節　はじめに

　第二次産業革命時，経済発展に沸き立つアメリカは移民の流入による貧富の格差などの社会問題に直面していた。そうした中で現れた慈善的かつ救済的な福祉事業は，その意図せざる結果として，人々の姿勢を受け身へと変容させてしまった。こうした状況に危機感を抱いたフォレットは，20年間におよぶソーシャル・センターでの経験から，一冊の政治哲学書を上梓したのである。それが『新しい国家』であった。フォレットは同書において，「人間は集団を通してのみ自身の真の性質を発見し，そして真の自由を獲得する」（Follett 1918, 1998, p.6, 翻訳書4頁）として，民主主義社会の実現に向けての集団論と国家論を展開したのだった。

　ところで，「人間とは何か」や「自由とは何か」といった形而上学的な問題に真正面から取り組んだ哲学者として最初に挙がる名前はカントであろう。カントの哲学は「私」から「世界」を考えるところにその特徴がある（石川 2009, 12頁）。そして前段落のフォレットの一文には，人間の普遍的性質を主観の中に見出し，そこから人間の理性と道徳的な自由を唱えたカントの哲学を読み取ることができる。ただ，その内容は人間の本質を究明するという性格ゆえ，『新しい国家』における集団や国家という全体的な観点は，「他者」の問題を扱う別の観念論者の主張に耳を傾けなければならない。

　もっとも，『新しい国家』に登場する哲学者は観念論者だけではない。さまざまな思想・哲学が席巻した時代を生きたフォレットは，自らの思想形成に際

して実に多くの人物から影響を受けた。言うなれば，知的世界の入り口がドイ
ツ観念論哲学だったのだ[1]。人間とは何か，そして集団および国家とは何か。
さらに自由とは如何なるものか。本章では，フォレット思想をドイツ観念論哲
学における相互承認論との関連から検討してみたい。こうした哲学的考察に
よって，フォレットの基本的スタンスが明確になるだろう。

第2節　フォレットの集団原理

　フォレットの第二の著作『新しい国家』は，民主主義社会を実現させ得る集
団形成過程を，統合的統一体という概念を用いて説くものであった。同書で
フォレットは，群集を批判する形でアソシエーションを形成する相互浸透のプ
ロセスに目を向けたのである[2]。

　マッキーバー（R. M. MacIver）によれば，アソシエーションは，「ある共同
の関心または諸関心の追求のために明確に設立された社会生活の組織体」
（MacIver 1917, 1920, p.24, 翻訳書 47 頁）であり，共同生活の領域を指すコ
ミュニティを土台として形成される[3]。ちなみにマッキーバーの『コミュニ
ティ（*Community*）』（1917）の翌年に刊行された『新しい国家』にその引用
は見当たらない。しかし，二人が国家をコミュニティではなくアソシエーショ
ンと位置づけている点は興味深い[4]。彼らは国家を目的社会と考える立場によ
り，多元的国家論者と見做されているのである。

　コミュニティは近隣に住まう人々によって構成される。そして，趣味も生活
も職業も異なる人々が，コミュニティの生活の中で，アソシエーションとして
の各種の組織体や国家を創出させるのだ。ここで不可欠なのが主体的関与であ
る。そのための方法として，フォレットは，(1) 近隣の人々が定期的に会合を
開くこと，(2) 真の討論の仕方を学び，それを定期的な会合で実践すること，
(3) コミュニティでともに学び，そして充実した余暇を過ごすこと，(4) コミュ
ニティ生活のための責任を積極的に引き受けること，(5) 近隣関係と市町村・
州・国家との間の結びつきを保つこと，などの必要性を指摘するのである
（Follett 1918, 1998, pp.204-205, 翻訳書 197 頁）。

　フォレットによれば，民主主義を自覚する機会として有効なのがコミュニティ・センターの運動である。なぜなら，それは「近隣生活が持つ潜在的な諸価値を解放するための運動であり，近隣生活の諸価値が人々の手元に流れ込むための経路を発見するための運動であり，人々が彼ら自身の諸資源を発見し，組織化することを助けるための運動である」（Follett 1918, 1998, p.205, 翻訳書198頁）からだ。コミュニティ・センターは近隣に住まう人々が集う場である。その充実した運動によって，人々は近隣から国家への意識づけができるようになる。そして，「すべての集団がひとたび自らを自覚するようになると，本能的に，より大きな全体を形成するために統一する他の諸集団を求めるのである。集団は孤立していては有効的ではない。個人的な進歩が相互浸透の程度に依存するのと同じように，集団的な進歩も集団と集団との相互浸透に依存する」（Follett 1918, 1998, p.249, 翻訳書242頁）というのである。

　集団が互いに関わり合うことで，個人および近隣が国家へと統合していく。フォレットは，「すべての他者とともに，創造する人として自分自身を見ることは，ものの見方の新しい態度と新しい活動を必要とする」（Follett 1918, 1998, p.8, 翻訳書6頁）として，「自他関係（self and others）」に代えて「自他‐他自形成関係（self in and through others）」の集団原理を提示するのであった（Follett 1918, 1998, p.8, 翻訳書6頁）。フォレットによれば，人間と集団，一者と多者，個と全体は「均衡」のもとに成立しているのではない。民主主義の本質は「均衡」ではなく「創造」である（Follett 1918, 1998, p.8, 翻訳書5-6頁）。そこで問われるのが相互浸透に基づくアソシエーションの法則なのである。

第3節　「自己」と「他者」との関連
──相互承認をめぐって──

　フォレット経営思想における人間観は，他の管理論と比較すると一種独特であると言えるだろう。なぜなら，人間は他者との関係の中で主体性を得る存在と把握されるからである。もっとも哲学史からすれば，こうした人間観は特異

なものであるというよりは，むしろ主流を占めていたとさえ言える。

　カントによれば，人間は理想的な世界を描きつつ，それに憧れ，近づこうとする本能を持っている。それは真・善・美を求める意志であり，そこに「自由」がある。個人の内面にある理性の声に従うことに道徳的価値を認めたカントは，「自律」という道徳的行為に人間としての尊厳があると主張したのである（西 1995, 36-38 頁）。

　しかしながら，フォレットが指摘しているように，「カントの理論は，個と全体との間に境界線を引き，普遍的法則を受容することによって，個の自由と全体の自由を与えるという理論」（Follett 1924, p.266, 翻訳書 270 頁）であった。つまり，カント哲学は主観的かつ個人主義的ゆえ，個と全体との関係性が極めて希薄なのである。

　その一方で，人間の在り方を他者との関わりから本格的に論究したのがフィヒテであった。フィヒテは，自己の展開によって理論と実践の二つの理性が統一的に捉えられると考えた。つまり，フィヒテはカントの理論理性と実践理性との並存性を批判し，「認識する理論的存在」と「行為する実践的存在」という二つの側面の一体性に自己の本質があると主張したのだ。こうして自己の自発性を強調し，そこから「自由」の問題に向き合うフィヒテは，自己と他者との相互主体性を問うようになったのである。

　レンによれば「フィヒテは，個々人の自由は集団に従属されるべきであるとする国家主義を支持したドイツの哲学者である。フィヒテは個々人が自由意志を持つものとは考えず，すべての人間が関与している人間関係のネットワークと密接に結びついていると考えていた」（Wren 1994, p.257, 翻訳書 284 頁）。なるほど，フォレットの『新しい国家』には，こうした自我の観点がある。

　ドイツ観念論哲学を眺めてみると，かかる人間観に基づく相互主体性は相互承認論として説明されている。その萌芽はカントに見られる。しかしカントの場合には，自己と他者との関係よりも，個々人の道徳的承認という行為の是認や人格の尊重という色彩が強い。よって形式的であるという批判を受けることがある。そうなると，「主体としての自己」と「主体としての他者」との相互主体的な関係としての相互承認論はフィヒテに求めなければならない。なぜなら自己と同時に他者を論じ，両者の関係をコミュニケーション的な承認論とし

て展開しているからである⁵⁾。

　ただ，人間を社会的存在として捉えるフィヒテの相互承認論であっても，コミュニケーション過程が，双方の自由の自己制限という法概念に依拠しているため，規範論的かつ形式論的であることも否めない⁶⁾。さらに，フィヒテの相互承認過程における自由の自己制限という法概念は，個人レベルの相互主体性は説明できるものの，個々の主体間によって形成された全体からの促しを説明しきれない。その意味で，フィヒテの相互承認論はカントと同じように個人主義的であると言わざるを得ない。

　一般にドイツ観念論哲学，とくに相互承認論は，カント-フィヒテ-ヘーゲルという系譜で把握されるが，カントの自己概念を個人主義的であると批判したうえで，フィヒテの相互承認論を他者関係から共同体（Gemeinschaft）の関係へと発展させたのがヘーゲルであった。人間は相互承認という関係を続けることで共同的存在となる。ヘーゲルの相互承認論は，共同的存在としての意志を互いに確認し合うことであり，そこに共同体としての国家が存在するのである（西　1995, 185 頁）。

　ヘーゲルの『精神現象学（*Phänomenologie des Geistes*)』によれば，人間の本質は自己意識の自由にある。人間は誰でも自分を主人公として生きている。つまり人間は自己中心性を持ちつつ，そのうえで他者と関わるのである。そのときにはカントのように理性や道徳を前提とするのではなく，自己意識の自由こそが認められなければならない。ただし，共同体という全体の有機的一環を担う存在としての人間が自由であるためには，各人が自由を相互に承認し合うことが必要となる。このとき個々人が尊重すべきは私的利益ではなく共同体（国家）の利益なのだ。それゆえに，ヘーゲルは公共的な意識を身につけることの必要性を唱えるのである（西　1995, 208-109 頁）。

　こうした主張は個人間の承認よりも，個人が共同体によって承認されるという意味を前面に押し出すことになり，それがヘーゲルに悪しき全体主義者のラベルを貼り付けることになった。確かにそれは否めない。しかし，ヘーゲルは共同体を個人の相互承認の場として捉えることによって共同体中心の立場に立ちつつも，フィヒテの承認論を摂取して共同体を個人の側からも捉えていた。したがって，ヘーゲルは共同体から個人への流れと同時に，個人から共同体へ

の流れという双方を意識していたと言えよう。こうしてヘーゲルの相互承認論に，「共同体における個人相互の関係と，個人と全体との関係を同時に捉えていること」，「個人の自由を，全体および他者との弁証法的連関において捉えていること」，という二つの特徴を確認することができる。

　このような相互承認論は，各人が他者の意志・権利・価値などを認め合うことを内容としている（岩佐・島崎・高田　1991, 181頁）。その代表的なものが「道徳的承認」と「法的承認」である。前者はカントによって人格の尊重として捉えられ，後者はフィヒテによって個人の権利の保証として捉えられた。これらに対して，ヘーゲルは自己と他者との関係に焦点を当てた。人間は他者を受け入れながら自律的に生きる存在である。ここにヘーゲルの共同体論における自由観を窺い知ることができる。人間は他者の中に自己を見出すのである。

　この「自由」についてヘーゲルは「信仰」と「啓蒙」を説く。前者は絶対的で超越的な「真なるもの」を「聖なるもの」とする宗教的立場であり，後者は「真なるもの」を希求する立場である。つまり，人間は神を信仰する行為とともに，社会的存在としての行為を通して道徳的な自由を自覚することが肝要なのである。ヘーゲルは，これを「絶対精神（absoluter Geist）」と呼んだ。人間は聖なる神の代わりに「真なるもの」を獲得する。それが道徳的自由である。ヘーゲルの「絶対知（absolutes Wissen）」は，相互承認によって「真なるもの」を追い求めることを意味しているのである。そしてヘーゲルは，これを「人倫（Sittlichkeit）」と称した。個人の主観的な道徳と市民社会の客観的な法を弁証法的に止揚した「人倫」は，共同体における秩序や規範を意味するものだった。

　ここで社会契約論との関連についても触れておきたい。ヘーゲルはルソー（J-J. Rousseau）の社会契約論を，原子論的社会観に基づくものと批判した（岩佐・島崎・高田　1991, 189頁）。ルソーは国家を個人相互の契約や同意によって成立すると考えたが，ヘーゲルに言わせれば，国家は個人の意志の単なる総和ではない。なぜなら，国家は個人の意志とは異なる「人倫」としての共同体だからだ。このようなヘーゲルの共同体論に依拠してアソシエーションの関係論を主張するフォレットは，同じようにルソーの契約論には否定的だったのである（Follett 1918, 1998, p.13, 翻訳書11頁）。

　契約論的な考えは 18 世紀から 19 世紀にかけて，社会の目的は「最大多数の最大幸福」にあるとして功利主義の基礎を築いたベンサム（J. Bentham），それを継承したミル（J. S. Mill），さらに適者生存や自由放任主義を唱えたスペンサー（H. Spencer）らを出現させた。フォレットは，ベンサムら功利主義者に対してはその多数決原理を批判し，またスペンサーの『人間対国家（*The Man versus the State*)』に対しては「それぞれバラバラで関係を持っていない個人のうえに形成された誤った政治哲学の全体論を意味している」（Follett 1918, 1998, pp.162-163, 翻訳書 158-159 頁）と痛烈に批判したのである。

　さて，ヘーゲルから影響を受けたフォレットは「個」と「全体」の双方を同時に捉えていた。個人と全体との間での双方向的な流れは，フォレットの「状況の法則」に見られる。とくに「状況の法則を発見し，それに従う」というとき，それは一方で，個人が全体である状況に対して主体的に働きかけて状況の止揚を企図する場面を捉えている。これは個人から全体へという流れである。他方，全体状況に統合されるという場面では，全体から個人へという流れを認めることができる（村田 1984, 203 頁）。こうした双方向的な一連の過程である「状況の法則」は，「全体」である状況の止揚と，「個」である個人の自由とを同時に達成させるものとして論じられているのである。

第 4 節　「個」と「全体」との関連
——多元主義をめぐって——

　フォレットによれば，集団としての考え方は「相互浸透の過程によって得られる」（Follett 1918, 1998, p.24, 翻訳書 21 頁）。かかる相互性について，フォレットはテニスを例に説明している（Follett 1918, 1998, pp.25-26, 翻訳書 22-23 頁）。まず A が B にサーブをする。B はそのサーブをリターンするが，その際の B のプレイは B 自身のリターンと A によるサーブに大きく影響を受ける。次に A は B にボールを返すが，その際の A のプレイは A 自身のリターンだけでなく，最初の A のサーブと B のリターンなどの影響を受ける。このように両者間でラリーが続く限り，A と B との対応行為は続いていく[7]。

　こうした関係をフォレットは「円環的反応」と称した。「個」と「個」との相互作用は「全体」を創出する。すると，それぞれの「個」は「全体」とも相互作用を持つ。つまり「個」と「全体」との円環的なプロセスでは実体そのものも変化する。フォレットによれば，人間は状況から分離している抽象的な存在ではなく，状況の内で理解される具体的な存在である。状況が発展することによって変化すれば，関係としての状況の中に存在する人間も変化する。これが「再人格化」である。したがって「状況の法則」は，状況から命令を受け取るという「非人格化」と同時に，発展する全体的関連の中で人間も成長・変化していくという「再人格化」を実現させ得る。「個」と「全体」との同時的成長・発展は，こうした「個」から「全体」への，また「全体」から「個」への双方向的な相互作用によるものなのである。

　ところで，自然科学が劇的に発展した 18 世紀後半，多くの科学者や哲学者たちが「引力 - 斥力」，「作用 - 反作用」，「プラス - マイナス」などの二項対立の概念に注目した。カントもその一人であった。自然科学の認識方法の確立を目指したカントは，感性（感じる働き）と悟性（考える働き）からなる認識の枠組みを純粋悟性概念（カテゴリー）と呼び，これを「量のカテゴリー」：単一性，数多性，全体性，「質のカテゴリー」：実在性，否定性，制限性，「関係のカテゴリー」：実体性と属性，原因性と依存性，相互性，「様相のカテゴリー」：可能性 - 不可能性，存在 - 非存在，必然性 - 偶然性，という具合に分類（4 大分類 12 小分類）した[8]。

　その一つ「関係のカテゴリー」の実体性と属性は，不変かつ独立の存在を表す。次に原因性と依存性は，原因となるものは能動的であり，結果となるものは受動的なものと見做す。そして相互性は同時的共同性という言葉に置き換えることができる。これは，ある空間に同時に存在する個々の実体間の相互作用を問う概念である。ただし，カントの「関係のカテゴリー」において，実体はあらゆる変化を通して常住不変であり，その属性だけが変化するものと考えられている（村田 1984, 201-202 頁）。村田晴夫によれば，「自然科学的認識における客観性はア・プリオリな総合判断によって確実なものとなり，自然科学的諸法則が示す必然性は因果律によって確定される」（村田 1990, 181 頁）。こうして相互性についても「カントは相互に作用し合う相互的原因性と述べてお

り，相互性のカテゴリーは実体性のカテゴリーと因果性のカテゴリーの結合によって生じる」（村田 1990, 182 頁）ものと考えられた。その特徴は，「第一に，それがア・プリオリな純粋悟性の概念であるということ，第二に，多様なものの同時存在に関わるものであるということ，第三に，因果性と結びついて考えられているということ」（村田 1990, 182 頁）であるという。

　このように，個人主義的ゆえに全体性の観点が希薄であること，相互作用の要素が常住不変の実体であること，この二つをカントの相互性の特徴として確認することができる。したがって，フォレットとカントの相互作用観はそれぞれ異なるものであると解されよう。なぜなら村田晴夫が指摘するように，フォレットの相互作用は，「主観主義的認識論ではなく，主体 - 客体の同時的・同型的認識構造への観点であること，個体的要素的機能ではなくて，全体的統合的機能であり，物質的かつ精神的であること，そして因果性ではなくて弁証法とも親和性のある同型性が認められるということ，因果的必然の相互性ではなく普遍的相対主義に基づく相互性であること」（村田 1990, 197 頁）を特徴としているからである。

　そこでカントではなくヘーゲルの相互性に注目したい。フォレットは，ヘーゲルの弁証法的論理に基づく全体論の精神は「全体的相互関連性（total relativity）」であり，それはジェームズの「意識の合成（compounding of consciousness）」の本質であると評価している（Follett 1918, 1998, p.266, 翻訳書 258 頁）。フォレットが『新しい国家』において構想した民主主義社会は，「諸部分を全体の中で完全に生かし，全体は諸部分の中で完全に生きるような連邦主義の類のもの」（Follett 1918, 1998, p.264, 翻訳書 256 頁）であったのである。「多者（個人）」に対する「一者（国家）」の関係，および「一者（国家）」に対する「多者（個人）」の関係について，フォレットは「統合」の観点から，「全体の形（all form）」と「各々の形（each forms）」との一致を捉えた「全体的相互関連性」および「意識の合成」に関心を寄せたのである（Follett 1918, 1998, p.265, 翻訳書 256 頁）。

　かかるジェームズの「意識の合成」は，フォレットが指摘するようにヘーゲルの「絶対知」の境地であろう。思惟と存在との一致において成立するのがヘーゲルの「絶対知」である。それは個人的意識と共同的意識との統一，すな

わち，「我なる我々」と「我々なる我」という意識の自己認識過程の究極的な論理において成立する概念であるという。そこでは，意識と対象，主観と客観，多者と一者，自己と他者といった二項対立の諸概念が統一されるのだ（岩佐・島崎・高田 1991, 55-57 頁）。

　こうしたヘーゲルの「絶対知」に通じる観点は，イギリス理想主義者であるグリーンやボザンケ（B. Bosanquet）らの福祉国家論にも確認することができる。まずグリーンは，カントやヘーゲルの影響を受けて，社会の中での人格の陶冶や自己実現の重要性を説き，そのための環境を整えることが国家の責任であるとした（仲正 2015, 65-66 頁）。そしてヘーゲルの影響を強く受けたボザンケも，国家の枠内でこそ各人の徳的人格が発達することを主張したのである（仲正 2015, 66 頁）。ヒューム（D. Hume）らの経験論や功利主義を批判的に捉えたグリーンとボザンケの国家論は，ヘーゲル哲学を正確に理解・発展させたものであるとしてフォレットに高く評価された（Follett 1918, 1998, p.267, 翻訳書 258-259 頁）。その考えは，あらゆる人々が等しく社会に貢献することで，個人の道徳的生活，市民の安全安心な社会生活，そして国家の共通利益がもたらされるというものだった[9]。

　前述したヘーゲルの『精神現象学』は，「人類の精神の形成過程を追跡しようとする学問」（西 1995, 78-79 頁）であった。そこでは，自己と他者がそれぞれの自由を認め合うこと，つまり，相互承認によって社会全体を作り上げることが主張されている。西研によれば，「自己と世界とは別々に存在するものではなくて，相関的に現れる」（西 1995, 93 頁）。ヘーゲルは人間存在を「自己意識」として捉えていた。自己意識は，「他人や社会制度のような〔他なるもの〕の中に自己を見出すことによって，自己を獲得しようとする。このように，自由を求め実現しようとする人間精神の在り方の中に，権利・道徳・社会制度の正当性は存在する」（西 1995, 196 頁）のである。

　「連邦国家は，そのすべての構成員の活動によって時々刻々と新しいものを作り上げていくことで道徳国家となる」（Follett 1918, 1998, p.335, 翻訳書 328 頁）とフォレットは言う。そして，ヘーゲルもカント流の自律的個人に基づく道徳国家ではなく，他者とともに共同体を作り出し，それによって自分が支えられているという，「現実に生きられる道徳的理念としての共同体」（西 1995,

41 頁）を論じたのである。ヘーゲルは，それこそが人間の持っている道徳の実現であると考えていたのだ。こうして導出されたのが，「全体的相互関連性」という弁証法的過程だったのであろう。フォレットが提示する社会プロセスでは，「相互作用」，「統一体化」，「創発」が同時に起こり同時に進行している。そこには，ヘーゲル流の「全体的相互関連性」という弁証法的な「統合」が現れるのである [10]。

第5節　おわりに

　本章では，フォレット経営思想を特徴づけている人間観の起源を，ドイツ観念論哲学の中心的なテーマである相互承認論に求めた。その結果，フォレットの人間観に，フィヒテの自己と他者との相互主体性の論理を確認することができた。しかし，個人間での関係はフィヒテで説明がつくが，それによって形成される全体の説明にはヘーゲルの思想が必要となった。

　ヘーゲルは公共的な意識を得ること，そして国家に貢献することを人間本来の生き方と考えた（西 1995, 210 頁）。ヘーゲルにとって，共同体は精神的自由の実現の場であったのだ。国家は個人に先行するという観点，そして市民社会よりも国家に優位性を認める観点は，プロシア帝国の絶対主義や，ナチスのファシズムへの影響などを指摘される。歴史を振り返れば「ヘーゲル＝悪しき全体主義」というラベルが貼られた。

　ただ村田晴夫によれば，「もちろん，全体性に優位を置く思想は，国家の全体性を優先させるファッシズムないし全体主義（totalitarianism）をも含む。これらはやがて第二次大戦へと駆り立てる狂気を含んでいた。しかし，われわれは，全体論と全体主義とは厳に区別しなければならないと考える。全体論とは，全体というものの独自性を承認し，何らかの形でそれを方法論的原理とすることである。その意味で，個人も一つの全体的存在である。それに対して，全体主義は一つのイデオロギーであり，権力への意思である」（村田 1984, 178 頁）。

　これに倣えば，フォレットが影響を受けたのは全体主義の思想家としての

ヘーゲルというよりは，むしろ方法論者としてのヘーゲルであった。イデオロギー的な全体優先主義として位置づけられがちなヘーゲル思想に対して，フォレットは，その全体概念を方法論的カテゴリーとして把握し，その特質を「全体的相互関連性」にあるとした。そしてフォレットは，ヘーゲルの「全体的相互関連性」にジェームズの「意識の合成」を重ね合わせていたのである。つまり，フォレットはヘーゲルとジェームズの思想を同一視し，そこから多元的な集団論および国家論を構想しようとしたのだ。その集大成が『新しい国家』だったのであろう。

　フォレットは，20世紀初頭における世界的な全体論の勃興に目を留めていた。生物学ではホールデン（J. B. S. Haldane）が有機体論的生物学を唱え，心理学では要素還元主義からゲシュタルトへの移行があった（Metcalf and Urwick 1941, 1955, p.185, 翻訳書255-256頁）。そして同時代には，プラグマティズムというアメリカ独自の思想が席巻していた。ハーバード大学の観念論哲学者ロイスは，同僚のジェームズからプラグマティズムの影響を受けたという（仲正 2015, 66頁）。人間と絶対者との関係についてプラグマティズム的な考えを展開したロイスと同じように，フォレットも，観念論とプラグマティズムとの関連性を意識してのではないだろうか。なぜなら，二人の全体論はヘーゲル的でもありジェームズ的でもあるからである。

　そこで次章では，ジェームズとフォレットとの関連を検討したい。ジェームズはいくつかの顔を持っている。そこで，ジェームズ心理学における意識論，ジェームズ哲学における経験論，そしてジェームズのプラグマティズムに焦点を当てようと思う。

注
1）フォレットにとって最初の師はセイア・アカデミーでのトンプソンだった。同書の序文にはトンプソンへの感謝の意が記させている。
2）社会集団の類型論ではテンニース（F. Tönnies）のゲマインシャフト（Gemeinschaft）とゲゼルシャフト（Gesellschaft）が広く知られている。テンニースによれば，社会生活の結合体は二つの「意志」の相違によって現れる。まず「本質意志（Wesenwille）」（母と子の愛情のように，人間が生来備えている生々しい本能的意志，思惟に先行して自然に発達してくるもの）に基づくと，「それぞれ血・場所・精神を示す家族・村落・中世都市のように，たとえ一見分離しているようでも根本では人々が結合を失っていないような状態，すなわち〔ゲマインシャフト〕が生じる。ここでは愛や親しみ，共通な想い出を分かち合う人々，おもに家内工業・農業・技芸を職とする人々の親密な共同生活が営まれ，さながら有機的な生命体を思わせる」（新ほか 1979, 16-18頁）。次に「選択

意志（Kürwille）」（商人の取引のように合理的・打算的でまさに活動に先行してその計算を行う，思惟そのものの産物としての観念的・人工的な意志）に基づくと，「それぞれ法・交易・文明を示す大都市，国家・世界のように，表面は平和に見えながら根本では利害関係に動かされ他人を自分の利益と目標への手段として見る生活形態，すなわち〔ゲゼルシャフト〕が生じる。ここでは，おもに商業・工業・学問を職とする人々が，競争の一般化した状態のもとで，常に緊張し合い，機械的につながりあった生活を営んでいる」（新ほか 1979, 16-18 頁）。

3）コミュニティとアソシエーションの区別は次の通り。マッキーバーによれば，「コミュニティは，社会生活の，つまり社会的存在の共同生活の焦点であるが，アソシエーションは，ある共同の関心または諸関心の追求のために明確に設立された社会生活の組織体である。アソシエーションは部分的であり，コミュニティは統合的である。一つのアソシエーションの成員は，多くの他の違ったアソシエーションの成員になることができる。コミュニティ内には幾多のアソシエーションが存在し得るばかりでなく，敵対的なアソシエーションでさえ存在出来る。人はその重要性が最低の目的にも，また最高の目的のためにも結合できるものである。アソシエーションは，当事者にとって多大の意義あるものであることも，大して意義がないものであることもある。またそれは，単に月例の晩餐会の言訳の口実のつもりのものか，あるいは貴重で最大の利益を保護するものであるかもしれない。しかし，コミュニティはどの最大のアソシエーションよりも広く自由なものである。それは，アソシエーションがそこから出現し，アソシエーションがそこに整序されるとしても，アソシエーションでは完全に充足されないもっと重大な共同生活なのである」（Maclver 1917, 1920, p.24, 翻訳書 47 頁）。ここでアソシエーションは，「常に自発的であって，要するにそれが政治組織の単なる部分ではなく，成員によって自由に作られ加入も管理もさらにある場合は解消も自由に行われる」（Maclver 1917, 1920, p.41, 翻訳書 63 頁）という特徴がある。

4）マッキーバーは群集とアソシエーションの違いを次のように説明している。「人々は，組織されないままに同時に〔群がる〕ことがある。単なる集成（aggregation）はアソシエーションではない。火事を見るためにたまたま集まった群衆の場合を考えよう。この集成は何の目的に役立つものでもない。群衆の各人は他人が離れ去っても火事を全く同じように――実際はその方が余計に――見ることができる。共同の関心は彼らを集合されるけれども，相互に結合されることも，各個人と他の誰かとの間に社会的交渉を生じさせる必要もない。群集は物理的接触であって社会的接触ではない。アソシエーションであれば，火事が消え――あるいは警官が群集を立ち去らせても解消しない。しかし，群集が消火の志を起こし，その目的のために組織を持つとしよう。この集成は直ちにアソシエーションに変わり，個々の各員相互間に社会関係が生じ，社会的目的遂行に付随する秩序が全員に及ぶものである。共有の関心が組織によって促進されることが分かるや，人々はすぐにアソシエーションを作る。アソシエーションは，この場合は短時間に成立し――また短時間のうちに消滅し去るわけである」（Maclver 1917, 1920, p.25, 翻訳書 48 頁）。マッキーバーによれば，たとえ短時間であっても秩序づけられた社会関係が成立していれば，それは群集ではなくアソシエーションと見做される。この点はフォレットの『新しい国家』と同じである。同書において，フォレットも群集とアソシエーションを対概念として捉えている。この点は『新しい国家』の序論と第 1 章を参照されたい。

5）木村博によれば，「フィヒテの哲学はまぎれもなく自我の哲学である。だが，自我のみの哲学ではない。まさに自我の哲学であるがゆえに他者の問題が主題となるのである。フィヒテの相互人格性論は，有限な自我としての人格の自己定立の可能性の条件のみならず，諸人格の相互関係そのものの可能性の条件をも解き明かす，そうした超越論的観点から遂行されるコミュニケーション的な相互行為論である」（木村 1995, 126 頁）。ここで木村博は「促しの相互性」を指摘する。すなわち，「主体としての自我の自己実現には他者の促しを不可欠とするということは，（他者は主体と同様の理性的存在者である限り）他者についても妥当する」（木村 1995, 127 頁）。こうしてフィヒテは理

性的な社会的存在者による相互行為を論じたのである。

6）フィヒテの相互承認における「法的関係」について権左武志は次のように述べている。「他者から自由の自己制限と自らの承認を要求する者は，自らの自由を制限し，この他者を承認しなければならない。そして，この論理は特定他者との一対一関係だけでなく，他者一般との一対多関係についても同様に当てはまるとされる。つまり，理性的存在者相互の関係は，相互に自らの自由を制限し他者を承認する相互作用であり，理性的存在者が自らの外部に他の理性的存在者を想定することができるためには，他者との間にこうした法的関係を結ばなければならない」（権左 1995, 113 頁）。このように，フィヒテの相互承認は理性的存在者である自己と他者との法的関係の構築を条件として成立するものと考えられているのである。

7）テニスの他に会議を例にしたものもある。「A が何かを言う。すぐに B の心に一つの考えが生まれる。それは B の考えであろうか，それとも A の考えであろうか。どちらでもないのである。それは両者の考えが混成したものである。A の考えが B に提示され，また A のもとに戻ってきたとき，最初の A の考えとは違ったものになっていることにわれわれは気づく。同様に，A と B による考えが C によっても影響され，さらに次の人にも影響される。その際，同じように，B の考えも他のすべての人々から影響を受け，そして A の考えも他のすべての人々による修正的な影響を受けるだけでなく，他のすべての人々に対する B の関係によっても影響を受けるのである。このように，A の考えプラス B の考えということは，共通の考えが成立するまで，個別にまたは集合的に次々と他のすべての人々の影響を受けることになるのである」（Follett 1918, 1998, pp.24-25, 翻訳書 21-22 頁）。ここでフォレットが主張しているのは相互浸透の集団原理である。ちなみに，その対極にあるのが多数決の集団原理である（Follett 1918, 1998, pp.27-28, 翻訳書 24 頁）。

8）ここで石川輝吉の解説を記しておこう。「空間と時間のもとにあらわれた事物は，数や性質として把握され（量と質のカテゴリー），そのあと物体という把握が生まれ，ほかの物体との因果関係が考えられ，事物の運動という把握も生まれる（関係のカテゴリー）。そして，そうした運動が，可能かどうか，現実的かどうか，必然的かどうかが判断される（様相のカテゴリー）。このように考えると，空間・時間だけでなく，カテゴリーに関しても，カントは自然科学の認識を問題にしていることがわかる。（中略）自然科学の基礎には，数的な把握，度や単位という質の数学化，物体性，因果関係があると言える」（石川 2009, 128-129 頁）。フッサール（E. Husserl）によれば，カントの認識論では自然科学的なものの見方が優位になってしまい，それによって生活世界における経験が隠されてしまう。こうしてフッサールは自身の『ヨーロッパ諸学の危機と超越論的現象学』の中で，デカルトやガリレイからカントへとつながる自然科学的方法を痛烈に批判したのである。

9）グリーンの功績は『新しい国家』の訳注で次のように記されている。「彼が唱えた国家論はボザンケットとともにヘーゲル理論を正しく解説したものというフォレットの評価がある。それは自由放任を廃止し，しかも強制でない，あらゆる人々が等しく善に貢献できるように万人を解放してその力を十分発揮できるようにすべしとした，個人の道徳的生活と近代市民社会の国家が持つ民主国家としての共通の利益の大切さを主張したものである」（三戸公監訳 1993, 263-264 頁）。

10）ヘーゲルの弁証法は多くの思想家らによって発展・展開された。マルクス（K. Marx）もその一人である。これに関して村田晴夫はヘーゲルとマルクスとの関係を次のように述べている。「ヘーゲルにおいて論理の一つの中心に捉えられた弁証法は，マルクスとエンゲルスによって，唯物弁証法という内容と形式が新たに賦与されることになる。マルクスの社会科学体系がここに完成する。それは，物質的生活の生産関係を土台とする人間と社会の基本的構図の完成であった」（村田 1984, 34 頁）。また「個」と「全体」との関係からすると，マルクスの場合，「人間がその社会的生産において結ばなければならない必然的な諸関係が生産関係であり，生産関係の総体が社会の基本的な構造としての土台を構成している，と考えられる。その土台の上に，いわゆる上部構造としての法律・文化・政治がそびえ立つわけであるが，そういう意味からして，社会の全体性を最も

基本において支えているのは生産関係である。その中で人間も存在し，人間の意識も造られる。人間は社会をなして生産し，それに規定される社会的存在である。すなわち，マルクスにおいては，人間は社会的存在として生産関係という全体の中で捉えられることになる」（村田 1984, 35-36頁）。ここに逆転した垂直同型性が見られると村田晴夫は指摘する。「全体としての生産関係を個としての社会的存在へ媒介するものは生産力である。人間は新たな生産力を獲得することによって生産様式を変え，そしてそれによって規定された社会的存在となるのである。そうして，その全体的構造と本来の人間個人との間は不連続であり，深い溝がある。それが疎外と呼ばれるものである」（村田 1984, 36頁）と。逆転した垂直同型性とは，「個」から「全体」へではなく，「全体」から「個」への運動である。ここに階層的相互性という性質は見当たらない。なお，村田晴夫の垂直同型性と水平同型性は第 9 章で取り上げている。参照されたい。

第 4 章

フォレット経営思想とプラグマティズム
──ジェームズとの関連──

第 1 節　はじめに

　20 世紀の科学哲学に翻弄されながらも今に受け継がれるプラグマティズムとは何か。それは経営学と如何なる関係を築いてきたのか。ほぼ同時期にアメリカ北東部で誕生したこの二つの学問的関連は，さしあたって経営学の方法的基盤としてのプラグマティズムということになるだろう。こうした初期のアメリカ経営学は，「ある具体的状況の徹底的な観察の中から帰納的に一定のパターンや仮説を組み立て，これを既存の理論との対比や実験により精緻化し，再び現実にフィードバックして，当該問題の解決をもたらす理論を練り上げていく」（三井 2001, 59 頁）いう方法を採る[1]。

　しかし 1930 年代以降になると，論理実証主義の台頭によってプラグマティズムの影は急激に薄くなり，1940 年代には「科学としての経営学」を目指す動きが現れた[2]。かかる方法は，「ある問題状況や現象を分析するにあたって，既存の確定された理論から演繹的に仮説（理論モデル）を導き出し，これを現実に照らし合わせて経験的に検証し，この手続きを通じて理論の真偽を決定していく」（三井 2001, 60 頁）というものである。

　こうした論理実証主義が現代経営学の方法的主流であることは周知の事実であるが，そのことがアメリカ経営学におけるプラグマティズムの貢献を減ずるわけではない。三井泉が言うように，「この思想は，同時代にハーバード大学で活躍していたヘンダーソン（L. J. Henderson）とそのグループに直接的な影響を与え，特に人間関係論の方法論的基礎となった臨床的方法や概念枠組など

の考え方に色濃く反映している」（経営学史事典 2012, 289 頁）のであり，さらには「バーナードの管理道徳の理論やフォレットの個人と社会の捉え方にも，この時代のプラグマティズムの影響が確認できる」（経営学史事典 2012, 289 頁）。このような指摘は，道具主義や理論と実践の不可分離性というプラグマティズムの一般的な理解を超えているのである[3]。

　本章で考察するフォレットの『新しい国家』には，プラグマティズムという語が数多く記され，そこにはジェームズの名がある。それを手がかりとして，われわれはフォレット経営思想の哲学的基礎にジェームズのプラグマティズムがあるとしてきた。しかしながら，三井泉の指摘にあるように，プラグマティズムの特徴を道具主義のような枠に収めてしまうと，フォレットの真意を説明しきれない。フォレットのプラグマティズムを理解するには，ジェームズ自身の思想・哲学にも目を向ける必要があるのではないか。それなくして，フォレットの経営思想におけるプラグマティックな個人と社会との関係性を捉えることはできない。そこで本章では，ジェームズ心理学とフォレットとの関連，およびジェームズ哲学とフォレットとの関連を問い，フォレットの経営思想に悠々と流れるジェームズ思想の全体像を浮き彫りにしてみたい。

第 2 節　ジェームズの意識論とフォレット

　「フォレットを理解するには，彼女の哲学的嗜好を吟味する必要がある」とするレンは，ドイツ観念論哲学者フィヒテに注目する。前章で検討したように，フィヒテ哲学の中心は相互承認論と呼ばれる自我論であり，それがフォレット経営思想の礎となっている。それゆえ「人間とは何か」という問いに，フォレットは他者との関係の中で主体性を得る存在という答え方をするのである。

　このようにフォレットの人間観は，その起源を辿ればドイツ観念論哲学に求められるが，フォレットが影響を受けたのはそれだけではなかった。フォレットの思想の出発点となる人間観は，フィヒテを含むドイツ観念論哲学にあるものの，その後の思想形成の段階では，実に多くの学問分野から知識を得ていた

のだ。たとえば，アソシエーションの集団原理に基づいて民主主義を構想した
『新しい国家』の第 1 章には「集団と新しい心理学」があり，また同書で示さ
れた社会プロセスを，実践上の諸問題に照合して精緻に発展させた『創造的経
験』には，「最近の心理学における経験」と題する章がある。そして，こうし
た箇所にはドイツ観念論哲学だけではなく，機能に焦点を当てた当時の心理学
と哲学を確認することができる。

　そこに幾度となく登場するのがジェームズである。ジェームズはハーバード
大学で化学，生物学，医学を修得したが，のちに心理学に転じて実験心理学を
学んだ。ヴァント（W. Wundt）によって確立された実験心理学では，構成要
素に分解した意識を再結合する法則が研究された。そこでの究極目標は，意識
構造そのものを解き明かすことであったことから，この心理学の立場は，ヴァ
ントの弟子ティチェナー（E. B. Titchener）によって構成主義心理学と名づけ
られた。

　こうした心理学を学んだジェームズが，これを批判する形で提唱したのが機
能心理学であった。機能心理学は，意識の構造よりも，むしろ意識の活動を重
視して習慣や記憶などの意識現象に焦点を当てる。かかる心理学において，た
とえば習慣は，「第一に，われわれの運動を単純化し，これを正確にし，かつ
疲労を減少させる。（中略）第二に，われわれの動作を遂行するのに必要な意
識的注意を減ずる」（James 1892, 1984, pp.128-130, 翻訳書 193-196 頁）という
ように，その効用に焦点を当てる。機能心理学によれば，意識は何時でも要素
に分解して説明できる静態的なものではない。一瞬ごとに新しい意識が次々と
継起してくる心的状態は，さながら刻々と移ろいゆく川の流れのようである。
ジェームズは，これを「意識の流れ（stream of consciousness）」（James
1892, 1984, p.139, 翻訳書 211 頁）と称して次のように述べる。

　「伝統的心理学の説くところは，あたかも川はただ幾桶，幾匙，幾枡，幾樽
というような一定の形の水の集合から成っていると言うのに等しい。たとえ川
の流れの中に実際に桶や枡があるとしても，なおその間には自由な水が連綿と
流れている。心理学者が見落としているのは意識の中のこの自由な水なのであ
る。心の中のすべての明確な心像は，その周囲を流れる自由な水に浸かってお
り，染められている。これがあってこそ，その心像の遠近などの関係の感じ，

やって来た方向の余韻，赴く先の予感がある」（James 1892, 1984, p.151, 翻訳書 231 頁）。

　ここで伝統的心理学とはヴァントらの心理学である。そこでは桶に汲んだ水が川の一部であり，その桶の水を分析することで川の「何であるか」が説明される。それに対して流れを見るジェームズは，川の流れに喩えられる意識を「実質的部分（substantive parts）」と「推移的部分（transitive parts）」とに分けて説明するのである（James 1892, 1984, pp.146-149, 翻訳書 223-227 頁）。前者の「実質的部分」は比較的静止している心的状態であり，桶に汲んだ水に相当する。後者の「推移的部分」は「実質的部分」を包み込んでいる悠々とした流れである。そして「心像の意味あるいは価値は，すべてこれを取り囲み，エスコートしているこの光背（halo）あるいは半影部（prenumbra）の中にある。いや，その中にあるというよりは，むしろこれと融合して一つとなり，その骨の骨，肉の肉となっている。そのために同一事物の心像であるとしても，新たに受け取られ新しく理解されたその事物の心像となる。心像を取り巻くこの関係のかさの意識を心的上音（psychic overtone）または辺縁（fringe）と名づける」（James 1892, 1984, p.151, 翻訳書 231 頁）とした。こうして，ジェームズは「推移的部分」を「辺縁」と呼び，これを自身の心理学の基礎に据えたのである（James 1892, 1984, pp.149-151, 翻訳書 227-231 頁）。

　フォレットは，このジェームズの「意識の流れ」に注目して次のように述べる。すなわち，社会における個々人は，ともに「合流している」状態であり，「われわれは人と人とのつながりの辺縁に取り囲まれている。その辺縁は重なり合っていて，その辺縁の重なりによってわれわれは他者と結合している」（Follett 1918, 1998, pp.60-61, 翻訳書 58-59 頁）と。いわば社会という川の中で，フォレットは「実質的部分」としての個人のみならず，「推移的部分」である「辺縁」としての社会的関係にも注目するのである。

　ところで 1920 年代の全体論の勃興は，ヴァントの要素主義的心理学を批判する研究を次々に登場させた。ゲシュタルト心理学もその一つであった。フォレットは，その特徴を「第一に，その学派自身の表現を用いれば，現象の〔そうである〕特性よりも，むしろ〔そのように機能しつつある〕特性をわれわれに示してくれる。第二に，それは諸々の全体性の限定された特殊な性格を示し

てくれる。あらゆる精神状況は，構成部分の〔独立的な〕性質とは異なった，特殊な性質を持っている。第三に，これは諸々の全体性の生理学的な相関現象を示してくれる。すなわち，ゲシュタルト現象の基礎にある生理学的な構造は，それ自身ゲシュタルトなのである」（Follett 1924, p.94, 翻訳書 104-105 頁）と捉えていた。

　そしてフォレットは評する。「この学派によると，全体はその構成要素によって決定されるだけでなく，それら構成要素の相互の関係によっても決定される。これは新しい理論ではない。しかし，この理論は心理学の学派全体における基礎的な特徴として前面に押し出され，今や大きな影響を及ぼしつつある」（Metcalf and Urwick 1941, 1955, pp.185-186, 翻訳書 256 頁）と。フォレットは，ジェームズの機能心理学の延長線上にゲシュタルト心理学を位置づけていたのであろう。

　ここにフォレットの組織観が窺える。川の流れのような組織は，決して静態的ではない。止まることのない「流れ」は，組織メンバー間での「相互作用」，「統一体化」，「創発」という関係性を捉えている。その様は，A が B に影響を及ぼすと B はそれによって変化し，その変化した B からの影響を A が受けるという行為の連鎖である。ここでフォレットは，個々のメンバー間での相互作用を超えて，全体である組織との相互作用も指摘している。それは A と B が円環的な相互作用に入り込むと，そこには全体としての状況が創出され，その状況が各メンバーとも相互作用を繰り返すようになるというものである。こうしてフォレットはジェームズの「辺縁」を援用してプロセスとしての組織を表現したのである。

第 3 節　ジェームズの経験論とフォレット

　レンによれば，フォレットの集団観ないし組織観は，「ゲシュタルト心理学の受容を示すものであり，クーリー（C. H. Cooley）のアソシエーションと社会的鏡を通じての社会的自己（social self）の拡大という考え方を反映していた」（Wren 1994, p.257, 翻訳書 284 頁）。人間は他者とのコミュニケーション

を通じて自己を形成する。つまり，人間は他者を「鏡」として，その「鏡に映った自己（looking-glass self）」を認識するのだとクーリーは言う。ちなみに，こうした自己および他者の概念はミード（G. H. Mead）に受け継がれることとなる。さらにミードの「一般化された他者（generalized other）」は，のちにシンボリック相互作用論へとつながっていく。

　もっとも，ゲシュタルト心理学だけがフォレットの全体概念に影響を与えたわけではない。フォレットは『新しい国家』において「自他関係」ではなく「自他 - 他自形成関係」を論じ，さらに『創造的経験』において，有機体と環境との相互関係に注目するホルト（E. B. Holt）の心理学を評価し，それを基礎として，「あなた＋私」に反応する「私＋あなた」という全体的な相互作用を説いている（Follett 1924, pp.62-63, 翻訳書 71 頁）。

　しかも，フォレットは『新しい国家』の翌年に発表した論文「コミュニティはプロセスである（Community is a Process）」（1919）の中で，すでにホルトのフロイト（S. Freud）解釈に影響を受けて，コミュニティの創造性を論じているのである。すなわち，「ホルトによって解釈され，また応用されたフロイトの心理学は，個人における統合化のプロセスについてわかりやすい説明を与えている。つまり，パーソナリティとは有機体が実行に移すところの行為の原因，すなわち，意識（wish）の統合化によって作り出されることを明らかにした。フロイトの心理学の本質は，二つの行為の原因が相互に排他的ではないということであり，また一方が他方を抑圧するものではないということである。それは統合ということが，併合する，溶解する，融合する，あるいはヘーゲルの意味でのいわゆる和解するということではないことを率直に教えている。個人の創造的な力は，一つの意識が他のそれらを支配する場合にではなく，すべての意識が一つの機能的な全体に統一したときに出現するものである」（Follett 1919, p.577, 翻訳論文 72 頁）と。

　フォレットによれば，「個人の機能が相互に関連し，その関連は限りがないものであるから，個人はそれ自体が社会全体であることも事実である」（Follett 1918, 1998, p.66, 翻訳書 64 頁）。個人が全体であるという考えは，社会を「自己表示活動（self-unfolding activity）」や「自己統一活動（self-unifying activity）」として認識するときに可能であるという。他者や近隣集団，そして

地域社会と密接な関係を持っている人間は，他者との相互作用を通じて主体性を得る存在である。経営学史上，関係人モデルとでも言い得るフォレットの人間観は，アソシエーションの集団原理に基づく「社会的自己」を想定しているのである。

　さて，人間の意識を対象とするジェームズの心理学は次第に哲学へと向かう。科学，形而上学，そして宗教の統一的な知識体系という哲学観を持つジェームズは，人間の思考の様相を，単に心理学の問題として科学的に問うのではなく，広く哲学の問題として，形而上学的かつ宗教的に問うに至る。そして『心理学（*Psychology*）』における意識は，『哲学の諸問題（*Some Problems of Philosophy*）』と『根本的経験論（*Essays in Radical Empiricism*）』で「感じ（feeling）」という「知覚」と，「考え（thought）」という「概念」に置き換えられた（James 1911, 1979, pp.31-33, 翻訳書 41-44 頁；James 1912, 1976, pp. 27-31, 翻訳書 53-60 頁）。前者は，主体と客体が分離する以前の原初的素材であり，後者は，主体が事物を客体化して理解する働き，つまり「概念作用（conception）」を指す。われわれは，まず事物を客体化する以前に，曖昧模糊とした「感じ」でそれと融合し，次にコンテクストに応じてその「感じ」に反省を加えて事物を客体化させる。

　ジェームズは「概念作用」が未だ働かない「知覚」の流れを「純粋経験（pure experience）」と呼び，これを原初的素材として世界を生成し直す作業を試みた。これがジェームズの根本的経験論である。ここで根本的とは，「直接に経験されない如何なる要素をも，その構成の内に入れてはならないし，また直接的に経験される如何なる要素をも排除してはならない」（James 1912, 1976, pp.22-23, 翻訳書 46 頁）ことを意味する。ジェームズによれば，「純粋経験」を素材とする世界は，「百花繚乱の中を昆虫がぶんぶん飛び回っているという状態を大規模にしたような混乱状態」（James 1911, 1979, p.32, 翻訳書 43 頁）であり，それを如何に細かく寸断しても多即一の光景が現れるというのだ。

　ところで，このような意識や経験への問いは，同時代の多くの哲学者の関心を呼び起こした[4]。ベルグソン（H. Bergson）もその一人である。ジェームズは自らの思想形成にあたり，ベルグソンからの影響が多大であったと認め

ているし，フォレットも「多者の意識を如何に一者の意識にするか」(Follett 1918, 1998, p.264, 翻訳書256頁) という問題について，「現代の一部の哲学者は直観で優れている」(Follett 1918, 1998, p.264, 翻訳書256頁) とベルグソンを評価している[5]。ベルグソンは，生の直観によって呼び起こされた「意識の流れ」を「純粋持続 (duree pure)」と呼び，かかる観点から「生の躍動 (èlan vital)」を人間の本質であるとした。フォレットは，ジェームズの「純粋経験」とベルグソンの「純粋持続」との親近性に着目していたのだろう。

ジェームズ独自の経験論的な世界観は，さらに多元論的な観点からも論じられている。『多元的宇宙 (*A Pluralistic Universe*)』の中でジェームズは，「全体の形」と「部分の形」との多即一の状態は「意識の合成」により出現するという (James 1909, 1977, pp.83-100, 翻訳書136-167頁)。日々の生活の中で「多者」と「一者」とが「意識の合成」を図っていくという見方が，前章で述べたように「諸部分を全体の中で完全に生かし，全体は諸部分の中で完全に生きるような連邦主義の類」という国家論をフォレットに構想させた。

また，完成することなく作られ続けるという可塑的な観点，いわゆるジェームズの改善論的な世界観は，フォレットをして「われわれが近隣集団の中で〔意識の合成〕というジェームズ哲学を実践するなら，そして各人が自分自身であるのみならず国家でもあるという——生活の充実が満ち溢れている——真の学説に従うなら，そのときには連邦主義の完全な形態が出現するであろうし，また自らを表現するようにもなるだろう」(Follett 1918, 1998, p.265, 翻訳書257頁) と言わしめている。

ここでフォレットの連邦主義という指摘は，ジェームズの「多元論の世界は，帝国ないし王国というよりは何処か連邦共和国に似ている」(James 1909, 1977, p.145, 翻訳書244頁) という論述に基づいている。連邦国家を「統合しつつある国家 (the unifying state)」と捉えるフォレットは，ジェームズの「意識の合成」とヘーゲルの「全体的相互関連性」との間に方法的な共通性を見出していたのであろう。前章で検討したように「全体的相互関連性」は，意識の自己認識過程における「絶対知」の境地であり，個人的意識と共同的意識との統一によって成立する概念である。ただしジェームズとフォレットは，ヘーゲルの弁証法的な関係化については評価するものの，一切を支配する理性のごと

き絶対者の存在を認めていない。ヘーゲルに対する二人の肯定的な評価は，全体主義論者としての側面にではなく，「全体的相互関連性」という弁証法論者としての側面にあったのだ[6]。

　ジェームズの「意識の合成」や，ヘーゲルの「全体的相互関連性」を方法とする多元的で可塑的な世界は，自ら社会を作り上げていくという人間の能動的な態度によって生成される。フォレットは「より善い生き方」を目指すジェームズ哲学に基づきながら，「生活の充実が満ち溢れた状態」を体現する人間の姿を思い描いていた。そしてそこには，ジェームズ流の個人的な知覚的世界から生まれる観念をも真理として認めようとするプラグマティズムを確認することができる。「プラグマティズムがこのようなものでないのなら，一体それは何を意味するのであろうか。ジェームズが何度も何度も語ったように，われわれは生活によってのみ集合的なものと分散的なものを理解することができるのである」(Follett 1918, 1998, p.265, 翻訳書 257 頁)。フォレットのプラグマティズムは，ジェームズがそうであったように，社会の中で「意識の合成」を実践する人々を捉えているのである。

第 4 節　ジェームズのプラグマティズムとフォレット

　1890 年に刊行された『心理学原理（*The Principles of Psychology*)』によって名を馳せたジェームズは，1898 年にカリフォルニア大学で開催された哲学会において「哲学的概念と実際的結果 (Philosophical Conceptions and Practical Results)」と題する講演を行い，その席上で「プラグマティズム」という言葉を初めて公に用いた。「私は諸君とともに，真理の探求に出発するのに最も有望と思われる方向を定めてみたい。それは何年か前に，あるアメリカ人哲学者によって私に示された。彼はアメリカ東部の住人であり，あれこれの雑誌に散見される僅かばかりの業績は，決して彼の実力を適切に表現したものではない。その哲学者の名はチャールズ・パース (C. S. Peirce) である。そのような哲学者の存在さえも諸君はご存じないかもしれないが，彼は現代の思想家の中でも独創的な人物の一人であろう。プラクティカリズム

(practicalism) の原理——1870年代の初めにケンブリッジで彼の発表を聞いたとき，彼はそれをプラグマティズムと名づけていた——は，真理の道を歩み続けるための手がかりであり指針である」(James 1898, 1975, p.258)。

　ここで「彼の発表を聞いた」というのは，ジェームズとパースの二人が青年時代に所属していた哲学サークルにおいてであった。その哲学サークルはハーバード大学出身者の集まりで「形而上学クラブ (Metaphysical Club)」と呼ばれていた。そこでの自らの発表を活字にしたものがパースの「われわれの観念を明晰にする方法 (How to Make Our Ideas Clear)」(1878年) という論文であり，それを広く世間に紹介することになったのが，ジェームズの「哲学的概念と実際的結果」という講演であったのだ[7]。ジェームズの公言によって，パースのプラグマティズムは一挙に人目を惹くことになったのである。

　それでは何故20年の時を経て，ジェームズはパースのプラグマティズムを改めて世に問うたのだろうか。ジェームズによれば，人間には合理論的で観念論に傾斜し，宗教を肯定する「柔らかい心の人 (the tender-minded)」と，経験論的で唯物論に傾斜し，宗教を否定する「硬い心の人 (the tough-minded)」がいる (James 1907, 1981, p.10, 翻訳書14頁)。前者は一元論的であり，全体と普遍から出発し，事物の統一を重んじる。それに対して後者は多元論的であり，部分から出発し，全体を部分の集合と見做す。このように区分したうえでジェームズは，合理論者は神が創造した秩序を信じ，経験論者は見たままの事実のみを信じると述べた。

　そしてジェームズは言う。「われわれの多くはどちら側に属するものであれ善良なものはいくらでも欲しいと思う。事実はもちろん善良なものである——だからわれわれは事実を多く得たいのである。原理は善良なものである——だから原理を豊富に与えてほしいのである。世界は一面から見れば疑いもなく〔一〕である。しかし他面から見ると同じく疑いもなく〔多〕である。それならば，われわれは一種の多元論的一元論を採用せざるを得ないのではないか」(James 1907, 1981, p.11, 翻訳書16-17頁)。こうしてジェームズは両極端の調停を目論んだのだ。

　当時の哲学界は，こうした経験論者と合理論者との間で抜き差しならぬ状況に陥っていた。それを打破すべく，ジェームズはパースから学び得たプラグマ

ティズムを次のように唱えるのである。すなわち，「私が自ら解決策を講じよ
うとするのは，まさにこの点である。私は両種の要求を満足させることのでき
る一つの哲学として，プラグマティズムという奇妙な名前のものを提唱した
い。それは合理論と同じように，どこまでも宗教的たることをやめないが，そ
れと同時に，経験論のように事実との最も豊かな接触を保持することができ
る」（James 1907, 1981, p.18, 翻訳書 30 頁）と。ジェームズのプラグマティズ
ムは，こうして人間の実生活における効果を問うことになったのである。

　ここにジェームズの二つの真理観が表れる。第一は，「私たちが自分のもの
として受け入れ，有効と認め，確認し，検証することができる[8]」（James
1907, 1981, p.92, 翻訳書 155 頁）という実証的真理であり，第二は，「それを信
じることが私たちの生活にとって有益である限りにおいて真である」（James
1907, 1981, p.36, 翻訳書 59 頁）とする限定的真理である[9]。

　このうち，ジェームズの真理観の特徴は後者にある。このことはジェームズ
の次の言明から確認できよう。すなわち，「プラグマティズムはどんなもので
も取り上げ，論理にも従えば知覚にも従い，最も卑近で最も個人的な経験まで
も考慮しようとする。神秘的な経験でも，それが実際的な効果を持っている場
合には，これを考慮するであろう」（James 1907, 1981, p.38, 翻訳書 65 頁）と。
このように述べるジェームズは，宗教上の観念のように検証不可能なもので
あっても，それを信じることが有益であり，それが満足をもたらすならば，そ
れは「その限りにおいて真」であると認めたのである。

　しかしながら，ジェームズによるプラグマティズムの拡大解釈はパースの本
意ではなかった。なぜなら，パースは「われわれの観念を明晰にする方法」を
論理学的に構築してプラグマティズムを唱えたのであり，「観念を信じること
によって得られる実際的結果」のような「特殊な経験」など想定していなかっ
たからだ。1905 年の雑誌『モニスト（Monist）』に掲載された論文「プラグマ
ティズムとは何か（What Pragmatism is）」で，パースはジェームズとの科学
観の異同を明らかにすべく次のように言い切る。「わが子であるプラグマティ
ズムが成長したのを見るにつけ，私の方も子離れし，あとは成り行きに任せる
時期にきているのかもしれない。とはいえ，他方で私の元々の意味を正確に表
現するためには，新たにプラグマティシズム（pragmaticism）という言葉の

誕生を告げたいと願っている。かくも見苦しい言葉であれば，わが子も親元から連れ去られることはない」（パース，ジェームズ，デューイ著・植木訳 2014, 205 頁）と。

　柳沼良太によれば，パース，ジェームズ，デューイ（J. Dewey）のプラグマティズムは，「時代や状況に適さない観念や理論を再定式化したり，制限された因習や社会制度や学問的境界線を取り除いたりすることで，個々人が自由で創造的に生きられる理想的な世界を構築しようと試みる点で共通している。ただし，それぞれ強調点には違いがあり，特に多元主義や探究共同体の意義については，微妙な相違が生じている。たとえば，パースの実在論的で主知主義的なプラグマティズムは，概念の対象に実際的な操作を与えることで得られる知的経験や協働探究を重視しているが，それに対してジェームズの多元主義的で主意主義的なプラグマティズムは，実際的な結果を検証するものとして感情的・精神的な経験や個人的な経験を重視している。またデューイのプラグマティズムは，パースと同様に，経験の意味を明晰にする探究方法や個人のコミュニティ性を重視する一方で，ジェームズと同様に，知性，想像力，感情，意志の働きを含めた総合的な真理探究をも重視するため，重層的な内部構造を有している」（柳沼 2002, 73 頁）。このようにプラグマティズムと言っても，その内容は論者によって大きく異なる。

　ここでプラグマティズムが生まれた時代背景に目を向けておかねばならない。1860 年代にアメリカを分断した南北戦争は，両軍合わせて 50 万人を越える戦死者を出した。そうした悲劇的な対立を乗り越え，人々を再び連帯へと導いたのが「生き方の民主主義」としてのプラグマティズムだったのだ（大賀 2015, 11-12 頁）。互いに異なる考えを持ちながらも，対等な存在として協力し合い，「唯一の正しさ」には到達できないとしても，「それなりの正しさ」を求めて話し合いを続ける姿勢を是としたのだ[10]。そして大賀祐樹は言う。「超人にはなれない平凡な私たちは，何かを〔正しい〕と信じられなければ，一歩も先へ進めなくなってしまう。今日より明日は，少しはマシになるだろう。そのすべてではないにせよ，望みはいつか叶うだろう。そう信じられるからこそ，私たちは生きていられる。プラグマティズムは，そんな私たちの〔生〕を肯定する〔希望の思想〕なのである」（大賀 2015, 11 頁）と。

　さまざまな民族が世界中から押し寄せる移民の国アメリカでは，異質な価値をも認め合う文化的多元主義が培われねばならない。ジェームズの方法に依拠すれば，精神世界から生じる特殊な経験であっても，それが生きるための活力をもたらし得るのであれば，それはプラグマティックに真ということになる。かかるジェームズのプラグマティズムに導かれ，フォレットは日常の生活の中で社会意識を体感しながら自己意識を発展させていくという人々を思い描いたに違いない。こうしてフォレットの構想する民主主義は，ジェームズのプラグマティズムを方法とした多元的社会として浮かび上がってくるのである。

第5節　おわりに

　初期アメリカ経営学はプラグマティズムを基盤として誕生した。そこで，パース，ジェームズ，デューイと並び称されるプラグマティズムの提唱者たちは，およそ，すぐ役に立つという意味での道具主義的ないし実用主義的な側面を経営学にもたらしたと評される。これが経営学におけるプラグマティズムの一般的な理解であろう[11]。

　しかし本当にそれだけなのか。著書の中で，あるときは心理学者としての，またあるときは哲学者としての顔を見せるフォレットにあって，それらの基礎をなすジェームズのプラグマティズムは，前段落のような道具主義や実用主義という浅薄な枠に収まらない。そこで本章では，ジェームズの意識論，経験論，そしてプラグマティズムを中心に考察を試みた。

　機能心理学の立場から心的事実を「意識の流れ」と認めたジェームズは，そうした意識概念を哲学の問題に移して根本的な経験論を確立させた。主客未分の「純粋経験」を核とする根本的経験論は，作られる世界という動態的なプロセス観を導き，そして多元的・複合的な人間観や宇宙観を発展させた。さらに徹底した経験論は，行為による観念の真理化というプラグマティズムに帰結したのである。

　ジェームズ流に言えば，多様な真理を追究することによって生の活力を得た人々は，互いの価値を認め合いながら，自己意識と社会意識とを合成させて世

界を形成していく。「流れ」を捉えるこうしたプロセス的な観点は，ホワイトヘッドへ受け継がれていると指摘する論者も多い。両者をつなぐポイントは多元論的なプロセス観である。ジェームズ思想を基礎に統合的統一体論を構想したフォレットが，その展開をホワイトヘッドの「有機体の哲学」に求めていたのは事実である。それを次章で解き明かしたいと思う。

注

1）プラグマティズムの方法は三井泉（2001）を参照されたい。プラグマティズムにおける「理論形成の最終目的はあくまでも当該問題の解決にあって，必ずしも論理整合的な理論の完成のみにあるのではない。また，現象の背後に何らかの法則や本質があると見なし，それを説明するための理論体系を構築しようとしているのでもない。むしろ，実際の問題解決という行為の帰結に照らし合わせ，その理論が有益であれば，その時にその理論は真なるものと見なされる」（三井 2001, 60頁）。

2）上山春平はプラグマティズムから論理実証主義への移行理由を次のように説明している。「プラグマティズムの運動は1910年代から20年代にかけて上昇の気運を示したが，30年代に入ると大きな壁に突き当たってしまった。1929年の大恐慌に端を発する経済不況と，ヨーロッパにおけるナチズムの抬頭が，その直接のきっかけになった。資本主義の矛盾を最大限に露呈した大恐慌の経験はマルクス主義を助長し，ナチズムの抬頭はユダヤ人の亡命学者たちによる論理実証主義の隆盛を促し，このまったく種類の異なった二つのラディカリズムの攻勢によって，微温的な革新思想に過ぎないプラグマティズムは新しい世代に対する魅力を失ってしまった」（上山 1980, 17頁）。

3）三井泉によれば，論理実証主義を方法とする場合，「現象の中には何らかの〔真理〕や〔本質〕が存在するという暗黙の了解があり，理論形成の最終目的はその〔真理の解明〕あるいは〔記述〕にある」（三井 2001, 60頁）。また，理論と実践の不可分離性というプラグマティズムの一般的な理解について，三井泉は次のように述べる。「アメリカ経営学の特色をプラグマティズムとする見解は珍しくない。しかし，その多くは，理論が実践的要求から生れ問題解決的な性格を有していることから，その特質をプラグマティズムと名づけてきた。これは理論を現実に適用する際のプラグマティック（実用的）な性格を示しており，理論そのものの性格としてのプラグマティズムを意味してはいない」（三井 1995, 140頁）と。一般に，プラグマティズムは「すぐに役立つ」という意味で「実用的」と考えられているが，本書のスタンスは三井泉と同じくそれとは異なる。

4）西田幾多郎もその一人だろう。仲正昌樹によれば，「西田幾多郎（1870-1945）の『善の研究』（1911）を見ると，ジェームズの純粋経験という概念の影響を受けていることが分かります。純粋経験というのは，意識する主体としての〔私〕と，意識される客体の分離が生じる以前の状態における経験，反省的自己意識によって加工されていない経験のことです。主体と対象が未分化な状態。物心が付いていない子供はそういう状態をしているのかもしれません。私たち大人でも，意識が朦朧としていて，自分の身体と周囲の環境との区別が曖昧になっているときには，純粋経験に近づいているかもしれません。主体／客体が分化する以前の状態に立ち返っているという発想は，フッサール（1859-1938）に始まる現象学にも通じています。ジェームズの純粋経験がフッサールに影響を与えたことはいろんな人が指摘しています」（仲正 2015, 39-40頁）。ちなみにジェームズとベルグソンは互いに影響を受けたと述べている。なお，西田幾多郎の純粋経験は本書第9章で取り上げている。参照されたい。

5）フォレットの「コミュニティはプロセスである」（1919）には，ベルグソンに関する記述がある。ここで引用しておこう。「プロセスとしてのコミュニティの研究は階層制を廃止する。なぜならば，その研究はわれわれを量ではなく質の世界に導くからである。多元論者たちの国家への反対の大部

分は，一元論者たちがしばしば国家に適用する用語のせいである。つまり，それは〔優越した（superior）〕とか〔究極の（supreme）〕とか〔～を超えて，その上に（over and above）〕といった用語である。われわれが必要とするのは，こうした量的な思考方法や言い方をやめることである。統一しつつある活動は，あらゆる瞬間にその質を変える。持続（La Duree）は自らを放棄することなく，自らを新しい持続の中に永遠に包み込む。すなわち，あらゆる瞬間に全体が新しくなるようにさまざまな質が相互に浸透する。このように，統一しつつある活動は自らの中に他の質をもたらすことによって，その質を変化させる。われわれは連続的な質的変化を表現しうる言語を開発しなければならない。階層制について語る人々は，質的というよりも量的な世界を扱っている。彼らは作ることから作られた事物に飛躍する。つまり，彼らは統一するという原則の結果を量的に測定する。しかしながら，他方で多元論者たちの集団とは何であろうか。それらはただ統一することによってのみ作り出されるものであり，頼りのない存在である。最も新しい心理学と最も古い哲学から教えられた統一するという原則を理解するとき，われわれはもはや国家を恐れたり，国家を崇めたりはしない。国家は国家として，究極的な忠誠の対象などではない。私の究極的な忠誠の対象は，決して作られたものではない。それはまさに私の忠誠心と私の人生のあらゆる活動とを捧げるプロセスそのものである」（Follett 1919, pp.581-582, 翻訳論文 76 頁）。ここでフォレットは自身をベルグソン主義者だと認めている。なお，本書第 7 章でもベルグソンとの関連を検討している。参照されたい。

6）本章ではフォレット・ヘーゲル・ジェームズとの思想的関連性を問うている。フォレットのヘーゲル観は，Follett 1918, 1998, p.266, 翻訳書 258 頁を，そしてジェームズのヘーゲル観は，James 1909, 1977, pp.144-145, 翻訳書 242-244 頁を参照されたい。

7）この箇所は魚津郁夫の次の論述を参考にしている。「ここでジェームズが言及しているパースの〔プラクティカリズムの原理〕は，雑誌〔ポピラー・サイエンス・マンスリー〕（1878年）に掲載された論文〔われわれの観念を明晰にする方法〕で公表された。しかし，それに先立つ数年前，70 年代の初め，ジェームズやパースの書斎でハーバード大学の若い卒業生たちによってほぼ 2 週間おきに開かれた会合〔形而上学クラブ〕において，パースがこの原理を口頭で発表し，ジェームズに深い感銘を与えたのである」（魚津 2001, 42-43 頁）。

8）ジェームズによれば，「科学は先天的真理や無謬性とは無縁であり，仮説を用いて絶えずそれを実験と観察によって検証しようと努力し，無限の自己修正と拡大への道を開いている」（James 1911, 1979, pp.18-19, 翻訳書 20 頁）。これは，誤りが発見され修正される可能性を常に残しておくという可謬主義を表している。実証的真理とはいえ，それを最終的な真理と見做すことはできない。この立場はパースと同一である。

9）ジェームズ真理観の分類——実証的真理と限定的真理——は，魚津郁夫（2001, 103-104 頁）に基づいている。

10）一般にプラグマティズムは実用主義と訳されるなど具体的な生活の場面ですぐに役に立つという意味で捉えられている。だがそうではない。大賀祐樹によれば，「プラグマティズムは，どんな問題でも解決できるような〔唯一の正しさ〕には到達し得ないにせよ，その時々のトラブルを解決する上で有用な〔それなりの正しさ〕にはたどり着けるし，そのことが重要だと私たちに教えてくれる」（大賀 2015, 11 頁）。この感覚は「生の哲学」と同じである。それゆえにジェームズとベルグソンは互いに惹かれたのだろう。

11）柳沼良太は，パースからジェームズ，そしてデューイへと至る初期プラグマティズムの特徴を七つに分けている。① 知識や理論を根本的に基礎づける確実な基盤や永遠の本質など存在しないと主張する。② 知識や理論を問題解決に役立つ道具であると主張する。③ 現実の不確実で不安定な世界を「偶然性」と「変化」によって特徴づける。④ さまざまな伝統やパースペクティブの多元性を重視している。⑤ 個人の自我の見地には限界があることを認め，自我を形成する共同社会の

意義を重視する。⑥ 科学的な論理，社会実践的な価値，そして芸術的な審美の間にある認識論的・方法論的な境界線を除去し，諸学問の構造的な連続性を明らかにする。⑦ 人間が将来の構想を実現するために役立つ諸能力を持つと信じるため，個々人はその環境世界に対して実験主義的な立場をとり，実際の生活問題や社会問題に対する解決策を構想するとともに，その仮説的な解決策を実験してみる必要があると考える（柳沼 2002, 70-72 頁）。

第5章

フォレット経営思想と有機体論
──ホワイトヘッドとの関連──

第1節　はじめに

　本章における二人の主人公──フォレットとホワイトヘッド──にとって，1920年代は人生の転換期だった。ともに60歳を過ぎた20年代半ば，フォレットは経営学の世界へ，そしてホワイトヘッドは哲学の世界へと転身していった。いや，フォレットの場合は哲学と政治学，そして心理学を基礎に，ホワイトヘッドの場合は数学と物理学，そして論理学を基礎に研究領域を拡大させたと言うべきだろうか。フォレットは1924年に『創造的経験』を上梓して以降，1925年からニューヨーク人事管理協会で企業経営に関する講演活動を開始し，ホワイトヘッドは1924年に数学者として名を馳せたロンドン大学から哲学者としてハーバード大学に移り，1925年には『科学と近代世界 (*Science and the Modern World*)』を上梓する[1]。経歴や職業は異なるが，二人は同じ時代にボストンに住み，そしてプロセス思想に興味関心を抱いていた点で一致していた[2]。

　これまで，フォレットとホワイトヘッドとの思想的関連は幾人かの研究者によって検討されてきた。その代表的な論者である村田晴夫によれば，「彼女がその管理論を展開するのは，1920年代を中心とする第一次世界大戦後の時代のボストンにおいてであり，ホワイトヘッドのハーバード大学時代と重なっている。そして，ホワイトヘッドについて語られている論文は，1927年3月に発表された〔統制の心理学〕であり，その時点までに彼女が影響を受けたと推測されるホワイトヘッドの著作は『科学と近代世界』である」（村田 1984, 200

頁）。

　その通りであろう。ただし，フォレットは1926年12月20日にハーバード大学で開催された「社会倫理学セミナー」において，ホワイトヘッドを前に「統制の心理学」について報告をしていた。そこで本章では，そのセミナーの記録——Social Ethics Seminary, box62, R. C. Cabot Papers, Harvard University Archives——から，フォレットとホワイトヘッドとのプロセス思想の関連を検討したい。

第2節　社会倫理学セミナーの開催
——二人の接点——

　ハーバード大学の女子部であるラドクリフ・カレッジを1898年に卒業したフォレットは，1900年頃からボストンのロクスバリー地区で青少年の教育支援や就職指導などの社会活動をしていた（Tonn 2003, pp.181-203）。そして，フォレットはボストン婦人市政同盟への参加の折に，同じくラドクリフ・カレッジの卒業生であるエラ・キャボットと出会った。間もなくして，体調の優れないフォレットは，エラにハーバード大学社会倫理学科教授でMGHの内科医でもある夫のリチャード・キャボットを紹介されたのだった。このときから，フォレットとキャボット夫妻との交友が始まった。キャボット夫妻はフォレットの幅広い教養に惹かれ，フォレットはキャボット夫妻に誘われてボストンの知識人たちと交流を深めていった。

　そして1913年，フォレットはボストン婦人市政同盟から職業紹介所に派遣され，そこでデニソンと出会うことになる。著名な企業経営者であり，テイラー協会にも所属していたデニソンに触発され，フォレットは次第に企業経営の世界に興味を持つようになっていった。そして1925年1月，フォレットはメトカーフに招かれて，ニューヨーク人事管理協会で報告の機会を得ることになる。そのときの演題は，「建設的対立」，「命令の授与」，「統合的統一体としての企業」，そして「権力」等であった[3]。

　一連の講演は好評を博し，その後，フォレットは産業心理学会やシラキュー

ス大学でも講演を依頼された。こうしたフォレットの活躍を目の当たりにした
R. キャボットは，フォレットにハーバード大学でのセミナー開催を持ちかけ
た。当時，ハーバード大学のローウェル学長は，社会倫理学科を吸収する形で
科学を志向する社会学科への改組を構想していた。こうした状況下，社会倫理
学科長で道徳哲学を専門とする R. キャボットは，科学としての社会学に関す
る科目を増やすことで社会倫理学科の存続を目論んだのだ。「社会倫理」とい
う学科名称に固執していた R. キャボットにとって，このセミナーは，学科存
続のための科目探しであったのだ[4]。このように，R. キャボットの目的は個
人的かつ政治的なものであったが，それでもフォレットにとっては魅力的な話
だった。なぜなら，さまざまな学問を基礎に据えて自らの思想を形成させた
フォレットにとって，このセミナーは，異なる学問間に共通する原理を問うこ
とのできる願ってもない機会だったからである。

　こうして，1926年10月4日から翌年5月23日までの毎週月曜日，「社会科
学を構成する根本原理」を統一論題とする大学院演習「社会倫理学セミナー」
（社会倫理学20a）が開催された。主催者は R. キャボットとフォレットの二人
であった。このセミナーにはハーバード大学の錚々たる人たち――パウンド
（R. Pound：法科大学院研究科長），ホルメス（H. W. Holmes：教育学研究科
長），フェン（W. W. Fenn：神学部長），フートン（E. A. Hooten：人類学），
シュリジンガー（A. M. Schlesinger：歴史学），ヘンダーソン（生化学），メイ
ヨー（E. Mayo：産業心理学），そしてホワイトヘッド――等が参加したのであ
る（Tonn 2003, pp.428-430）。

第3節　社会倫理学セミナーにおけるフォレット報告

　フォレットの出番は12月20日の夕刻に訪れた。聴衆の中には R. キャボッ
トの他，ヘンダーソン，メイヨー，そしてホワイトヘッドがいた。早速，フォ
レットの報告が始まった。「キャボット博士は，私に社会科学の根本原理を問
うています。この問題について，私は統一体の性質に関わらせて考えてみたい
と思います」（Follett 1926, p.1）。

　フォレットの報告に題目はなかったが，内容は『組織行動の原理（*Dynamic Administration*）』所収の「統制の心理学」とほぼ同一であった。同書の編者であるメトカーフとアーウィックは，この初出を 1927 年 3 月開催のニューヨーク人事管理協会における講演としているが，実は，このセミナーでの報告が先だった（Metcalf and Urwick 1941, 1955, p.183, 翻訳書 252 頁）。その論旨は，さらに 2 年前，1924 年に刊行された『創造的経験』の主要概念——「円環的反応」，「統合的行動（integrative behavior）」，「全体状況（total situation）」——を社会科学の立場から考察したものだった。ちなみにセミナー報告の論点である社会プロセス——「相互作用」，「統一体化」，「創発」——は，同年夏のシラキュース大学での講演が基になっていた（Tonn 2003, pp.433-434）。

　このような概念の基礎をなす心理学には明らかな傾向があった。フォレットは，心的状態を要素分解することで意識を分析するヴァントの構成心理学や，刺激‐反応（S-R）図式で知られるワトソン（J. B. Watson）の行動心理学を批判し，「意識の流れ」に注目するジェームズの機能心理学や，全体的思考を特徴とするゲシュタルト心理学の方法を人間協働の問題に適用させたのだ。その内容は次の三点，「全体状況について」，「全体状況を決定する相互作用の性質について」，「進化する状況について」であった。

　さて，フォレットは社会プロセス——「相互作用」，「統一体化」，「創発」——の観点から，「自由（freedom）」，「忠誠心（loyalty）」，「正義（justice）」，「責任（responsibility）」，「目的（purpose）」を語った（Follett 1926, pp.21-22）。これには理由があった。10 月 4 日開催の第 1 回会合で，主催者の一人である R. キャボットは各回の報告予定者に対し，「社会科学の諸概念」として，「権力（power）」，「権限（authority）」，「責任」，「忠誠心」，「平等（equality）」，「自由」，「代議制（representation）」，「対立（conflict）」等の概念について触れることを求めていたのである（Cabot 1926, p.4）。

　ところで，フォレットは当時の全体論勃興の雰囲気を感じ，『創造的経験』において全体性の性質に言及している。しかしながら，その段階では「創発」という語ではなく，「進歩的統合（progressive integration）」という語で何か新しいものが生まれる様子を表そうとしている。それが，その後の「統制の心理学」では，「モーガン（C. L. Morgan）は創発的進化（emergent evolution），

スポールディング（E. G. Spaulding）は創造的総合（creative synthesis），ブロード（C. D. Broad）は創発的活力（emergent vitalism）について述べている。創発（emerging）とか創発的（emergent）という言葉は一般的に用いられているように思う」（Metcalf and Urwick 1941, 1955, p.198, 翻訳書 274 頁）として，フォレットは「創発」を創造性の概念に当てるようになったのである。

　ここで多くの全体論者が登場するが，ホワイトヘッドに対する評価は非常に高かった。フォレットはセミナーでも，「有機体，つまり，統一体に関心を持っている者――生物学者，哲学者，社会学者，その他，誰であろうとも――は，創発，流溢（overflow），進化（evolving），新しい価値の出現と呼ばれるものに関心がある」（Follett 1926, p.10）とした後に，「ホワイトヘッド教授は，この問題で誰よりも近い真理の本質を得ている」（Follett 1926, pp.10-11）と本人を前に評したのである [5]。

　フォレットの報告後には質疑応答が行われた。まずヘンダーソンからは社会における相互依存関係の研究方法について，次にメイヨーからは産業分野における疲労の実証研究の方法について質問がなされた。フォレットは報告の中で，「ヘンダーソン教授は，常に全体を各部分の適合化や統合化として見ている」（Follett 1926, p.1）とか，「メイヨー博士の関心は，職場での人間性のレベルにある」（Follett 1926, p.3）というように，ヘンダーソンとメイヨーに触れる形で自身の統一体論を説明していたのである。ちなみに 1926 年は重要な年であった。ヘンダーソンにとっては，パレート（V. Pareto）の『一般社会学概論（*Trattato di Sociologia Generale*）』を読み，科学としての社会科学の成立に強い関心を持っていた頃であり，メイヨーにとっては，後期ホーソン実験が始まろうとしている頃であったのだ [6]。

　そして翌年 3 月の「統制の心理学」には，「生化学者であるヘンダーソン教授は，われわれがある一つの全体を研究する場合には，その構成部分の分析を行うだけでなく，その全体を全体として研究しなければならない [7]」（Metcalf and Urwick 1941, 1955, p.184, 翻訳書 254 頁）という記述や，「メイヨー博士は，常に全体状況を考えるようにと主張することで，産業心理学の分野に重要な貢献をしている。今ではすべての産業心理学者がこのように考えている」

(Metcalf and Urwick 1941, 1955, p.187, 翻訳書 258 頁）という記述がある。こ
のセミナーでのやり取りが反映されたのであろう。

第4節　二人の有機体論
——全体状況と現実的存在との関連——

　いよいよホワイトヘッドのコメントが始まった。ホワイトヘッドは，まず
「社会倫理」への言及を避けたいと断りを入れ，「有機体には二つの主要な型が
あると思う。一つは全体状況（total situation），もう一つは現実的存在（actual
entity）である」（Whitehead 1926b, p.d）と語り始めた。そして，「オーケス
トラは全体状況だと思う。それは多（many）であるが一（one）でもある。
単なる一つの実在（entity）ではない」（Whitehead 1926b, p.d）と続けた。

　言うまでもなく「全体状況」はフォレットの，そして「現実的存在」はホワ
イトヘッドの用語である。フォレットによれば，「状況」とは社会プロセスに
おける関係の様相であり，「各部分がうまく調整される，すなわち，各部分の
活動が密接につながり，また互いに調和を図りながら一緒になって動き，しか
も各部分が互いに結び合い絡み合い関係し合って一つの単位体となっている」
とき，オーケストラは「全体状況」としての統合的統一体となる[8]。そこでは
「個（演奏者）」と「個（演奏者）」との主体的な関係，さらには「個（演奏者）」
と「全体（オーケストラ）」との主体的な関係によって，新しい「全体状況」
が次々に生起するのである。

　フォレットは「円環的反応」によって生成された「全体状況」から，さらに
進化した「全体状況」へと導いていく過程的趨勢を「状況の法則」と呼ぶ。
フォレット流に言えば，指揮者は「状況の法則」を発見し，各演奏者はその法
則に従う。そこでフォレットは，指揮者の役割として「喚起（evoking）」と
「放出（releasing）」の二つを指摘している（Metcalf and Urwick 1941, 1955,
pp.197-198, 翻訳書 273 頁）。指揮者は演奏者から何かを引き出し，何かを開放
し，何かを自由にし，潜在的な能力や可能性を表現する道を切り拓くことが必
要だというのである。

　ホワイトヘッドによれば，「全体状況は一つ (one) の超存在 (super-being) だ
が，そうしたオーケストラには多く (many) の現実的存在がある」(Whitehead
1926b, p.d)。「多」でもあり「一」でもあるオーケストラとその演奏者は，
それぞれが相互に活動し続ける主体的な存在である。このように事物が相互
に含み合っている「現実的存在」が「単に位置を占める (simple location)」
(Whitehead 1925, 1967, p.49, 翻訳書 65 頁) とは考えられない。

　その性質として，ホワイトヘッドは「延長 (extension)」と「経験 (experi-
ence)」を指摘する (Whitehead 1926b, p.e)。「延長」は「多」と「一」との相
互関係であり，「経験」はそうした相互関係を生起し続ける主体の活動である。
ホワイトヘッドは，「各演奏者が全体の音を奏でていると感じる」(Whitehead
1926b, p.e) とき，ハーモニーを奏でる演奏者の関係性を「延長」と呼び，ま
たハーモニーを奏でる演奏者の主体性を「経験」と呼んだ。これらを有する二
つの有機体——「全体状況」と「現実的存在」——について，ホワイトヘッドは
「二つの型は適合すると思う」(Whitehead 1926b, p.d) と述べ，フォレット思
想との親和性の高さを語ったのである。

　「多」と「一」は「創造性 (creativity)」とともに「究極的なものの範疇」
だとホワイトヘッドは言う。これらは「事物 (thing)」，「存在 (being)」，「実
質 (entity)」の意味に内蔵された観念であり，ホワイトヘッド哲学の肝と言
い得るものである (Whitehead 1929, 1978, p.21, 翻訳書 34-35 頁)。少し穿った
見方をすれば，こうした概念が散りばめたフォレットの報告は，目の前にいる
ホワイトヘッドに向けられたものだったのではないか。

　上田泰治は『科学と近代世界』の「訳者あとがき」で，「彼にとって現実の
世界は創造的世界であり，それ以外のものであってはならない。個々の事物は
創造的生命を宿し，それぞれが個性的な生涯を展開し，全体としての世界の創
造的前進に参加する。実在するものは創造的前進のプロセスである。現実の存
在する事物は抱握 (prehension) の過程 (process) であり，抱握活動によっ
て自らを完成させる進展 (process) である。このプロセスを説くことは，一
切の事物や世界をオーガニズムと見る〔有機体の哲学〕となる」(331 頁) と
記している。ホワイトヘッドの「事物」，「存在」，「実質」の概念は，フォレッ
トならずとも多くの人々を惹きつけるのだろう。

　村田晴夫は,「有機体の哲学」の思考様式を「垂直同型性」と位置づける。こうした世界の認識方法は,「自己の経験の統一を意識することに基づく。たとえば, バーナードがその理論を構築するときに採った方法は, 管理者としての自己の経験を統一的に意識し, その中に全世界の諸相を映しとることであった。自己と世界は同型であり, 共通の根を持っており, 自己の経験は世界の空時的全体性を反映している」(村田 1984, 164 頁)。ホワイトヘッドはこれに相当すると村田晴夫は言う。ちなみに「垂直同型性」と対比的なのが「水平同型性」である。こうした世界は,「認識主体の主観のうちに普遍的な認識の構造があることを第一の前提とする」(村田 1984, 165 頁)。かかる認識論の創始者がカントである。カントの主観主義的な認識論は, のちに社会科学の方法的原理──方法論的個人主義──を確立させた。

　そして方法論的個人主義の特徴を村田晴夫は次のように説明するのである。(1) 人間の存在それだけが, 社会的世界を構成する存在論的根拠である, (2) 個人はそれ自体として存在し, 他の何物も必要としない, (3) すべての秩序の根拠は人間の主観の内にある (村田 1984, 180 頁), と。この場合, 人間は「単に位置を占める」だけの存在となってしまう。そこでホワイトヘッドは, われわれの主観とは別なる「外界の存在, 過去の歴史, 未来の状態[9]」(中村 2007, 86-87 頁) を理由に, 独我論に陥りやすい主観主義を徹底的に批判するのである (Whitehead 1925, 1967, pp.89-90, 翻訳書 123-124 頁)。

　田中裕はホワイトヘッドの主体主義について次のように述べる。すなわち,「独我論の隘路から抜け出せない近代哲学の主体主義と違い, ホワイトヘッドのいう〔改造された〕主体主義は, 主体を実体ではなく, 出来事ないし生起 (occasion) として捉える。より厳密に表現するならば, 主体とは, 現実的な経験の生起 (actual occasion) のただ中において目指される (aimed at) ものなのである。最初に独立した主体がものとしてあって, それが様々な経験をするのではなく, 経験の生起という出来事の中で, 主体が形作られるのである」(田中 1998, 134 頁) と。そこには主体から客体への, そして客体から主体への同時的な作用がある。その方法によって, あらゆるものが主体になり得るのである。そこには「見るもの」と「見られるもの」という認識論的な区別もない[10]。こうした主体 / 客体および主観 / 客観の在り様をホワイトヘッドは「自

己超越的主体（subject-superject）」（Whitehead 1929, 1978, pp.27-28, 翻訳書 46-47 頁）と呼んだ[11]。このような作り作られる相互関係が世界を創発するのである[12]。

　さて，ここで二人の「正義（justice）」にも触れておこう。フォレットは自身のセミナー報告の中で，有機体としての全体状況に秩序をもたらすものを「正義」だとした（Follett 1926, p.22）。倫理的性格を多分に含むフォレットの正義観に対し，ヘンダーソンは科学的問題では倫理や価値を排除すべきと異議を唱え，続けてホワイトヘッドにコメントを求めた（Henderson 1926, p.1）。するとホワイトヘッドは，「フォレットはプラトンと一緒だと信じている」（Whitehead 1926b, p.1）とだけ答えた。ホワイトヘッドの一言は，倫理や価値を重視するフォレットを擁護するものだったのかもしれない。私もフォレットと同じであると。

　ところで，村田晴夫はバーナードとの関連でプラトンを読む[13]。プラトンの「人間と国家とは，ちょうどバーナードにおける人間と協働システムのように，相互に依存しながらも，互いに他を超越する存在として捉えられているのである」（村田 1984, 153 頁）。そして「バーナードもプラトンも，ともに個と全体のそれぞれの存在の独自性を認め，それらの相互依存性と，同時にそれらの間に横たわる深い溝とを見ている」（村田 1984, 155 頁）と述べた。こうした観点を有するバーナードとプラトンは「垂直同型性」の思考様式で共通しているという。

　これは「個」と「全体」の問題である。バーナードの場合には自由意思論的個人主義と決定論的全体主義との，プラトンの場合には民主制と君主制との調和と均衡である（村田 1984, 151-156 頁）。こうした問題は科学では語り得ない。それゆえ，バーナードは「哲学と宗教の問題」（Barnard 1938, 1968, p.296, 翻訳書 309 頁）とし，プラトンは「神の統治」（村田 1984, 154 頁）とした。村田晴夫によれば，「バーナードが目指したのは，プラトンが展開した現実の国家の生成に関する哲学と，まったく軌を一にするもの」（村田 1984, 155 頁）であったのだ。

　人類史を辿れば秩序をもたらすものは神であり，そして神話だった。その後，「人間は万物の尺度である」と唱えたプロタゴラス（Protagoras）により，

善と悪，美と醜，真と偽は，人それぞれの価値観に依存すると考えられた。こうして都市国家（ポリス）の秩序そのものが相対化され，衆愚政治が蔓延ることとなった[14]。この状態を危惧し，弁舌を振るう扇動政治家たちに論争を仕掛けたのがソクラテス（Socrates）である。どうすれば人間は「善く生きる」ことができるのか。そもそも，善と悪，美と醜，真と偽とは何なのか。ソクラテスは相対主義を批判する形で「無知の知」という言葉を用い，対話による真理への探求を唱えたのである。そして弟子プラトンがこれを継承した。現実を超えたところに真実があるとするプラトンの理想主義的なイデア論は，その後の西洋哲学に大きな影響を与えることとなった。

　「ヨーロッパの哲学的伝統の最も安全な一般的性格づけは，それがプラトンについての一連の脚注からなっている」（Whitehead 1929, 1978, p.39, 翻訳書66頁）と述べる自称プラトニストのホワイトヘッドによれば，プラトンの「イデア（idea）」に相当するのは「永遠的客体（eternal object）」（Whitehead 1925, 1967, pp.158-159, 翻訳書213頁）であるとの指摘もある[15]。両者は常住不変という共通の性質を持つ。この「永遠的客体」について，ホワイトヘッドは，「何か一つの特殊な経験契機と連関させなければ理解できない」（Whitehead 1925, 1967, p.159, 翻訳書213頁）として，「現実的存在」との結びつきを「進入（ingression）」（Whitehead 1925, 1967, p.159, 翻訳書213頁）という言葉を用いて説明した[16]。

　もっとも，ホワイトヘッドは「イデア」や「永遠的客体」と同じような観点がフォレット思想にあるとしたわけではない。ホワイトヘッドが語ったのは現象そのものの感じ方だったのだ。つまり，それは「垂直同型性」の思考様式だったのである。

　ところでホワイトヘッドによれば，秩序ある「文明（civilization）」が進行する社会には，五つの規範的特性——「真理（truth）」，「美（beauty）」，「冒険（adventure）」，「芸術（art）」，「平和（peace）」——が現れるという（Whitehead 1925, 1967, pp.241-296, 翻訳書331-409頁）。まず「真理」は実在を過程として把握すること，つまり「現実的存在」を経験の主体として認めることにある。このとき経験としての「真理」は「美」と結びついて調和的な「心的美（truthful beauty）」（Whitehead 1925, 1967, p.267, 翻訳書368頁）となる。こ

こに新たな価値が出現する。「芸術」は，その達成を意味するのである。そして過去から現在，さらに未来へとつながる経験の創造的持続が「冒険」である。ここで，調和のある世界へと移りゆく過程を永続的に直観するところに「平安」が現れるという。これらはすべて所与ではない。経験の主体としての「現実的存在」が繰り広げるプロセス的な有機体の出来事である。

　さて，話を戻そう。ホワイトヘッド自身も，この「社会倫理学セミナー」の第 3 回（1926 年 10 月 18 日）で報告をしている [17]。科学的唯物論を批判する科学哲学に関するホワイトヘッド報告では，デカルトの思想と対比する形で「現実的存在」とともに「合生（concrescence）」という語が使われた（Whitehead 1926a, pp.11-12）。この「合生」は，多くの「事物」が「多」の各項を新しい「一」の構造における従属性へと決定的に追いやって，個体的統一性（individual unity）を獲得するプロセスであるという（Whitehead 1929, 1978, p.211, 翻訳書 367 頁）。

　ただ，こうした「現実的存在」と「合生」は『過程と実在（*Process and Reality*）』で多用される語であり，『科学と近代世界』の段階では「現実的生起（actual occasion）」と「抱握」という語が登場する。1927 年から 1928 年にエジンバラ大学でのギフォード講義をもとに 1929 年に刊行された『過程と実在』の中心概念，すなわち「現実的存在」および「合生」の構想は，このセミナーのときには既に抱かれていたようだ。

　ちなみにホワイトヘッドは，前章で考察したジェームズの「実質的部分」と「推移的部分」を，「現実的存在」の内的な生成の流れである「合生」と，複数の「現実的存在」の間の外的な流れである「推移」とに置き換えているとも読み取れる（Whitehead 1929, 1978, p.210, 翻訳書 366 頁）。そうであれば，一方の「合生」はフォレットの「再人格化」を，他方の「推移」はフォレットの「状況の法則」を連想させるものがある。前章と本章により，ジェームズとホワイトヘッド，そこにフォレットを加えた三者のプロセス思想の類似性を確認することができるだろう。

　以上のことにより，フォレットはホワイトヘッドから有機体論に関する影響を受けていたと言える。フォレットはホワイトヘッドを前にして，「ホワイトヘッド教授の有機体論では，相互作用と創発は同じ局面である。これはホワイ

トヘッド教授の思想の本質であると思う。有機体は活動の構造（structure of activity）であり，この活動は進化的構造を基礎としている。すなわち，出来事（event）という統一体（unities）の本質——有機体の性質——は，進化と関係がある。ホワイトヘッド教授の出来事と統一体は，あるものが現実態へと創発することである」（Follett 1926, pp.10-11）と述べたのである。

　このフォレットの発言は，ホワイトヘッドの『科学と近代世界』における「自然の全体相は進化的膨張（evolutionary expansiveness）の相である。私が出来事と呼ぶ統一体は，あるものが現実態へと創発すること」（Whitehead 1925, 1967, p.93, 翻訳書 129 頁）の引用に間違いない。そして 3 カ月後，フォレットはホワイトヘッドに敬意を表する一文を「統制の心理学」に加えた。「現存する哲学者の間ではホワイトヘッド教授が最も貢献している」（Metcalf and Urwick 1941, 1955, p.188, 翻訳書 260 頁）と。

第 5 節　おわりに

　本章では，1926 年 10 月から 1927 年 5 月にハーバード大学で開催された「社会倫理学セミナー」の記録から，フォレットとホワイトヘッドとの思想的関連を読み解いた。その結果，「社会科学の根本原理を統一体の性質に関わらせて考えたい」とするフォレットと，質疑応答におけるホワイトヘッドの言説から，二人に共通するものとして有機体論が浮かび上がったのである。

　フォレットの著作を時系列的に見ると，『新しい国家』は哲学と政治学，『創造的経験』は哲学と政治学と心理学，『組織行動の原理』は哲学と政治学と心理学，そして経営学的見地から考察された。それぞれの著作によると，フォレットは実に多くの思想家から影響を受けたことを知り得るが，企業経営に関する論文を執筆する段階でのホワイトヘッドの存在は甚大だったと言ってよい。

　「ホワイトヘッド教授の哲学は，主として，彼の言う〔さまざまな価値の相互作用〕および〔創発的価値〕に基づいている。そして，企業経営にもこれと同じ原理が作用している。機能的に関連している場合には各構成部分の単なる

合計ではなく，あるいは相互に浸透し合う場合には新しい状況を作り出す」
(Metcalf and Urwick 1941, 1955, p.200, 翻訳書 276 頁) とフォレットは言う。
やはり，この時期のフォレットの「創発」と「価値」の概念には，村田晴夫が
指摘するように，ホワイトヘッドの『科学と近代世界』のエッセンスが色濃く
反映していると考えられる。そして，ホワイトヘッド哲学から経営思想を構想
するフォレットは次のように言う。「機能的な関係化は自己創造の継続的なプ
ロセスである」と。

　唯物論から有機体論へ。「自然を有機体と考える哲学は，唯物論哲学に必要
なものとは正反対の地点から出発すべきだということに着目しなければならな
い」(Whitehead 1925, 1967, p.152, 翻訳書 204 頁) とするホワイトヘッドに
とって，『科学と近代世界』は「過去 3 世紀における西欧文化の諸相を，それ
が科学の発展によって影響された範囲において研究した一つの試み」
(Whitehead 1925, 1967, p.vii, 翻訳書 iii 頁) であった。そこでデカルトの二元
論は，ニュートンらの科学的唯物論に帰結したとして批判的に論究された。そ
れと正反対の地点にある「有機体の哲学」から，フォレットはホワイトヘッド
を語り，そしてホワイトヘッドはフォレットを語ったのである。

　主体は経験の生起において形成される（田中 1998, 132 頁）。フォレットと
ホワイトヘッドによれば，経験は過去の出来事ではなく，現実を作り続けるプ
ロセスである[18]。動態的であるはずのプロセスを静態的なものと見做してし
まうと，ホワイトヘッドが警鐘を鳴らすように「具体性取り違えの誤謬
(fallacy of misplaced concreteness)」(Whitehead 1925, 1967, p.51, 翻訳書 67
頁) を犯してしまう。やはりプロセスそのものに注目しなければならないの
だ。では，こうした観点をどのように経営学に活かすのか。その辺りの方向性
として，筆者は解釈学を考えたいと思う。

　それを続く第Ⅲ部「フォレットの経営思想と解釈学」で検討することにしよ
う。ヘーゲル，ジェームズ，そしてホワイトヘッドらの哲学を踏まえ，第 6 章
ではフォレット経営思想の解釈学的特性を提示したいと思う。そもそも，解
釈，そして解釈学とは何か。それは解釈主義と同じなのか。フォレットの解釈
学的経営思想を展開するに当たり，次章でその準備をしておきたい。

注

1）ホワイトヘッドにとって『科学と近代世界』はアメリカでの最初の著作である。田中裕によれ
ば，「1924年にハーバード大学で哲学科の教授になってすぐ，彼は秋学期に通常の授業の他に，一
週間に一度のペースでローウェル講義を受け持ったが，そのときの内容がそのままこの著作に取り
入れられている。（中略）この書物が1925年にマクミラン社から刊行されると，翌年には，アレグ
ザンダー，デューイ，ラッセル等の哲学者ばかりでなく，生物学者のヘンダーソン，文芸評論家の
ハーバード・リード等，多くの書評で絶賛された」（田中 1998, 88頁）。

2）村田晴夫によれば，「ホワイトヘッドがその有機体の哲学を完成させていくのは，1924年にロン
ドンからアメリカのハーバード大学に移ってからである。その頃，各分野で全体論の復権運動が顕
著であった。心理学ではゲシュタルト学派が抬頭し，各方面に影響を与えていたし，物理学では場
の概念と相対性理論が転回を促していた。生物学ではウィーンでL.フォン・ベルタランフィが有
機体の考え方を形成しつつあったし，英国の大御所 J. S. ホールデンが全体論的生物学を唱導して
いた。まさに，カッシーラーが言うように，この時期は，全体性カテゴリーの復権が迫られたので
ある。その復権運動の，管理論での担い手が，M. P. フォレットであった」（村田 1984, 200頁）。

3）ニューヨーク人事管理協会での講演は1932年4月まで続いた。その講演録がメトカーフ&アー
ウィック編集の『組織行動の原理』(1941) である。

4）吉原正彦によればR.キャボットの努力が実を結ぶことはなかった。「1927年，文理学部のディー
ンである C. H. ムーア (Clifford Herschel Moore 1866-1931) のもとに，哲学科の R. B. ペリー
(Ralph Barton Perry 1876-1957) を委員長とする〔社会学と社会倫理学科に関する委員会〕が設
けられた。新しい分野の責任者となるべき候補者として，ロシアから亡命しミネソタ大学社会学教
授の P. A. ソロキン (Pitrim Alexandrovitch Sorokin) と社会進化論に立つロンドン経済政治学大
学院の L. T. ホブハウス (Leonard T. Hobhouse 1864-1929) が挙げられた。ソロキンは道徳主義
的接近を排除し，厳格で自然科学的思考に立っているのに対して，ホブハウスは，ピーボディや
キャボットと同じように価値や道徳に強い関心を持っていた。そして，道徳哲学ではなく自然科学
の立場から社会学研究を推進したいと考えていたローウェル総長は，1930年，ソロキンを最初の
社会学正教授として迎えたのである。社会学正教授となったソロキンは，就任してまもなく〔社会
学・社会倫理学委員会〕の新たな委員長となり，社会学を独立した学科として創設することを答申
した。学科の名称については社会倫理学にこだわりを持っていたキャボットの抵抗があったもの
の，ローウェル総長は，1931年の秋，学部教育と大学院教育のために社会学科 (Department and
Division of Sociology) を創設し，初代の学科長としてソロキンを任命した」（吉原正彦 2006, 165
頁）。

5）この部分は『組織行動の原理』にも記載されている (Metcalf and Urwick 1941, 1955, p.200, 翻
訳書276頁)。つまり，1927年3月に開催されたニューヨーク人事管理協会における講演「統制の
心理学」でもフォレットは同じように語っていたのである。

6）ヘンダーソンとパレートとの関連は加藤勝康（1996, 321-323頁）を参考にした。また，ホワイ
トヘッドの息子であるトマス (T. N. Whitehead) が，ホーソン実験における継電器組立作業の結
果を統計分析し，それを「産業労働者の科学的研究」として発表したことを記しておこう。詳細は
吉原正彦（2006, 248-249頁）を参照されたい。

7）ヘンダーソンへの言及は続く。「ヘンダーソン教授は，常に各部分を適応させ，統合する全体の
機能を観察している（これは組織エンジニアリング専門家の主な仕事ではなかろうか）。そして，
彼はさらに——医者がかつて各々の病気を別々に独立して研究するのが常であったが，今では人間
を一つの全体として研究する傾向のある事実を述べた後——これが新しい科学，すなわち，人間生
物学の始まりとなるかも知れないとまで言っている」(Metcalf and Urwick 1941, 1955, p.185, 翻訳
書255頁)。

8）フォレットの組織観（統合的統一体）は第 2 章で検討している。参照されたい。

9）ホワイトヘッドの主観主義批判は次の論述に表れている。「私が主観主義を信じない大まかな理由は三つある。第一の理由は，われわれの知覚的経験を直接に問うところより出てくる。こう問えば，われわれが，空間および時間内において石や木や人体のような存続する客体と結びついた，色や音やその他の感覚的客体の世界の内部にいるように思われる。われわれ自らも，われわれが知覚する他の事物と同じ意味で，この世界の要素であるように思われる」。（中略）「第二の理由は，特殊な経験内容に基づくものである。われわれの歴史的知識によれば，われわれの知りうる限りでは，およそ生物が何ひとつ存在しなかった遠い時代がある。またその知識によれば，われわれが詳細な歴史を知ることのできない無数の恒星系がある」。（中略）「第三の理由は，行動本能に基づいている。感覚的知覚が個人を超えたものの知識を与えるように見えるのと同様に，行動は自己超越本能から発するように思われる」（Whitehead 1925, 1967, pp.88-90, 翻訳書 123-124 頁）。

10）ホワイトヘッドは「自己超越体」を次のように説明している。「有機体の哲学の形而上学的学説にとって根本的なことは，変化の中の恒常的主体としての現実的実質の観念が，完全に放棄されていることである。現実的実質は，経験しつつある主体であると同時に，その経験の自己超越体でもある。それは主体 - 自己超越体であり，こうした記述のいずれの面も，瞬時たりとも看過することはできない。現実的実質が，それ自身のリアルな内的構造に関して考察される場合，たいてい主体という用語が使用される。しかし，主体は常に主体 - 自己超越体の略として理解されるべきである」（Whitehead 1929, 1978, p.29, 翻訳書 48-49 頁）。ちなみに，この翻訳での「現実的実質」はactual entity であり，本書では，これに「現実的存在」という訳語を当てている。

11）こうした「自己超越体」について村田康常は次のように説明している。「自己超越体は，生成した現実的存在が達成した特殊な固有の性格を，非人格的で普遍的な創造性に賦与するという働きである。具体的性格を賦与された創造性は，一つの合生のプロセスに内在し，その活動性を賦活させ，その個別的自己を達成したのち，そこで実現された個別的な価値のかたちを刻印されて，その閉鎖されたプロセスを超え出て他の合生のプロセスへと向かう。こうして，非人格的な創造性が，自然のうちに満ちる具体的な血潮となって，新たに生起するものへと流れていくのである」（村田 2014b, 22 頁）。自己超越体は諸存在の継続的な生成を表す。つまり，自己が完結することなく，次々に受け継がれていくところに創造的な性格がある。

　村田康常は続ける。「ここでは，流動の停止だったエポック的な持続が終わって，時間の推移である次の生成への継承が起こっている。この継承は，生成の連続性を意味するのではない。むしろ，そこには，自己完結した存在の閉鎖性による連続性の断絶があり，また，その非連続的な断絶にもかかわらず，達成されたものを後続するものへと継承させる働きがある。この働きは，ホワイトヘッドによれば，自己超越体を介して，瞬間から瞬間へと，不連続的な断絶を超えて継承される創造性の具体的活動である。移行のプロセスとは，このように〔今，ここ〕の微視的なプロセスを超え出ていく巨視的なプロセスであり，自己超越体は，この移行において，個別的自己の閉鎖的な自己完結性を超え出て，自己が達成した特殊なかたちの個別的性格を普遍的な活動性である創造性に付与し，自己を後続する経験の契機の一要素として与えていく。新たに生成する現実的存在から見れば，それは，その現実的存在の現実世界において創造性を受けて賦活された，〔かつて，ここ〕に生起した現実的存在であり，この新しい現実的存在の直接的な経験の彼方から此方へと内在してくる経験の与件である」（村田 2014b, 22-23 頁）と。

12）ホワイトヘッドの「主体」および「自己超越的主体」について中村昇は次のように説明している。「ホワイトヘッドは，全宇宙をつねにダイナミックに流動しつづけるものとみなす。したがって，特別の個物を，全体の固定された部分としてとりだすなどということは決してしない。つねに動き続けている状態（過程 process）こそが，この世界の真の姿（実在 reality）なのだから。そのような世界においては，独我論的な中心などというものは，そもそも存在しない。中心があるとす

れば，あらゆる出来事の生起した場こそが中心であり，そこを軸にして，一刹那もとどまることの
ない森羅万象が紡ぎだされていく。ホワイトヘッドは，そのような仮の中心を，すべて主体と考え
た。したがって，かれの宇宙では，あらゆるものが主体となりうるのである」（中村 2007, 171-172
頁）。

13) バーナードとプラトンとの関連は村田晴夫を参照されたい。「科学と技を綜合する視点として，
ここでは哲学が語られなければならない。バーナードは，〔それは哲学と宗教の問題である〕とし
て筆を擱いたのであるが，その次の頁に，プラトンの『法律』からの引用を置いている。読み方に
よっては，この部分が，バーナードの哲学を代弁しているのであり，個と全体のバランスとその割
合に関する設問への解答なのである」（村田 1984, 151 頁）。ちなみに，Barnard 1938, 1968, p.296,
翻訳書 309 頁の「次の頁」には，こう記されている。「これを見た人が誰も，先ほど私の話してい
た結論に急ぐとしても不思議でない——人は何ごとでも法律で決めてしまうことはできない，人間
のことはほとんどすべてがチャンスであると。そして船乗り，水先案内および医者や将軍の技術に
ついてはそう言えるかもしれない。けれども，それと同じく正しいと言えることが，いま一つあ
る。それは何か。神はすべてを支配する，人間のことを支配するには，チャンスと機会とが神に協
力するのであると。しかしそれほど極端でない，第三の考え方がある——技術はあってもよいのだ，
嵐の中では水先案内の技術に助けてもらったほうが確かに有利に違いないだろうと。そう思わない
か。プラトン『法律編』」。

14) ギリシャ哲学史は竹田・西（1998）を参考にした。

15) 田中裕によれば，「永遠的客体は可能態であるから，それに先立つ現実態を必要としている。そ
の点では，アリストテレスと同じく，ホワイトヘッドは最も十全な意味での実在性を永遠的客体
（形相）ではなくて活動的存在（actual entity）に付与している」（田中 1998, 273 頁）という。つ
まり，永遠的客体それ自体は変化しない。したがって，中村昇が指摘するように，「具体的な経験
に登場（進入）しなければ，永遠的客体は認識されない」（中村 2007, 102-103 頁）のである。

16) これに関してホワイトヘッドは次のように述べる。「抽象的であることは現実に起こる特殊な具
体的契機を超越することである。しかし現実契機を超越するということは，それから引き離される
という意味ではない。むしろその反対に，私は各々の永遠的客体は各々の現実契機と独自の結びつ
きを持つと考える。私はこの結びつきを，この客体の契機に対する進入（ingression）の様態と名
づける」（Whitehead 1925, 1967, p.159, 翻訳書 213 頁）。村田晴夫は「永遠的客体」と「現実的存
在」との関係を次のように説明している。「われわれが，草の葉が細くて丸みを帯びているとか，
緑色であると見るのは，細長い，丸い，緑色という永遠的客体が〔進入〕して草の葉を限定してい
るから」（村田 1990, 123 頁）であると。また中村昇によれば，「複雑で目くるめくようなこの世界
の渾沌を前にして，われわれは〔コップ〕という言い方でその一断面を切りとる。そのときの
〔コップ〕や，その〔色〕や〔形〕が永遠的客体だ。流動している過程の中の変化していない側面
が永遠的客体なのである」（中村 2007, 102 頁）。ここで中村昇は，認識するときの手がかり（知る
ための手がかり）が「永遠的客体」だと指摘している。

17) フォレットは体調不良のため第 1 回（10/4）から第 4 回（10/25）までセミナーを欠席している。
それゆえフォレットはホワイトヘッドの報告を聴いていない。

18) 村田康常は，ホワイトヘッドの「生きている自然」という観点を次のように説明している。「ホ
ワイトヘッドは，人間だけでなく，無機物，植物，動物から神まで，宇宙のあらゆる事物を生成す
る出来事とし，それらすべてに経験の主体的直接性を認めている。そして，あらゆる経験の契機に
適用可能な一般的な観念として〔現実的存在 actual entity〕という語を提示する。ここに，彼の有
機体の哲学の基本的な観点が示されている。一言でいえば，それは一切が経験の主体的直接性を
もって生成するということ，すなわち〔生きている自然〕という自然観である」（村田 2014b, 16
頁）。

第Ⅲ部

フォレットの経営思想と解釈学

第6章

フォレット経営思想の解釈学的特性

――機能の概念をめぐって――

第1節　はじめに

　「経営を生きる[1]」。どことなく哲学的な香りが漂うため，この言葉は科学を標榜する現代の経営学には馴染まないかもしれない。しかしながら，初期アメリカ経営学の思想的基盤であるプラグマティズムは，社会を生きる人間の行為を問うた。一口にプラグマティズムと言っても論者によって異なるが，ジェームズは，社会的協働における行為の有用性を「当事者の視点」で言い表わした。こうした思想に影響を受けたフォレットは，経営者の役割を経営者の視点で論じたのである。彼女が思い描いた経営者像は，まさに経営を生きるプラグマティストであった。

　フォレット思想の場合，プラグマティックな性質は機能の概念に込められている。しかしその点は看過され，経営学史上，フォレットは機能主義者として位置づけられてしまうことがある[2]。もっとも，伝統的組織論の時代から経営学は機能主義的であったし，その時代に「機能」を主要概念とする経営思想を唱えれば無理もない。そのうえフォレットは，「体系的な観察，実験，論証によって得た知識――調整され，整理され，体系づけられた知識――」という科学観を示し，テイラーの科学的管理を賞賛したのだ。さらにテイラーの「作業の科学」を拡大し，「技術の面」と「人間の面」の両方を射程に入れて「管理の科学」の構築を目指したフォレットは，もしや機能主義者であることを自認していたのかもしれない。

　それではフォレットにとって「機能」とは何か。フォレットは本当に機能主

義者なのか。こうした問いに答えることで，われわれはフォレット経営思想の新しい展開を見出したい。それは今までにはない解釈学的な経営学である。もちろん，古典と呼ばれる経営学書の単なる文献（text）解釈ではない。フォレットのプラグマティズムを是認し，そのうえで解釈学的な経営思想を提唱したいと思う。本章は，その準備的考察である。

第2節　機能主義と機能概念

　バーレル＆モーガン（G. Burrell and G. Morgan）によれば，社会科学の方法は，存在論，認識論，人間論，方法論の基準によって客観／主観の科学観を示す（Burrell and Morgan 1979, p.3, 翻訳書6頁）。客観的な科学観は，それぞれ，実在論，実証主義，決定論，法則定立的であり，主観的な科学観は，それぞれ，唯名論，反実証主義，主意主義，個性記述的である。前者の特徴を有する場合は機能主義（functionalism）と呼ばれ，後者の特徴を有する場合は解釈主義（interpretivism）と呼ばれる。

　坂下昭宣は同様の見解から，「機能主義は社会的世界が維持存続する根拠を，それが果たしている〔機能〕に求める。つまり，制度であれ，文化であれ，社会全体であれ，そうした社会システム（＝社会的世界）が維持存続するのは，それが何らかの機能を果たしているからだというわけである。これに対して，解釈主義は社会的世界が実在する構造ではなく，関係する諸個人の相互作用によって社会的に構成された間主観的な意味世界（＝社会的構成物）であると仮定する。そして，社会的事象の客観的な法則性や規則性の存在を疑問視し，社会的世界はその活動に直接関与している成員の視点からのみ認識できると考えている」（坂下 2002, 62頁）と両者を区別する。そのうえで，「機能主義が単一の強大なパラダイムであるのに対して，解釈主義はアンチ機能主義を標榜した多くのミニ・パラダイムの総称である」（坂下 2002, 62頁）というように両者の方法論上の立場を説明している。

　こうした機能主義の研究方法は，社会学者であるデュルケイム（E. Durkheim）を起源として，人類学者であるマリノフスキー（B. K. Malinowski）やラドク

リフ＝ブラウン（A. R. Radcliffe-Brown）らによって確立された[3]。とりわけ，機能を社会全体に対する諸制度の貢献であると考えたラドクリフ＝ブラウンの立場は，パーソンズ（T. Persons）の構造‐機能主義的な社会学に受け継がれ，全体システムの均衡・維持に貢献する部分システムの機能要件が分析されるようになった[4]。

　ここで，機能要件とは社会システムが維持・存続するために必要となるものである（新・中野 1984, 22 頁）。そこでパーソンズは，「適応（adaptation）」：システムの目標を達成するのに必要な用具を提供する機能，「目標達成（goal-attainment）」：システムの具体的な目標を設定し，これら各種の目標の順位づけを行い，それらを達成するために，システムの諸資源を動員する機能，「統合（integration）」：システムを構成している諸単位間の関係を調整する機能，「潜在性（latency）」：制度化された価値体系を変動させようとする圧力に対して，システムを安定的に保持しようとするパターンの維持の機能と，システムの中で生じる緊張を処理する機能，という四つの要件を提示した。これらは各々の頭文字を取って「AGIL 図式」と呼ばれている[5]。

　ところで機能主義者にとって「機能」とは何か。パーソンズとともに機能主義を代表する社会学者であるマートン（R. K. Merton）は，当時の社会学や社会人類学によって用いられていた「機能」を「有機体の維持に役立つという観点から見た生命的または有機的な過程」（Merton 1949, pp.21-22, 翻訳書 18 頁）と捉え，これこそが自ら構想する社会システム論に合致するものと考えた。こうして「機能の概念は，観察者の見地を含み，必ずしも当事者の見地を含まない。社会的機能とは観察し得る客観的結果を指すものであって，主観的意向（ねらい，動機，目的）を指すものではない」（Merton 1949, p.24, 翻訳書 20 頁）とされたのである。

　ちなみにマートンの機能概念は，「顕在的機能（manifest function）」と「潜在的機能（latest function）」とに区分される。前者は意図した結果を，そして後者は意図せざる結果をもたらす。この意図せざる結果は，ときに「一定のシステムの適応ないし調整を〔減ずる〕観察結果」（Merton 1949, p.51, 翻訳書 46 頁）となり得る。マートンは，これを「逆機能（dysfunction）」と呼んだ。この概念は，システムの構造的な歪み，圧迫，緊張を含むものであり，その後

の社会システム変動研究に重要な分析視座を提供した。

　このように，機能主義者にとって社会的世界は外部から観察可能な事物として映っている。そこで，パーソンズやマートンは客観的世界における機能の因果的な法則に関心を示すのだ。これは社会学に限らない。あらゆる分野において，諸要素間の因果法則を説明しようとする研究方法が「主流」となっているのである。

第3節　相互作用主義と機能概念

　そして，もう少し時代を遡ると，こうした機能主義とは異なる機能概念を見ることができる。それは 19 世紀末から 20 世紀初頭にかけて台頭した，心的および社会的現象を動態的に把握しようとする一連の思想である。新明正道は 1930 年代のアメリカの社会学者カレン（H. Kallen）を引いて，これを本源的機能主義として紹介した[6]。その特徴は，「名辞と実態に対して関係と活動を，内在的特質に対して発生と発展を，継続的形成に対して変形を，静的組織に対して動的型象を，不変的要素からなる形式的構成物に対して闘争と統合の過程を強調すること，一言をもってすると，科学的説明と解釈の手段として構造から機能へ推移すること」（新明 1967, 14-15 頁）であるという[7]。

　固定的な実在概念を否定し，一切の事象を流動的に把握した代表的な論者はジンメル（G. Simmel）である。唯名論と実在論をともに否定するジンメルの相互作用論的社会観にあって，社会は個人間の相互的な活動が織りなすプロセスである。そこで人間は社会に影響されながらも主体的に行為する存在なのだ。

　前掲の新明正道はジンメルに代表される思想を本源的機能主義と称したが，その眼目は機能の相互性にあった。それに対してパーソンズらの眼目は機能の因果性にあったのだ。このように関心事が異なれば，そこから導かれる方法も当然ながら異なるものとなる。そして本人自らも，かかる二つの機能主義は「その理論的性格を異にしている」（新明 1967, 20 頁）と述べるのである。事実，一方は静態的な構造であり，他方は動態的な過程である。そうであれば，

両者を同じく機能主義と呼ぶことに違和感がある。そこで本章では，構造か過程かを明確に区別するためにも，本源的機能主義の代わりに相互作用主義（interactionism）という言葉を用いることにしたい。

　菅野仁は，ジンメルの相互作用主義的な社会観を次のように評する。「社会の本質をどのように理解するかによって，その人間の社会に対する態度の取り方が大きく左右される。社会を最初から個人の向こう側にそびえる〔壁〕や個人を囲い込む〔檻〕のようなものとして理解してしまうと，社会で生きることに対する無力感や社会に対する憎悪の感情に支配され，その人の〔生〕はますます貧しくなっていく。しかし社会というものを人間同士の関係を全く超えた外的実体として，全く動かし難いものとして理解するのではなく，人と人との相互作用の網の目のようなものとして理解したらどうだろう。そうすれば社会は単にわれわれの〔生〕を制限し規定する外的なモノではなく，われわれの活動それ自体が作り出している〔生〕の結果の一つの形象として理解される。こうした考えに立てば，社会が一見するとわれわれにとってよそよそしいもの，外的なものとしての性格を持つように感じられることがあったとしても，それが決して〔鉄の檻〕のような堅固なものではないという感じがつかめてくる」（菅野 2003, 59-61 頁）のだと。

　ジンメル社会学の特徴は，構造，体系，制度の分析に力点を置くのではなく，人間の行為と精神の在り方に注目するところにある（菅野 2003, 36 頁）。人間関係の中で芽生える感情，そして変化する精神など，人間の「生」の現実は外部者からの観察対象とはなり得ない。「生の哲学者」であるジンメルにとって，社会は「生」の経験から理解すべきものだった。

　またジェームズもその一人であろう。既に述べたように，構成主義心理学の要素的傾向を批判したジェームズは，意識の構造よりも活動を重視する機能心理学を提唱した。機能心理学では習慣や記憶などの意識現象を内観法によって分析するが，行動主義心理学者であるワトソンは，その方法を客観的ではないと批判したのである。客観主義を標榜するワトソンにとって，分析するものと分析されるものは同一ではならず，外部者の観察によって客観性を維持できる行動分析が重要視された。そこでワトソンは人間の意識と精神の存在を無視し，刺激に対する反応として行動を理解する S-R 理論を採用したのである。

　これを批判したのがミードである。問われるべきは「刺激 - 反応」の断片的な現象ではなく，生きる人間の継続的な社会的行為であると。人間の行為には，それに先立つ意思決定の際にも，また行為後の反省の際にも，意識や精神の変化がつきまとう。そうであれば，行為能力を備えた人間を意識や精神の変容から問う必要があるというのである（Mead 1934, 1967, pp.1-8, 翻訳書 10-17 頁）。

　ミードは社会行動主義者を名乗って社会的自己の問題に取り組んだ。人間は他者の期待を「役割取得（role taking）」することで自己を形成する（Mead 1934, 1967, pp.253-260, 翻訳書 309-317 頁）。たとえば，子どもは「ごっこ遊び」を通して母親の態度や期待を知り，そこから自分の振る舞いを考えるようになる。前述のようにクーリーは，これを「鏡に映った自己」と称した。そしてミードは，これを「一般化された他者」への期待行動だと述べている。人間は成長するにつれ，その範囲は地域社会や国際社会に拡大していく [8]。それゆえに，ミードの社会的自己の概念には広く社会との関係が含まれていると解されるのである（Mead 1934, 1967, pp.152-164, 翻訳書 190-202 頁）。

　また，ミードはジェームズの自我論を継承し，他者の期待をそのまま受け入れる「客我（Me）」と，その「客我」に対する反応としての「主我（I）」という二面性を有する自己論を唱えた（Mead 1934, 1967, pp.173-178, 翻訳書 214-220 頁）。とくに「主我」は人間の主体性に関わるものとされた（船津・宝月 1995, 9 頁）。人間は反省することで，そこから新たなものを生み出そうとする「創発的内省性（emergent reflexivity）」を有している。ミードが強調したのは，他者とのコミュニケーションを通じて自己を形成する人間の姿であった。

　こうしたミードの社会的自己の概念は，のちにシンボリック相互作用論の礎を築くことになった。シンボリック相互作用論では，人間の行為や相互作用を単なる物理的な「刺激 - 反応」，すなわち，ワトソン流の S-R 図式として生じるものと考えない。それらを人間が諸事物に対して有する「意味」の連鎖と捉えるのである。こうしてシンボリック相互作用論は，人間の主観的側面を重視し，その「意味」を行為者の立場から読み解こうとするのである。

　1930 年代にブルーマー（H. Blumer）によって確立されたシンボリック相互

作用論は，1950 年代における機能主義の優勢によって沈黙を余儀なくされた。しかし 1960 年代になると，機能主義批判や「言語論的転回」の影響もあって，人間の意味付与や言語行動に注目する理論が登場するようになった。こうした流れの中で，シンボリック相互作用論は，シュッツ（A. Schutz）やその弟子であるバーガー＆ルックマン（P. L. Berger and T. Luckmann）の現象学的社会学，そしてガーフィンケル（H. Garfinkel）のエスノメソドロジーなどとともに再び注目を浴びた[9]。

　かかるシンボリック相互作用論はミードを始め，ジンメルやジェームズなど機能の概念に注目した論者から強い影響を受けているが，現象学的社会学は，むしろフッサール（E. Husserl）とウェーバー（M. Weber）からの影響と考えられる。シュッツは，フッサール現象学の「事象そのものへ」を基盤として，ウェーバー理解社会学の方法，つまり行為者の主観的意味（動機）から社会的行為を理解する「意味の社会学」を確立させた[10]。またエスノメソドロジーは，後期ヴィトゲンシュタインの影響を受け，会話分析によって生活世界における社会的行為の意味づけを行うなど進化し続けている。

　一般に解釈主義アプローチを採用する研究者は，日記，手紙，生活記録などのヒューマン・ドキュメントを収集・利用し，生活史法，参与観察法，インタビュー法などの質的研究を行う（船津・宝月 1995, 6 頁）。こうした解釈主義アプローチについて，坂下昭宣は次のように述べる。「シュッツは意味の〔一次的構成〕と〔二次的構成〕を区別した。一次的構成とは，観察者ではなく行為者自身が意味を構成することである。これに対して二次的構成とは，行為者の一次的意味構成を観察者が二次的に再構成することである。こうしてシュッツは，現象学的社会学の課題は行為者の一次的構成物を観察者が二次的に再構成することであるとしたのである。この意味で，シュッツの現象学的社会学は〔二重の意味構成の学〕であった。また，シュッツほどには明示的に主張してはいないが，他のすべての解釈主義パラダイムも，さらには解釈主義的組織シンボリズム論も，当然こういった〔二重の意味構成の学〕である」（坂下 2002, 180 頁）と[11]。

　現代経営学の「主流」が機能主義アプローチであることは周知の事実であるが，1980 年代以降，社会学や文化人類学などで再び広まった解釈主義アプロー

チを援用する経営学も登場してきた。社会的世界を構成員の意味世界だと考える解釈主義アプローチでは，観察者（＝研究者）が分析対象の内側に入り込み，内部者（＝行為者）の視点に立って，彼らが解釈する主観的意味を再構成する「二重の意味構成」の方法が採用されている。

　その一つにエスノグラフィーがある。現在，少なからずの経営学者が参与観察者（エスノグラファー）として企業の現場調査（フィールドワーク）を行っている。その対象は，経営者のリーダーシップであったり，経営戦略の策定プロセスであったり多様だが，彼らは現場に入り込んで実際に起きていることを丁寧に観察し，その記録には文化人類学者のギアーツ（C. Geertz）が言う「厚い記述（thick description）」を目指している。

　こうした方法は経営学の古典的研究でも採用された[12]。それはホーソン実験における「人類学の職場集団への応用」（杉山 2013, 145 頁）であった[13]。金井壽宏によれば，「マリノフスキーがトロブリアンド諸島の遠洋航海者が生きる世界を彼らの観点から描いたのは 1922 年のことである。人類学者ロイド・ウォーナー（W. L. Warner）が，シカゴ郊外のホーソン工場に招かれ，働く人の文化や規範に関する調査方法を指導したホーソン実験での参与観察研究の開始は 1931 年であるので，元祖マリノフスキーの著書から 10 年も経たずに，エスノグラフィーは近代組織に適用された」（金井ほか 2010, 7-8 頁）。ウェスタンエレクトリック社のホーソン工場で実施されたメイヨーらの一連の研究で，最後に行われたバンク配線作業観察（bank wiring observation）の方法がエスノグラフィーであり，それによって発見された事実が非公式組織（informal organization）であった。かかるエスノグラフィーも「二重の意味構成の学」である。現場での観察を通して，工員らの一次的構成物をハーバード大学の観察者（＝研究者）らが二次的に再構成したのである。

　それでは相互作用主義はどうであろう。菅野仁によれば，ジンメル社会学の最も要となる基本姿勢は，「日々繰り広げられる相互作用の関係の網の目に生きる〔生〕の担い手としての個人が体験する〔社会的なもの〕の論理を紡ぎ出して見せること」（菅野 2003, 48-49 頁）であるという。社会学者で「生の哲学者」でもあるジンメルは，人々の相互作用の現場に焦点を合わせ，そこから見えてくる社会を捉えようとした。

　こうしたジンメルの思想は，のちに解釈主義アプローチを援用する者たちに
影響を与えることとなったが，ジンメル自身は解釈主義アプローチを採用する
研究者だったわけではない。そもそも「生の哲学」は研究アプローチではない
のだ。ジンメルの社会思想は，「生」を解釈学的に理解するところにその特徴
がある。したがって，解釈主義と相互作用主義の「視点」は同じではない。ジ
ンメルの場合には二次的に再構成する「観察者」は存在しないのだ。つまり，
一次的に意味を構成する「当事者」だけが存在するのである。いや，それより
もジンメルの場合には「当事者の視点」による社会思想と言ったほうが良いで
あろう。

　ちなみにジンメルには形式社会学者というラベルが貼られている。その骨子
は「社会関係形成（Vergesellschaftung）」の考察にある。菅野仁によれば，
「ジンメル社会学の根幹を形作るこの〔社会を為す（Ver-gesellschaft-ung）〕
というドイツ語の訳語としては，これまで長い間，〔社会化〕が定訳とされて
きた。しかし，私はこの語に〔社会関係形成〕という訳語を当てたいと考えて
いる。なぜなら〔社会化〕という表現では，Ver-geselldchaft-ung という語が
帯びる動態的語感を表現しきれないからだ。単なる〔社会（Gesellschaft）〕で
はなく，社会が作られている〔現場〕という感覚を〔化〕という語だけで表現
しようというのは無理があると思われる。あらためて確認しておきたいのだ
が，Vergesellschaftung の Ver〜ung は動態を表す接頭語，接尾語であり，
Gesellshaft が〔社会〕を意味する。つまり〔社会〕という静態的な状態では
なく，〔社会関係形成〕という動態的状態を，ジンメルは自らの社会学のキー
概念として置いている」（菅野 2003, 30 頁）。

　このように「社会関係形成」は，社会の「当事者」である個々人が互いに影
響を与え合いながら関係を構築していくことを意味している。ジンメルの関心
事は，社会が作られるプロセスそのものにあったのだ[14]。それがジンメルの
「社会化」ということなのであろう。さて，それでは組織の動態性を表現する
ために「組織化（organizing）」という語を使わないならば，われわれはそれ
に何という語を当てることができるだろうか。

第 4 節　相互作用主義の解釈学的特性

　前述の通り，機能主義と言えばパーソンズ流の構造 - 機能主義を指すことが多い。そこで機能は，システム維持・存続のための貢献作用（合目的的作用）として捉えられた。もう一つ，19 世紀後半から 20 世紀初頭に台頭したジンメルやジェームズらの思想も機能主義的と評され，そこで機能は全体とそれを構成する諸要素の活動として捉えられた。つまり，全体の維持・存続のための貢献作用を問うものも，全体とそれを構成する諸要素の活動を問うものも同じく機能主義と呼ばれたのである。両者は機能を役割として把握し，部分と全体との関係を問うことでは一致している。しかし，パーソンズらは「俯瞰する視点」であり，見るものと見られるものとを区別する。それに対してジンメルらは「当事者の視点」であり，見るものと見られるものという区別はない。新明正道は後者を「本源的」と冠して機能主義と称したものの，その認識論からすれば機能主義と呼ぶことを躊躇ってしまう。だから本書では，本源的機能主義の代わりに相互作用主義という言葉を用いたいのだ。

　フォレットの経営思想が相互作用主義であるのは言うまでもない。パーソンズらは客観性を維持するために価値の問題を捨象したが，ジンメルらは人間の意識と精神のレベルから社会プロセスを問うべく主観性を認めた。そしてジンメルと同じように，フォレットは，他者との関係を通じて社会化されるという人間観を確立させた。とくにフォレット思想では「状況の法則」という概念によって，状況の変化とともに成長する人間の姿が描かれている。人間は状況を作り，そして人間は状況によって再構成されるのである。

　ところで，プラグマティズムを思想的基盤とする初期アメリカ経営管理思想は，世界の多元的理解，理論と実践の不可分性，そして人間の主体的把握に特徴がある（小濱 2005, 4 頁）。そうした思想において，人間は組織や社会の中で自らを理解し，さらに新しい組織や社会を積極的に構成していくという主体的な存在と見做されている。人間は状況を理解し，状況を創造する主体なのである。そして，フォレットの「状況の法則」における当事者の主体的かつ関係

的なスタンスに、「解釈学的循環」と「先行了解」という解釈学的な特性を確認することができる。フォレットが見ていたのは、自らが投げ込まれている状況を解釈し、そして新しい状況を作り出すプラグマティックな経営者であった。

　ここで解釈の妥当性にも触れておきたい。ニーチェ（F. W. Nietzsche）らの遠近法主義（perspectivism）によれば、絵画は鑑賞する人物の位置によってその認識が制約される。人間が何かを理解する場合、必ず「～にとって」あるいは「～から」という立脚点を要する。なぜなら解釈に普遍妥当性は存在しないからだ。もし唯一の立脚点しか想定しないとなると主観主義的な独我論に陥ってしまう可能性がある（宮原 2004, 96-97 頁）。この問題は過度の相対主義の危険性を孕んでいるのだ。では、どうしたらよいのか。

　たとえば辞書をたよりに外国語の文章を読んでいるとしよう。知らない単語に遭遇したとき、われわれは、まずその文章が何をテーマとしているのか、そして、その単語が文法的にどのような位置にあるのかを推測する。そのうえで、適当と思われる訳語を選んで文章の組み立てを試みるだろう。しかし、未知の単語を含んだ文章の意味は、その文章のみならず前後のコンテクストから推測しなければならない（村田 1984, 217 頁）。このように、解釈は「全体から部分へ」と「部分から全体へ」という相互的循環によって進行するのである。

　フォレット思想は経営世界を生きる人間の姿を描写している。人間は歴史的・社会的文脈から経営世界を解釈しつつ、その世界を生きているのである。その際、解釈の主体である人間は解釈の客体である組織や社会を変容させ、それと同時に、解釈の客体である組織や社会は解釈の主体である人間を変容させる。この循環的な関係が人間を成長させ、それと同時に状況としての組織や社会を発展させるのである。

第5節　おわりに

　一般に、経営学を含めて社会科学が機能主義的であると評されるとき、機能

は合目的的作用という観点から捉えられる。合目的的作用とはシステム維持・存続のための貢献である。このタイプの機能主義は，社会システムにおける諸事象間の因果関係，また，それとの関連で「目的 - 手段」の合理性を問う。そして，機能主義は客観性を維持するために，検証不可能なものは一切認めないという立場を堅持した。サイモン（H. A. Simon）は，「倫理的命題の正しさを経験的あるいは合理的にテストし得る方法は存在しない」（Simon 1945, 1997, p.56, 翻訳書 84 頁）という同じ理由で組織における価値の問題を捨てた[15]。このことは論理実証主義の特徴でもある。

　テイラーの科学的管理の時代から 100 余年を経た現在に至るまで，経営学は合理性追求をメインテーマとしてきた。それゆえ経営学は機能主義的であった。その歴史の中でも，唯一最善の方法は存在しないという認識のもとで，より機能的な組織構造の探求を試みたコンティンジェンシー理論はその色彩が強い。「もし組織が所与の環境に適合すれば，その組織は高い成果をあげる」という if-then の論理は，既存の理論から仮説を立てて検証するという論理実証主義に依拠している。

　しかし経営学史を振り返ると，機能主義者のラベルを貼られはしたものの，その枠に収まりづらい思想家がいた。フォレットであった。フォレット思想に見られるように，19 世紀後半から 20 世紀初頭にかけて台頭した機能の概念は，バーレル＆モーガンによる機能主義の性質に合致するものではなかった。パーソンズに代表される機能主義は，全体の維持・存続のための貢献作用に目を向けるが，フォレットらの機能は，全体とそれを構成する諸要素の活動に目を向ける。本章では，これを相互作用主義と称した。バーナードをして「組織の動態的要素に優れた洞察力を持っている」と言わしめたフォレットの機能概念はプロセスであることに特徴がある。

　以上，本章で考察した二つの機能概念は異なるものであった。そしてジンメルらと親和的なフォレットの機能概念は，同時代のプラグマティズムに馴染むものでもあった。なぜならフォレット思想では，自らが投げ込まれている状況を解釈し，そして新しい状況を作り出すプラグマティックな経営者が捉えられているからである。繰り返しになるが，フォレットは解釈主義アプローチの論者ではない。フォレットが問うのは当事者である。解釈主体は観察者としての

研究者ではなく，行為主体でもある経営者であり，解釈対象は経営者自らが生きる経営なのだ。その状況を如何に理解すべきか。そして未来の状況を如何に創出すべきか。現状の理解と未来の創出に関わる解釈学は，経営者に経営実践の反省を促し，そして新たな経営実践へと向かわせる。こうした「当事者の視点」が解釈学的経営思想の鍵を握っているのである。

　冒頭の「経営を生きる」ためには，ジンメル的に言えば「生」が問われ，フォレット的に言えば「経験」が問われる。では行為する人間が作る経営世界とは何か。これを検討するために，次章ではコミュニタリアニズムという政治哲学に注目してみたい。コミュニタリアンらは，歴史的・社会的な文脈に影響されながらも自由に生きる「当事者」である人間の姿を捉えた。フォレットも同じである。両者は，自己と他者との社会関係を問うているのである。そこで二つの思想の関連を検討したい。

注
1）経営哲学学会第21回全国大会（2004，青森公立大学）の統一論題は，「経営を生きる──経営者の役割を問う──」であった。大会実行委員長を務めた吉原正彦は，「大会開催校からの挨拶」（『経営哲学学会会報』No.34，2004年5月）で次のように述べている。「今日，事業活動の大規模化や複雑化により，組織の官僚制化が進むとともに，経営の主体は〔組織〕となり，経営者はその〔一機能〕として組織に埋没しかねない存在になっています。他方で，低迷している企業に外部から経営者が入り込み，その強力なリーダーシップの下に業績を奇跡的に回復し，新たな事業展開を実現している事例も珍しくありません。こうした状況に直面し，種々の組織が展開する事業における〔経営を生きること〕の意味が問われ，改めて〔経営者の役割は何か〕という古くて新しい問題が提示されています。事業経営の論理は組織の論理であるのか，それとも経営者の論理であるのか。経営者とは何なのか。経営者が組織を動かしているのか，それとも組織が経営者を動かしているのか，経営を貫いている哲学は何か，など，その問題は深く，また広い射程を持っていると考えられます」。こうして統一論題「経営を生きる──経営者の役割を問う──」が掲げられ，企業，行政，大学，NPOなどに所属する経営者（リーダー）の哲学が考察の対象となった。
2）フォレットの「状況の法則」について，コンティンジェンシー理論の先駆けであるという見解もある。「組織のコンティンジェンシー理論は，Lawrence and Lorsch（1967）が名づけたものであるが，その根本的発想は以前からあったものである。それは，状況が異なればそれに応じなければならないという〔状況の法則〕（Follett 1942）をはじめ，Burns and Stalker（1961）による安定した環境では〔機械的システム〕，不安定な環境では〔有機的システム〕が適合するという研究である。さらに，J. Woodward（1965）による〔異なる技術には異なる組織形態が必要〕という技術と組織構造の研究，また組織と規模に関するアストン研究などいろいろと展開された。それらに共通するのは，環境状況ないしコンテクスト状況が変化すれば，それに応じて組織も変わらなければ，組織の有効性を保つことができないということである」（大月ほか 1999，8頁）。ここではフォレットの「状況の法則」が機能主義的に捉えられている。なお，大月ほか（1999）の「参考文献」（247-265頁）によれば，ここで取り上げられている各論者の文献は次の通りである。そのまま記載し

ておきたい。Lawrence, P. R., & Lorsch, J. W. (1967), *Organization and Environment: Managing Differentiation and Integration*, Boston: Harvard Business School, Division of Reserch. (吉田博訳『組織の条件適応理論』産業能率短期大学出版部, 1977 年)。Follett, M. P. (1942), *Dynamic Administration-The Collected Papers of Mary Porker Follett*. Edited by H. C. Metcalf & L. Urwick, New York: Harper & Row. (米田清貴・三戸公訳『組織行動の原理——動態的管理——』未来社, 1972 年)。Burns, T., & Stalker, G. M. (1961), *The Management of Innovation*, London: Tavistock, Woodward, J. (1965), *Industrial Organization: Theory and Practice*, London: Oxford University Press. (矢島鈞次・中村寿雄訳『新しい企業組織』日本能率協会, 1971 年)。

3) 機能主義の系譜は, 新ほか (1979, 144-145 頁) を参考にした。

4) パーソンズの関心事はシステムの機能分析にあった。その特徴は, (1) 全体としてのシステムを分析の単位として強調すること, (2) システム全体の維持のためには, 特定の機能を要件として設定すること, (3) 全体システムの中で, さまざまな構造が機能的に相互依存していることを証明しようとすること, である。ここでの機能分析の記述は, 新・中野 (1984, 22 頁) を参考にした。

5) パーソンズの AGIL 図式は機能主義アプローチの研究で標準的に用いられるようになった。坂下昭宣が指摘するように, シャイン (E. H. Schein) の組織文化研究にも AGIL 図式を確認することができる。ここで引用しておこう。「組織文化の機能は, (1) 外部適応の機能, (2) 内部統合の機能, (3) 組織成員の不安を低減する機能, の三つだと言っている。ここで (1) の外部適応の機能とは, パーソンズの AGIL 図式で言えば適応 (A) である。また (2) の内部統合の機能とは, 同図式で言えば統合 (I) である。さらに (3) の不安低減機能とは, 同図式で言えば潜在的パターンの維持および緊張の処理 (L) である」(坂下 2002, 106 頁)。

6) 新明正道によれば, 本源的機能主義に属するのは, 哲学ではプラグマティズムの思想家をはじめ, ベルグソン, ドリーシュ (H. A. D. Driesch), マルクス, 心理学では心を「意識の流れ」と見たジェームズ, 経済学では制度主義を採用したヴェブレン (T. B. Veblen), 人類学では文化の起源, 段階, 発展法則よりもその機能の認知を重視したマリノフスキー, 法学では法律の原理を機能的な経済的または社会的状況に適応させようとしたパウンド等である (新明 1967, 15 頁)。ただし, マリノフスキーの諸要素の相互関係が文化を形成するという観点は本源的機能主義的だが, 文化を形成する諸要素間の機能分析という方法はパーソンズの構造 - 機能主義の成立に大きな影響を与えた。

7) 本源的機能主義の傾向は,「固定的な実在概念を否定し一切の事象を流動的過程的なものとして把握しようとした, 当時世界を風靡しつつあった一般的思想としての機能主義の一環として生まれてきたものであって, その特徴は, 19 世紀の初頭以来支配的であった社会有機体論の実在的な社会概念を破壊して, 社会の実質を人間の創意的な活動の過程の中に求めようとしたところにあり, この立場では固定的な実在としての構造よりも, 活動としての機能が重視されたところから, おのずから社会を考察するに当たっても, 構造的分析よりも機能的分析が重視せられ, これこそ社会学にとって第一義的に重要な意義を持つものと主張されるに至ったものである」(新明 1967, 88-89 頁)。新明正道によれば, この傾向は社会有機体論に確認できるが, その性質はスペンサーのように構造に優位を認めていたものよりも, むしろ機能として生活に優位を与えていた思想に色濃く表れる。

8) ミードの社会的自己の概念は船津衛を参考にした。「野球などの〔ゲーム〕遊びにおいて子供はゲームに参加するすべての人間の期待を考慮に入れなければならず, そこから参加者全員に共通した〔一般化された他者〕の期待を作り上げる必要がある。〔一般化された他者〕の期待を持つことによってゲームをうまく楽しむことができ, その過程において子供は十分な自我を発達しうるようになる。大人の自我形成においては, この〔一般化された他者〕の期待は広く拡大されて, コミュニティ全体の態度を表すものとされる。コミュニティは地域社会のみならず, 国民社会, そして国

際社会まで含められ，さらにまた，現時点のみならず，過去や未来にも広げられる。このように空間的，時間的に拡大された〔一般化された他者〕の期待との関わりにおいて自我の社会性が拡大され，自我は大きく展開することになる」（船津 2000, 5-6 頁）。

9）解釈主義アプローチには次のような共通点がある。「社会の事実が，個人を超えて彼の手が届かない非情な性質をもって動いていることはまぎれもない〔社会学の基本命題〕であるが，それを，あたかも個人の外側にある客観的な事実としてアプローチするというやり方に対して，現象学の影響を受けた人たちは，純粋意識に立ち返って事物を内側から見つめることの重要性を説いた。日常の生活でも，人は自己や他者，集団や制度，文化や事物を自分なりに意味づけ，その意味づけの仕方に応じて異なった多元的世界に生きている。この立場は社会を人間の内側から捉えることで，社会学の認識成果から鋳型にはまった偏見部分を取り除こうとする。その点では，言語や規範など文化の民族性に立脚して相互行為状況を明らかにする〔エスノメソドロジー〕と〔現象学的社会学〕の発想は共通点を持っている」（新・中野 1984, 158 頁）。

　　こうした解釈主義アプローチに批判的な今田高俊は次のように述べる。「シンボリック相互作用論，現象学的社会学，エスノメソドロジーに共通する特徴は，現実世界の意味構成を行為論の観点から主題化したことだった。これらのミニ・パラダイムの意義は，月並みに言えば，従来の行為論に欠落していた日常性と常識を再発見したことにある。ただし，このために大きな犠牲を払ったことも事実である。これまた月並みな批判だが，主観主義の誤謬と制度的視点の欠落に陥っている」（今田 1986, 219 頁）。では「一体なぜこれらの欠点に陥ってしまうのか。その最大の原因は意味ばかりを追い求める行為者像にある，と私は思う。社会システムが意味によって他の物理的・生物的システムと境界を画すことは事実である。しかしこれは必要条件であっても，決して充分条件ではない。意味がひとり歩きすれば，そこから帰結するのは社会システムの形而上学でしかない。これは，社会があたかも意味や言語や記号からなるかのように扱い，観念世界の操作で現実社会が変わるかのような錯覚をもたらす。けれども，実際にはそんなことは起こりえないから，現実から逃避して記号や意味世界で戯れるようになる。そこにあるのは意味的に首尾一貫した現実しか本当の現実として認めず，葛藤にみちた現実を拒否することでしか自己の存在確認ができない行為者像である。意味ばかりを探し求める行為者は，苦痛で葛藤にみちた現実から逃避して自閉症の世界に閉じこもる」（今田 1986, 220 頁）と手厳しい。では，どうすればよいか。「問題は，こうした行為者をどのようにして制度変更の担い手に作り変えるかだ」と述べる今田高俊は，主観主義にも構造決定論にも陥らないですむ取っ掛かりを「規則（ルール）」に求めるのである（今田 1986, 221 頁）。

10）ウェーバーの理解社会学によれば，「人間中心的に，人間の行為を最小の単位として現実世界の解釈を始める場合，外的な法則的必然にではなく，とくに人間の内面における主観的意味の世界に注目しなければならない。そこでウェーバーは〔理解〕の方法を社会学の経験的な手続きとして重視した。〔理解（Verstehen）〕とは，各種の行為の中に現れ，また思われた主観的意味を把握することによって，人間行動が動機づけられていく過程を考察する一連の作業である。〔主観的意味〕は，しばしば〔主観的動機〕と互換的に用いられることがあるが，ともにある行為の行為者と観察者にとって意味のある根拠として現れるものである」（新ほか 1979, 56 頁）。これに関して村田晴夫は次のように述べる。「ウェーバーにあっては，社会科学の出発点は〔主観的な意味〕に基づけられた〔社会的行為〕に求められる。すなわち，個人の自由意思が尊重されているのである。これはいわゆる〔主意主義〕と呼ばれるものをもたらすとともに，またいわゆる〔方法論的個人主義〕と呼ばれるものをもたらす。方法論的個人主義は，単純化して言えば，近代科学の機械論の思想的源流である原子論の社会科学的表現である」（村田 1984, 38 頁）。社会的事象を個人の行為に還元して分析する場合には，外的な因果関係の説明ではなく，行為者の意味や動機が問われなければならない。ここで「〔行為〕とは，行為者または複数の行為者によって主観的な意味を与えられた場合の人間関係（それが外面に現われた振舞や内面での動きであっても，不作為またはそれをあえて

黙認するものであっても問題なく）を指すというのが適切である。また〔社会的〕とは，行為者または複数の行為者が自らの主観的に思われた意味にしたがって，しかも彼または彼らが，他者の行為により一定の方向づけを与えられて行為するという特質を指している」（新ほか 1979, 54 頁）。

11）これと似た言葉に「二重の解釈学」がある。坂下昭宣によれば，「シュッツ的な〔二重の意味構成の学〕をさらに推し進めたのがギデンズ（A. Giddens）である。ギデンズの〔二重の解釈学（double hermeneutics）〕という概念は，シュッツ的な〔行為者の一次的構成物の，研究者による二次的再構成〕を，行為者の側がさらに再構成し，さらにそれを研究者の側が再々構成していくという無限の解釈過程の学」（坂下 2002, 211-212 頁）である。

12）ホーソン実験に注目するのは経営学者のみではないらしい。佐藤郁哉によれば，アメリカの人類学者のヘレン・シュワルツマンは，1993 年に刊行された『組織におけるエスノグラフィー（Ethnography in Organizations）』で「ホーソン研究は産業心理学と産業社会学者にとっての起源神話の１つである。（中略）米国企業を対象としておこなわれたこの研究においては，人類学者は重要な役割――特に人類学的方法と理論に関して――を果たしたのだが，その事実が人類学の分野の内部で再発見されたのは，他の領域の場合と同様，ようやく最近になってからのことであった」（金井ほか 2010, 59 頁）と述べている。ここで「シュワルツマンが〔ホーソン研究〕と呼んでいるのは，言うまでもなく，エルトン・メイヨーをはじめとする，ハーバード大学ビジネススクール関係者によって，イリノイ州のホーソン工場を舞台にしておこなわれた一連の研究のことにほかならない。それら一連の実験や調査研究の結果は，メイヨーの著作やフリッツ・レスリスバーガーとウィリアム・ディクソンの『経営と労働者（Management and the Worker）』（1939 年）などによって広く知られるところとなった。また，ホーソン研究は，1940 年代から 1960 年代にかけて組織研究や経営研究において一大潮流を形成していた〔人間関係論〕の端緒となったとされている」（金井ほか 2010, 59-60 頁）。こうしたホーソン実験を組織エスノグラフィーの最初の試みとして積極的に再評価しようとする動きがあるようだ。詳しくは，金井ほか（2010）所収の佐藤郁哉「組織エスノグラフィーの起源――ホーソン実験から組織エスノグラフィー再評価の動向まで――」を参照されたい。

13）バンク配線作業観察室では「14 人の作業員が研究対象となり，普段彼らがどのような行動をしているのかが観察された。そこで多くの関係や活動のパターンが見出される。それらを見てみると，この 14 人の公的な職場集団の中に二つの非公式集団があることが分かった。もちろん全員がまとまって集団を形成しているわけではない。集団になじめない人もいる。ところでこの集団は，上司に対応する行動のあり方や生産性に影響を与えていた。そこに一種の規範が存在し，それらが彼らの行動の掟のように作用していたのである。例えば，⑴仕事に精を出しすぎてはいけない，そうすれば〔がっつき〕だと非難される。⑵仕事を怠けてはいけない，そうすれば〔さぼりや〕だと非難される。⑶仲間に迷惑になるようなことを上司にしゃべってはいけない，そうすれば〔告げ口野郎〕と非難される。このようにして彼らは，概ね皆が同じような生産量を示すことになる。しかし，当然生産高には差が生まれる。最初の段階で研究者は，優秀な人の生産量が多いと思っていた。ところが全くの逆で，知的能力や器用度が低く集団にとけ込んでもいない人が生産高は高かった。逆に知的能力も器用度も高いある人は，本を読むのが好きで仕事に関心が持てず，生産高は低い状態にあった。集団のリーダー格の人はちょうど中間程度の生産高であった」（杉山 2013, 145-146 頁）。バンク配線作業観察室は「職場状況」の調査であった。その方法として採用されたのがエスノグラフィーであり，それを杉山三七男は「人類学の職場集団への応用」と指摘したのである。

14）社会を作るのは「当事者」である。菅野仁は次のように言う。「ジンメルの〔相互作用論的社会観〕の特徴は，社会を〔すでにそのようであるもの〕という既成的・実態的なものとして捉えるのではなく，〔いま・ここでそうなっていること〕という出来事のプロセスにおいて捉えるというこ

とにあると言える。つまり，社会の〔構造〕〔体系〕〔制度〕といった既に出来上がった状態の分析
に力点を置くのではなく，日々私たちがコミュニケーションする中で生じる出来事の〔過程〕との
関連において，人間の行為と精神の在り方に着目する」（菅野 2003, 36 頁）ところにある。ジンメ
ルの社会学は，ごく普通の生活者が自分の日常生活と社会の在り方をつなげて考えるための基本的
な「知的道具」になり得るという。菅野仁のこうしたジンメル論は，フォレットの『新しい国家』
の解説を聞いているようである。

15) 事実的命題と倫理的命題に関するサイモンのスタンスは次の文に示されている。「ある命題を正
しいかどうかを決めるには，それは直接に経験——事実——と比較されなければならない。あるい
は，それは経験と比較することのできる他の命題に，論理的な推論によって導かれなければならな
い。しかし，どんな推論の過程によっても，事実的命題を倫理的命題から引き出すことはできない
し，また，倫理的命題を直接事実と比較することはできない——なぜなら，倫理的命題は事実より
もむしろ〔当為〕を主張するからである。それゆえ，倫理的命題の正しさを経験的あるいは合理的
にテストし得る方法は存在しない」(Simon 1945, 1997, p.56, 翻訳書 84 頁)。

第7章
フォレット経営思想とコミュニタリアニズム

第1節　はじめに

　1971年，アメリカで一冊の政治哲学の書物が上梓された。ロールズ（J. Rawls）の『正義論（*A Theory of Justice*）』である。これに異を唱えたサンデル（M. J. Sandel）らの陣営はコミュニタリアニズムと呼ばれ，1980年代以降，英米圏を中心として「リベラル＝コミュニタリアン論争」が盛り上がりを見せた[1]。ロールズらリベラルは，自律的な人間を仮定して普遍的な「正（right）」の基準を提示するのに対し，サンデルらコミュニタリアンは，社会的な人間を仮定してコミュニティで共有される「善（good）」を重視する。

　20世紀半ばにコミュニタリアニズムが台頭したその背景には，家庭や地域社会の崩壊および公共精神の弱体化が進んだことへの危機意識があった。それらの原因は行き過ぎた個人主義にあるが，普遍的な「正」の基準で推し進められた福祉政策も見逃せない。こうした政策の推進が，その意図せざる結果として，社会に受動的で無関心な人々を増加させてしまったのだ（今田 2010, 4頁）。

　また，20世紀初頭にも深刻な社会問題があった。19世紀末から吹き荒れた第二次産業革命の嵐はアメリカを工業社会へと変貌させた。ヨーロッパからの移民たちは新天地を求めて大都市に流入したものの，未熟練労働者ゆえに低賃金労働を余儀なくされた。そして，低所得者たちが形成したスラム街で犯罪が横行するようになると，そこに住まう人々は，社会から切り離されていると感じるようになっていった。こうして彼らの公共心は薄れゆき，コミュニティは崩壊の一途を辿った。

　そこに民主主義の理念で解決を図る革新主義の動きが現れた。社会福祉の分

野ではセツルメント活動がその一翼を担い，貧困等の問題に取り組んだ。しかしながら，全米に広がったセツルメント活動は慈善的色彩が強く，与えられた民主主義という印象を拭えない。そこでフォレットは，自治的運営を基本とするソーシャル・センター活動を通して，人々に民主主義社会を生きる意味と方法を考えさせようとしたのだった。革新主義の下で大規模な制度改革が推し進められ，「民主主義の実験室」と称されたウィスコンシン州に対し，「日常的行為の中での民主主義」を実践するソーシャル・センター活動は，マサチューセッツ州ボストン版の「民主主義の実験室」のようであった（三井 2009，32-34 頁）。そうしたソーシャル・センターにフォレットは所属していたのである。

　行き過ぎた個人主義を改めてコミュニティの再生を図るべく，メンバーが互いに熟議して真理を追究しようというコミュニタリアンの考えは，フォレットの思想と実に親和的である。それならば，20 世紀初頭のアメリカを生きて民主主義を実践したフォレットはコミュニタリアンと言えるのか。一口にコミュニタリアンと言っても論者によって異なるが，本章では，彼らに共通する基本概念に注目してフォレットとの思想的関連を吟味してみたい[2]。

第 2 節　コミュニタリアニズムの自己概念とフォレット

　1950 年代から 60 年代にかけて倫理学は転換期にあった。伝統的な倫理学の基本概念である「正」，「善」，「徳（virtue）」について，その本質の究明から，その言葉の持つ意味，あるいはその使われ方へと研究がシフトしたのである。つまりは倫理学の言語哲学化である。かかる分析倫理学に不満を持っていたロールズは，規範倫理学がそうであったように基本概念の柱である「正義」を再び議論し，それを現実の社会問題の解決に適用すべきと主張したのだ。ただし，それはドイツ観念論哲学のように形而上学的であったり，「最大多数の最大幸福」のように功利主義的であったりしてはならない。そこでロールズは，「正義」を「公正（fairness）」として捉え直し，ルールを守るというフェア（fair）について議論すべきとした。これがロールズの『正義論』である（仲

正 2008, 84-85 頁）。

　こうしてロールズは社会契約論の仮定から，誰もが納得して合意できる普遍的な正義の二原理，すなわち，「平等な自由原理（principle of efficiency）」と「格差原理（principle of difference）」を導き出すのである[3]。まず「各人は，平等な基本的諸自由の最も広範な（＝手広い生活領域をカバーでき，種類も豊富な）制度枠組みに対する対等な権利を保持すべきである。ただし最も広範な枠組みと言っても（無制限なものではなく）他の人々の諸自由の同様（に広範）な制度枠組みと両立可能なものでなければならない」（Rawls, 1971, 1999, p.53, 翻訳書 84 頁）という「第一原理」では，社会的効用や全体の幸福よりも個人の権利が優先される。次に「社会的・経済的不平等は，次の二条件を充たすように編成されなければならない。(a) そうした不平等が各人の相対的利益になると無理なく予期し得ること，かつ (b) 全員に開かれている地位や職務に付帯する（ものだけに不平等を止めるべき）こと」（Rawls, 1971, 1999, p.53, 翻訳書 84 頁）という「第二原理」では，所得と富の分配を認めるものの，それらは社会で最も不遇な立場にある人々の利益になるような形でしか許されない。

　しかしながら，「社会で最も不遇な立場にある人々」の基準について社会的合意を形成するのは難しい。そこで必要となるのが「無知のヴェール（veil of ignorance）」である。誰もが薄布を纏ってしまえば，社会の中で自分が他者と比べて相対的に有利な立場にあるのか，それとも不利な立場にあるのかについての情報を遮断することができる。つまり「無知のヴェール」は，誰もが平等に思考し得る原初状態を作り出すための装置である。これを用意すれば，すべての人々が公正かつ平等な正義の基準を得ることができるとロールズは主張するのである。

　ところで，この「無知のヴェール」はカントの定言命法に依拠している。カントは『人倫の形而上学の基礎づけ（*Grundlegung zur Metaphysik der Sitten*）』において，完全に自律的で超越的な主体を想定することで，自由や権利の普遍性かつ絶対性を導き出そうとした。こうした定言命法は実に厳格であり，欲求や期待のような自己中心性に関わる仮言命法とは区別される。カントの定立，すなわち，「汝の意志の格律が，常に同時に普遍的立法の原理として妥当する

ように行為せよ」(『実践理性批判 (*Kritik der praktischen Vernunft*)』) によれば, 人間には確固として存在する善悪の基準に則った行為が求められるのだ。

　だが, こうした「無知のヴェール」がコミュニタリアンらの標的となったのである (Sandel 1998, p.24, 翻訳書 28 頁)。他者や社会との関わりを度外視して, 自己完結的なアイデンティティを唱えるロールズらの自己概念を, サンデルは「負荷なき自己 (unencumbered self)」(Sandel 1998, p.182, 翻訳書 209 頁;2009, p.220, 翻訳書 285-286 頁) と批判したのだ。サンデルによれば, 人間はコミュニティの歴史的・文化的な文脈の中に埋め込まれた存在である。それゆえ, 他者とのつながりの中で生きる人間には,「状況づけられた自己 (situated self/subject)」(Sandel 1998, pp.21-22, 翻訳書 23-24 頁) という概念が適当であるという。人間は社会から離れて生きられない。この現実をリベラルは無視していると批判の声を上げるのである。

　サンデルの師 C. テイラー (C. Taylor) もまた, 社会的文脈から乖離した自己概念を批判し, 他者との関係の中で行為する社会的存在としての人間を捉えた (木下 2013, 188-189 頁)。ここで特徴的なのは比類なき高次の基準――「善」――である。社会を生きる人間は, これを基に自己の振る舞いを評価する。そして, その基準さえも評価の対象として新たな「善」を設定し直す。つまり「状況づけられた自己」としての人間は, 自らが生きる社会的文脈に応じて道徳的な感覚の意味づけを行うのである (中野 2007, 33-34 頁)。

　ちなみに C. テイラーは自然主義による統一科学化を批判し, 人文・社会科学の分野において解釈学的な「哲学的人間学 (philosophical anthropology)」を提唱した人物としても知られている。「状況づけられた自己」は自然主義の分析対象に馴染まない。そもそも人間は社会的存在ゆえ, それ以上の要素に分解するなど不可能なのだ。塩野谷祐一は, 解釈学の系譜を踏まえた C. テイラーの「自己解釈的動物」という人間観について, ハイデガー (M. Heudegger) の人間存在との類似性を指摘している (塩野谷 2009, 304 頁)。人間は自らの存在と行為を申し開きながら生きている。塩野谷祐一は, C. テイラーの「自己解釈的動物」という人間観に実存主義的な「現存在 (Dasein)」を感じたのだろう。

　そして，フォレットの次のような言説も「状況づけられた自己」を感じさせる。「自由の本質は，他者と関係を持たない状態ではなく，人々との関係を充実させることにある。われわれは他者と交わることによって自分の自由を減じることはない。なぜなら，われわれは意思の交織を通して自由を発見し，生活のために必要な能力を拡大しているからである」（Follett 1918, 1998, p.69, 翻訳書 67 頁）。フォレットは社会契約論に批判的だった。それは『新しい国家』の第 15 章「契約論からコミュニティ論へ」という章題が示している。また同じことが法概念にも表れる。「法律はわれわれの生活とともにある」と考えるフォレットは，パウンドのプラグマティズム法学を援用しつつ，「われわれの法律は社会的および経済的諸状況を考慮しなければならない」（Follett 1918, 1998, p.131, 翻訳書 126 頁）として，法そのものを社会プロセスとして捉えることの重要性を指摘するのである。

　パウンドと親交のあったフォレットは，状況依存的かつ状況創造的な人間を社会的自己と捉えた。ここから導かれるフォレットの「自由」は，「個人意思（individual will）」と「全体意思（whole will）」との統合であり，それは「自己である私（self-I）」から「集団である私（group-I）」へと発展することにある（Follett 1918, 1998, p.70, 翻訳書 68 頁）。こうした自己と他者との関係は，コミュニタリアニズムの「状況づけられた自己」と合い通じる。フォレットとコミュニタリアンらの自己概念，またそれに付随する「自由」や「正義」の概念は，社会的な関係から捉えられているのである。

第 3 節　コミュニタリアニズムの価値概念とフォレット

　リベラルの政治学を「正義（＝権利）の政治学（politics of rights）」と呼び，コミュニタリアンの政治学を「共通善の政治学（politics of the common good）」と呼ぶサンデルは，ロールズらリベラルが主張する「善」に対する「正」の優位性を批判する（Sandel 1998, pp.185-188, 翻訳書 213-216 頁）。人々の「善」の喪失が結果的に「正」を必要とする状況を招くとしても，コミュニティにおける連帯や相互扶助の精神を促す「共通善（common good）」が必要

だというのだ。アリストテレスから影響を受けたサンデルは，コミュニティを生きる「負荷ある自己」という人間観のもと，個人の自由や権利よりも「共通善」を追求していく社会プロセスにこそ注目すべきと考えたのである。

　ここで，コミュニタリアンの「共通善」とフォレットとの関係を求めてグリーンに注目したい。グリーンは，コミュニティのメンバーによる「善」の相互関連が義務としての「共通善」を形成し，それがコミュニティのメンバーに道徳的人格を形成させ得るとした。これがグリーン流の自己実現である。ただし，ここでの自己実現はマズロー（A. H. Maslow）のそれとは異なる。なぜならグリーンの場合，単に個人的な欲求達成が問題ではないからだ。あくまでも自己と他者との間での「善」に対する配慮を含んでいる。つまり，人々の間での互恵的な関係が成立していなければならないのである。それゆえに「共通善」という全体的な倫理観が導かれるのだ。塩野谷祐一によれば，このことは「個々人が他人を自分のことのように配慮するような共同体において，人々が共通して自己の完成を追求するという方向性を意味する。その結果，一方で自己実現は共同体における共同善という共通の目標を構成し，他方で自己実現は共同善という相互依存の枠組みの中で促進される。これはヘーゲルの思想を反映したものである」（塩野谷 2006, 81 頁）。

　かかるグリーンの他，フォレットは『新しい国家』の中でイギリス理想主義の福祉国家論者であるボザンケの名前も挙げている（Follett 1918, 1998, p.172, 翻訳書 166-167 頁）。そしてボザンケ自身も，フォレットの『新しい国家』は自分の国家論に依拠していると述べている[4]。今日，ボザンケとコミュニタリアニズムとの関連を問う研究は多い。人間は他者との関わり合い，地域社会における交流や連帯，社会制度や国家からの示唆，そして市民による「善」をめぐる熟議を通して成長する（芝田 2013a, 334 頁）。こうしたことが共通点として指摘されている。ボザンケは，コミュニティにおける人間の道徳的・理性的な成長に期待を寄せていたのである。

　アリストテレスの倫理学から影響を受けたグリーンとボザンケは，現代のコミュニタリアンらと同じように「共通善」を重視した（菊池 2011, 15-16 頁）。ルソーの社会契約論をもとに個人の権利を主張するリベラルとは異なり，彼らは他者とともに生きる道徳的存在としての人間の在り様を主張したのだ。そし

てフォレットは契約論的な政治理論に代替するものとして，ヘーゲル思想を受け継いだグリーンとボザンケの多元的国家論を高く評価したのである（Follett 1918, 1998, p.267, 翻訳書 258-259 頁）。

　ではフォレットが考えるコミュニティとは何か。それは，立ち並ぶ家々や幾筋にも走る街路が作り出す空間ではない。フォレットは，そこに住まう人々が意識と経験を交織して相互浸透を図る場をコミュニティと捉えていたのである[5]。近隣の住人によって開催される定期的会合で熟議がなされるならば，住民の間にコミュニティの意識が醸成され責任感が芽生える。ともに学び，ともに経験することで，人々はコミュニティの責任を自覚するようになるというのだ（Follett 1918, 1998, pp.204-215, 翻訳書 197-208 頁）。

　こうしてフォレットはコミュニティを自己表現の場であると考えた。コミュニティにおける自己と他者との相互浸透のプロセスでは，類似性や画一性よりも相違性が尊重される。多様な人々がコミュニティに住まい，一緒にコミュニティの問題に向き合う。そうした中で形成・共有される価値を，フォレットは「集合的意思」ないし「集合的観念」と称したのである（Follett 1918, 1998, p.33, 翻訳書 30 頁）。コミュニティで生まれた価値は，リベラルが主張する普遍的な「正」と異なるものであることは言うまでもない。

　ところで，コミュニタリアンのエチオーニ（A. Etzioni）は，『新しい黄金律（*The New Golden Rule*）[6]』の中で「道徳の声（moral voice）」による統制を重視し，自律と秩序のバランスがコミュニティを「善き社会（good society）」に導くと述べている[7]。続く『ネクスト——善き社会への道（*Next*）[8]』では，「コミュニティは社会的・道徳的な欲求に焦点を当て，それゆえに〔我-汝〕関係を重視する。したがって，善き社会へと移行するためには〔政府・市場・コミュニティという〕三つの部門がともに機能し，相互に抑制し合うこと」（Etzioni 2001, p.3, 翻訳書 24 頁）が必要であり，とくに医療や教育など「ケア（care）」が要求される分野では地域コミュニティの支え合いが大切だと指摘している[9]。

　ここで問われるのが他者性である。今田高俊は，自己性と他者性とが適切に統合された場がケアの世界だと述べている（今田 2010, 10-11 頁）。人間は他者との関わりから自己の存在を確認する。そうした応答によって人間世界は成

立するというのである。ケアは共生社会の基礎であり，それを支える基本的洞察は未完成・未完結な存在という人間理解にある（村田 2002, 92 頁）。ケアの世界において自己は他者を必要とするのである。

　また，R. パットナム（R. D. Putnam）は『孤独なボウリング（*Bowling Alone*）[10]』において，コミュニティにおける人々の互酬性と信頼性が高ければ高いほど，犯罪率や死亡率が低くなり，また学力や健康意識が高くなることを実証している[11]。こうした「社会関係資本（social capital）」を唱える R. パットナムによると，コミュニティは民主主義社会を構築する必要条件と考えられている。その意味で，エチオーニや R. パットナムのようなコミュニタリアニズムの社会学者の主張は，前述したパーソンズの構造 - 機能主義における機能要件としての性格を有していると言えるだろう。

　さて，コミュニタリアンの主張する「共通善」に対してリベラルから反論——相対主義と多数決主義に陥る可能性——が提出されている。コミュニタリアンは「正」よりも「善」が優先されるべきと主張するが，そもそも「善」は人によって相対的であり必ずしも一致するとは限らない。仮に共有されたとしても，それは多数決によって強制される「善」となる危険性を孕んでいる。コミュニタリアンは，この問題にどう答えるのか。

第4節　コミュニタリアニズムの解釈学的物語性とフォレット

　多数決による「共通善」への服従を強いるのがコミュニタリアニズムであるならば，サンデルは自分がコミュニタリアンではないと断言する。そして，「状況づけられながらも自由に生きる」（Sandel 2009, p.221, 翻訳書 286 頁）ための方法を次のように述べる。「人生を生きるのは，ある程度のまとまりと首尾一貫性を指向する探求の物語を演じることだ。分かれ道に差しかかれば，どちらの道が自分の人生全体と自分の関心事にとって意味があるか見極めようとする。道徳的熟考とは，自らの意志を実現することではなく，自らの人生の物語を解釈することだ」(Sandel 2009, pp.221-222, 翻訳書 286-287 頁)。こうして，サンデルはマッキンタイア（A. MacIntyre）を引き，「物語的存在（storytelling beings)」(Sandel 2009, pp.221-223, 翻訳書 286-289 頁) という解釈学的なコミュニティ論に注目するのである。

　マッキンタイアによれば，「演じられた物語 (enacted narratives)」から，自己と他者は人生を理解する (MacIntyre 1981, 2007, p.211, 翻訳書 259 頁)。会話が他者との共同制作であるように，人生という物語も他者との相互行為を通して作られる。この場合，「自己性 (selfhood)」には二つの側面がある。一つは，「〔私〕とは，私の誕生から死に至るまでを貫く一つの物語を生き抜く過程で，他者によってそうであると正当に見なされているところの者である。つまり〔私〕は私自身であり他の誰でもない，それ自身の特殊な意味を持つ一つの歴史の主体 (subject)」(MacIntyre 1981, 2007, p.217, 翻訳書 266 頁) という側面である。ここでは，アイデンティティを積極的に構成する「物語の主体」としての「私」が主張されている。もう一つは，「私は単に申し開きのできる者というだけではなく，他者にも申し開きを求め得る者，他者にその問いかけをする者でもある。彼らが私の物語の一部を占めているように，私は彼らの物語の一部を占めている」(MacIntyre 1981, 2007, p.218, 翻訳書 267 頁) という側面である。ここでは，他者との相互作用によって物語を作り合う「私」と「あなた」が存在する。

　そしてマッキンタイアは次のように述べる。「私は誰かの息子か娘であり，別の誰かの従兄弟か叔父である。私は，この，あるいはあの都市の市民であり，特定のギルド，職業集団の一員である。私はこの一族，あの部族，この民族に属している。したがって，私にとって善いことは，これらの役割を生きている者にとっての善であるはずだ。そういう者として，私は，私の家族，私の都市，私の部族，私の民族の過去から，負債と遺産，正当な期待と責務をいろいろ相続しているのである」(MacIntyre 1981, 2007, p.220, 翻訳書 270 頁) と。

　このように，「私の人生の物語は，私のアイデンティティの源であるコミュニティの物語の中に埋め込まれている」(MacIntyre 1981, 2007, p.221, 翻訳書 271 頁) のであり，「自己はその道徳的アイデンティティを，家族，近隣，都市，部族などのコミュニティの一員であることを通して見出す」(MacIntyre 1981, 2007, p.221, 翻訳書 271 頁) とマッキンタイアは言う。つまり「私」にとっての「善き生 (good life)」は，「私」が生きるコミュニティにとっての

「善き生」でもある。人間にとってコミュニティは生きる場であり，そこで共有される「善」，すなわち「共通善」を追求する「徳」が人間の本性である。マッキンタイアにとって，人生とは「善き生」の「物語的探求（narrative quest）」だった（MacIntyre 1981, 2007, pp.218-219, 翻訳書 268 頁）。

　仲正昌樹によれば，マッキンタイアは，「近代啓蒙主義が生み出した道徳をめぐる混乱から脱出するために，アリストテレス的な目的論を再考するよう提案する。アリストテレスの倫理学においては，人間にとっての最高の善（アガトン）は〔エウダイモニア〕と呼ばれる。ギリシャ語の〔エウダイモニア〕は，至福，幸福，繁栄などと訳すことができる。簡単に言えば，十分に恵まれていて善い行為をすることができる状態である。〔エウダイモニア〕という目的を追求するために必要とされる特質が〔徳〕である。〔徳〕を鍛えることによって，各人は自らの情動や欲望を秩序づけ，正しい場所で正しい仕方で判断し，それによって善い行いをすることができる。アリストテレスは，そうした意味での〔徳〕というのは個人の生活の内にだけではなく，〔共同体〕としてのポリスの生活の中に見出されると主張する」（仲正 2008, 135 頁）。

　だが人々は「徳」を見失っている。マッキンタイアは，理性のみで道徳を説く啓蒙主義の企てが失敗したことで，人間の社会生活は混沌とした状態に陥っていると断じた。マッキンタイアに言わせれば，それは普遍的な「徳」を前提とするカント的な定言命法の挫折であった。だからこそマッキンタイアは，この美徳なき時代に，アリストテレス的な目的論からのコミュニティ再考を主張したのである。

　サンデルは言う。「物の目的から物の妥当な割り当てへというアリストテレスの論理の筋道は，目的論的な論法の一例だ（目的論的を意味する teleological という言葉は，目的，到達点，最終目標を意味するギリシャ語の telos に由来する）。物の正しい分配方法を決めるには，分配される物のテロスすなわち目的を調べなくてはいけないというのが，アリストテレスの言い分である」（Sandel 2009, p.188, 翻訳書 244 頁）と。しかしながら，「近代科学の誕生とともに，自然を意味ある秩序と見る見方は影を潜めた。代わって，自然はメカニズムとして理解されるようになり，物理的法則に支配されると見られるようになった。自然現象を目的，手段，最終結果と関連づけて解釈するのは無

知ゆえの擬人化した見方とされるようになった」（Sandel 2009, p.189, 翻訳書245 頁）と言うのである。

　何とも嘆きにも聞こえるがサンデルは諦めてはいない。やはり社会制度と政治的慣行を考える際，目的論的な論法を捨て去ることはできないというのだ。そしてサンデルは語気を強める。「アリストテレスは，正義とは人々に相応しいものを与えることだと教えている。何が誰に相応しいかを決めるには，どんな美徳が栄誉や報奨に値するかを決めなければならない。アリストテレスは，まず最も望ましい生き方について考えなければ，何が公正な法律かはわからないと述べている。アリストテレスにとって，法律は善き生き方という問題から中立ではありえない」（Sandel 2009, p.9, 翻訳書 16-17 頁）のだと。

　そして，フォレットもコミュニタリアンらと同じように言う。「われわれは，集団を通してカントの普遍的立法（universal law）を完成させることができる。カントの定言命法（categorical imperative）は一般論であり，空虚である。それは，まるで額面が空白の小切手に過ぎない。だから，われわれは集団の生活を通して普遍的立法の中身を学ばなければならない」（Follett 1918, 1998, p.47, 翻訳書 44 頁）と。このように「徳」の実践を説いているフォレットの集団論は，アリストテレス的な目的論の性格を有していると理解できるだろう。

　だが反論も予想される。それは「善」の相対化だろうと。カント的に普遍的・絶対的なものではないものの，フォレットとコミュニタリアンらの「善」でも妥当性は担保される。なぜなら，物語的存在としての人間は他者との関係の中で「善」の修正を行うからだ。解釈学的に言えば，先行了解としての「善」の解釈が矛盾なく進行している間は，その解釈が正しいと考えられる。それは真理が暫定的に成り立っている状態である（宮原 2004, 73-76 頁）。しかも，「解釈学的循環」が繰り返されれば繰り返されるほど「善」はテストされ，その結果，妥当性を強化していく（Bernstein 1983, pp.131-139, 翻訳書 284-299頁）。つまり，物語的に探求されるコミュニティの「共通善」はプラグマティックなのだ。

　ところで，フォレットに多大なる影響を与えたジェームズは，「全体の形」と「部分の形」との多即一の状態を「意識の合成」という概念で説明したのは

前述の通りである。かかるジェームズは自らの思想形成にあたり，ベルグソンから影響を受けたことを認めている。また，フォレットもベルグソン主義者であることを自認し，「統一しつつある活動は，あらゆる瞬間にその質を変える。持続は自らを放棄することなく，自らを新しい持続の中に永遠に包み込む。すなわち，あらゆる瞬間に全体が新しくなるように，さまざまな質が相互に浸透する。このように，統一しつつある活動は自らの中に他の質をもたらすことによって，その質を変化させる」（Follett 1919, pp.581-582, 翻訳論文 76 頁）と述べるのである。

　フォレットが『新しい国家』で提唱した統一体論は，あらゆるコミュニティを想定している。そこで問われたのは，人間の社会的営みが全体を形成し，その全体に影響されながらも主体的に行為し続けるというアソシエーションの集団原理であった。フォレットはジェームズとベルグソンの哲学に依拠し，コミュニティの歴史的・文化的な文脈の中に埋め込まれた物語的存在として，他者とともに価値（共通善）を創造しながら生きる人間を論じたのである。ジェームズのプラグマティズム，そしてベルグソンの「生の哲学」が，フォレットとコミュニタリアンらに与えた影響は大きい。それゆえ，両者は人間の「生」ないし「経験」といった同種の動態性を有しているのである。

　ここで「生」という主体の意味に触れておきたい。小笠原英司によれば，「生活（life）とは生きる（to live）という人間の本源的行為の具体的形態であって，日常にわたる暮らしを通じて自己の〔生〕（one's life）を実現する人間的営為に他ならない」（小笠原 2016, 13 頁）。「生活」を「活きて生きること」と把握する小笠原英司の主張は，ハイデガーの存在論的な人間の「生」を連想させる。そしてフォレットは，「個人は社会によって創造されるものであり，その個人の毎日の糧は社会から得られるものであり，その個人の生活は社会のために費やされるものである」（Follett 1918, 1998, pp.67-68, 翻訳書 65-66 頁）と述べる。この観点からすれば，小笠原英司の「生活者」は物語的存在としてコミュニティを善く生きる人間ということになるだろう。

第5節　おわりに

　本章では「リベラル＝コミュニタリアン論争」を手がかりとして，コミュニタリアンと呼ばれる人物たちとフォレットとの思想的関連を検討した。ロールズらリベラルは，個人主義の立場から普遍的な「正」としての権利を重視した。彼らは自己完結的なアイデンティティを有する個人を想定しており，そこに社会的存在としての人間は見当たらない。コミュニタリアニズムの急先鋒であるサンデルは，これを「負荷なき自己」と批判し，人間を歴史的・文化的な文脈の中に埋め込まれた存在であるとして「状況づけられた自己」を唱えた。そして，コミュニティを生きる「物語的存在」としての人間が「共通善」を形成し，それに影響されながらも自由に生きる方法を解釈学的に示したのである。

　フォレットも，コミュニティから遊離した原子的存在としての人間を想定していない。「全体の中で自分の場所を見出す」ことを個性と考えたフォレットにとって，人間は他者との関係の中で主体性を得る存在だった。そうした人間が，コミュニティで共有される価値，コミュニタリアン的に言えば「共通善」である「集合的意思」ないし「集合的観念」をともに作り続ける。フォレットは，コミュニティを生きるプラグマティックな人間を描写したのだ。時代状況は異なるものの，フォレットが生きた20世紀初頭とコミュニタリアニズムが台頭した1980年代は，どちらも深刻な社会問題を抱えていた。それに対して，フォレットとコミュニタリアンらは，制度的な方法ではなく哲学的かつ実践的な方法で，それらの解決を図ろうとしたのである。

　自己と他者が，「善き生」と「善き社会」を求めてともに困難に立ち向かう物語には成長の可能性が秘められている。フォレットとコミュニタリアンらに共通しているのは，「与えられた民主主義」ではなく「共に創る民主主義」という社会観と政治観である。それゆえ，フォレット思想はコミュニタリアニズムのルーツとして位置づけられそうだ。しかしながら，サンデルやマッキンタイアは，自分がコミュニタリアンと呼ばれることに違和感があるという。フォ

レットもそうかもしれない。なぜなら，フォレットはプラグマティストであることに誇りを持って，「日常的行為の中での民主主義」を構想し，それを実践していたのだから。

　さて近年，社会構成主義の流れを汲む，もう一つの物語論が多くの研究領域で注目されている。それらは「善く生きる」ことを問うアリストテレスの目的論的な物語論と同じなのか，それとも異なるのか。それを次章で明らかにしたいと思う。

注

1）ロールズのような主流派リベラルに対してリバタリアン（自由至上主義者）と呼ばれる人々がいる。仲正昌樹によれば，「リバタリアンというのは〔自由〕それ自体を重視し，平等や正義といった別の要素を自由主義に持ち込むべきではないとする立場である。この名称は1950年代から60年代にかけて，政治的には民主党左派，経済的にはケインズ主義的な立場の人たちがリベラルという呼称を独占するようになるにつれて，反リベラルの古典的な意味での自由主義者たちが，自分たちの立場を鮮明にするために用いるようになった」（仲正 2008, 120-121頁）。

2）コミュニティ研究を概観すると，社会学ではマッキーバーを代表とするように集団の目的や機能の類型論が多い。また心理学では，コミュニティ・ケアなどメンタルヘルスの議論が中心となっている。そして経営学では，実践コミュニティやコミュニティ・マネジメントなどが見受けられる。前者の実践コミュニティは，相互交流を通じて知識や技能を高めていくプロセスを捉えているものの，必ずしも生活の場を対象とするものではない。後者のコミュニティ・マネジメントは，人々が住まう地域社会の運営に焦点を当てているものの，それらの研究の多くは調査報告に止まり，学術的かつ理論的考察がなされているとは言い難い。

3）ロールズの「正義」の原理は仲正昌樹を参照されたい。まず「第一原理は多少抽象的な言い回しになっているが，政治的自由，言論および集会の自由，良心の自由，思想の自由，身体の自由，財産を保有する権利，恣意的な逮捕や押収からの自由といった基本的な自由のリストが規定されており，それらに対して各人が〔平等な権利〕を有するということである」（仲正 2008, 94頁）。次に「第二原理は，経済的・社会的不平等が許容されるための二つの条件を与えるものである。古典的自由主義者は経済的・社会的不平等をさほど気にしないので，第二原理を積極的には認めないかもしれないが，経済的・社会的平等を重視するリベラルにとっての〔正義〕という色彩は第一原理よりも強い」（仲正 2008, 94頁）。こうして「正義の二つの原理が採用された社会では，人々はお互いを同じスタート地点に立つ対等で自由なプレーヤーとして尊重するとともに，誰も全面的に落ちこぼれることがないようセーフティーネットを張りながら社会全体を豊かにしていく方向で協働することができる。各人は，社会が自分をメンバーとして──理念的にも現実的にも──尊重してくれると分かれば，その社会を守っていこうとするはずである。それは，市民たちが公共的に認めた正義を中心として，市民社会を再生することにつながると考えられる。ロールズは，正義の二原理を起点として，良心の自由，寛容，民主的な参加の原理，公共的討議，世代間正義の視点から見た公正な貯蓄原理，市民的不服従など，リベラルにとっての重要なテーマを体系的に記述し，正義の原理に根ざしたリベラルな社会への見通しを与えている。彼が諸個人の〔自由の意志に基づく合意〕に根ざした〔正義に適った社会〕への哲学的な道筋を示したことによって，アメリカの内外で様々な賛否の議論が巻き起こり，ロールズ的なリベラリズムを中心とした一連の政治・法・社会哲学が展開することになった」（仲正 2008, 102-103頁）。

4）フォレットとボザンケとの関係について芝田秀幹の興味深い記述がある。ここで引用しておきたい。「三戸公や榎本世彦も，アメリカの多元主義者であるメアリ・P・フォレットの『新しい国家』での多元主義の議論もボザンケの政治思想に多くを負ったものだと指摘し，ボザンケ自身も，フォレットの『新しい国家』は，〔近隣という集団の扱いにおいて，私の『哲学的国家理論』に〔依拠〕していると指摘している。もちろん，ボザンケの場合，一般に多元的国家論が唱えるように，主権が諸々の社会団体（集団／組織）に分散されることはなく，あくまでそれは国家に属するものとされるが，しかしボザンケ自身が集団を重視する〔新個人主義〕を提唱し，また多くの研究者が以上のように論じていることを踏まえれば，ボザンケの政治思想に多元的国家論の萌芽的要素が内在しており，いわば多元的国家論との思想的な連続性がそこに見出されることは指摘できよう」（芝田 2013b, 72 頁）。この部分は「ボザンケ＝マッキーバー論争」の流れを受けた指摘である。芝田秀幹はその後に，「論争の相手であったマッキーバーの多元主義の要素がボザンケの政治思想の中に含まれていることがボザンケ自身によって発見され，明らかにされ，ボザンケの政治思想と多元的国家論とをつなぐ一本の〔筋道〕がそこから浮上してきたのである」（芝田 2013b, 72 頁）と述べている。

5）フォレットのコミュニティ観は現代にも当てはまる。木下征彦によれば，「すべての人間はいずこかの地域社会に属しており，その地理的空間上には社会関係を持つ人々の集まりが見られる。その意味でのコミュニティは集団であり実在である。しかしその一方で，交通や通信ネットワークの発展はさまざまなコミュニティの形成を促している。たとえばインターネット上のバーチャルなコミュニティの存在は，人々の心理的な結びつきが容易に地理的空間を越える証左でもある。コミュニティは人と人との相互作用から生まれる客観的な関係であると同時に，人々の内面に主観的に形成されるものでもある」（木下 2013, 163 頁）。その本質を理解するためには，フォレットのようにコミュニティの客観的側面と主観的側面の両方に目を向けることが必要であろう。

6）自称コミュニタリアンのエチオーニは次のように述べている。「コミュニタリアンは，リバタリアンたちやいわゆる自由主義者，そして政治学者がリベラルと呼ぶ人たちの提示するような，人間性についての非現実的な推論を批判する。コミュニタリアンは，リバタリアンの立場とは対照的に，個人は特定の社会的な背景を離れて存在することはあり得ず，個人を自由な行為者として描くことは誤りだ，と主張する。われわれ人間は社会的な動物であり，お互いに人間社会のメンバーなのである」（Etzioni 1996, p.6, 翻訳書 21 頁）。

7）ここでエチオーニは機能主義についても言及している。「機能的に説明するとは，第一義的に，お互いに作用し合う要素を基礎に置いて〔相互作用として〕物事を理解するということである。要素はあたかもアーチ門の煉瓦のように，互いに依存し合っており，一方から他方への一方向的な原因結果のつながりで並んでいるのではない。初期の機能主義は，現状維持に荷担するような偏見を含む，と非難されたものである。また，社会から命令された役割に従わぬ人々は逸脱者とされた。こうして，すべての革新と不従順は，社会の健全性を損なうものと決めつけられた。だが，本書で用いる機能主義パラダイムは，すべての社会にはある一定の普遍的なニーズが存在し，常にそれに対していくつか異なる応答方法がある，と想定する。犯罪と闘うにしても，あるコミュニティはコミュニティから疎遠になった人たちに対し，門を閉ざす代わりに受け入れ，コミュニティのメンバーに加えることもある。確かにこれら各種の方法は同じものではないし，その効果の程度も異なっている。社会のニーズを満たすためには，ある特定の決まった方法で社会をつくり上げなければならない，というわけでもない。社会の基本的ニーズを何らかの方法で満たさねばならないこと，よりよい社会をつくり上げる方法が存在する，ということを指示するだけである」（Etzioni 1996, pp.5-7, 翻訳書 21-23 頁）。

8）エチオーニは同書を次のように説明している。「この本は，（人工妊娠中絶などの宗教や文化を背景とした）文化戦争と凝り固まった党派心に飽き飽きした同胞市民のために書かれたものです。す

べての真理や英知が，（リベラリズムや保守主義といった）一つの政治的な立場に包括されるとは信じていない方々や，共通の目標と課題を皆で力を合わせて解決できると信じている方を対象にしています。この本は，次に何をなすべきかという問題に，じかに取り組みます。これは，選挙によって選ばれた国政および地方の公職者だけでなく，私たちのコミュニティ，そして何より私たち自身が，次に何をすべきか，という問題なのです」（Etzioni 2001, p.ix, 翻訳書11頁）。こうした説明は，フォレットの『新しい国家』におけるプラグマティズム的な生き方と相通じる。

9）エチオーニはコミュニタリアンの道徳観について次のように述べている。「コミュニタリアンの考え方は，信頼そのものに対する信頼，強制でなく説得，そして〔柔軟な道徳〕と呼ばれるものを信じ合っている人々が中軸を担っています（コミュニタリアンの道徳が柔軟なのは，その信条が弱いからではなくて，その実践が国家主導でなくコミュニティによるものだからです）。社会問題に関して，柔軟・強硬，中立のどの立場をとるにしても，私たちが直面している社会的・政治的・精神的難問に取り組まない限り，私たちの将来について真剣に考えることは難しいのです」（Etzioni 2001, p.x, 翻訳書12頁）。

10）R. パットナムは同書の性格を次のように説明している。「米国コミュニティにおける市民・社会生活に続いて一体何が起こったのかが本書のテーマである。近年，米国社会の特性の変化を考察する上で社会科学者が用いるようになった概念が〔社会関係資本〕である。物的資本や人的資本——個人の生産性を向上させる道具および訓練——の概念のアナロジーによれば，社会関係資本理論において中核となるアイデアは，社会的ネットワークが価値を持つ，ということにある。ネジ回し（物的資本）や大学教育（人的資本）は生産性を（個人的にも集団的にも）向上させるが，社会的接触も同じように，個人と集団の生産性に影響する。（改段）物的資本は物理的対象を，人的資本は個人の特性を指すものだが，社会関係資本が指し示しているのは個人間のつながり，すなわち社会的ネットワーク，およびそこから生じる互酬性と信頼性の規範である。この点において，社会関係資本は〔市民的美徳〕と呼ばれてきたものと密接に関係している。違いは以下の点にある——市民的美徳が最も強力な力を発揮するのは，互酬的な社会関係の密なネットワークに埋め込まれているときであるという事実に，〔社会関係資本〕が注意を向けているということである。美徳にあふれているが，孤立した人々の作る社会は，必ずしも社会関係資本において豊かではない」（R. Putnam 2000, pp.18-19, 翻訳書14頁）。

11）眞鍋知子によれば，「パットナムは，相互作用的な結びつきが信頼と互酬性の規範を最も促進すると信じているために，地元コミュニティを高く評価している。このことは，社会関係資本が地域コミュニティの基本的な核であることを示唆している。彼は，アソシエーションに焦点を合わせつつ，それがコミュニティの形成の鍵を握っていることを実証した。アソシエーションへの参加を通じて社会関係資本が増加し，そこからさらにコミュニティの共同性が高まると見ている」（眞鍋 2010, 35頁）という。

第8章
フォレット経営思想と物語論

第1節　はじめに

　近代科学の始まりは16世紀末まで遡る。ここを起源として客観的な研究方法が確立し，それが人文・社会・自然科学の標準と見做されるようになった。それを補完するのか，それに抗うのか，20世紀になってから登場した主観的な研究方法は，人文・社会科学のみならず自然科学の領域にまで広く影響を与えている。

　こうした科学観の在り様に対し，野家啓一は，「自然科学をいわば客観的記述を目指す〔三人称の科学〕だと言ってよければ，主観的要素を排除しない〔我と汝〕の間に成立する〔二人称の科学〕の可能性が考えられてよい」（野家2010a, 28-30頁）と主張する。ここで「三人称の科学」は，客観的に測定可能な物質を扱い，「二人称の科学」は，主観的で知覚的な性質に注意を払う。それゆえ研究者のスタンスも異なる。「三人称の科学」は徹底して俯瞰的だが，「二人称の科学」は分析対象の内側に入り込み，「汝」の視点で社会的世界の意味を問うのである。

　一般に，自然科学は諸事象間の因果的な「説明」を目指し，人間科学は心的および社会的事象の内在的な「理解」を目指す。「三人称の科学」である前者の研究は機能主義アプローチと呼ばれ，「二人称の科学」である後者の研究は解釈主義アプローチと呼ばれている。こうした科学観の相違によって，両者の間には深い溝がある。社会科学に属する経営学では，論理実証主義に依拠する機能主義アプローチが「主流」であるものの，それでも解釈主義アプローチを採用する経営学が絶えることはない。第6章で詳述したように，経営学が人間の行為の意味を問題にするならば，たとえ科学の要件を満たしていなくても，

それらは意義のある接近法と言えるだろう。

　そして近年，さまざまな学問領域において物語論（narrative theory）が賑わいを見せている。一般に，物語論はポストモダンの学際的潮流にある。それらは社会構成主義に依拠しつつ，あるいは緩やかな連携を保ちつつ，生活世界における人間の主観的側面に迫ろうとする[1]。今日，こうした流れは経営学の分野におよび，ナラティブやディスコース（discourse）と称される新しい分析手法を駆使した研究成果が提出されている。

　それからもう一つ，経営学にはポストモダンとは異なる物語論がある。それは，フォレットとバーナードによって書き綴られた経営世界を生きる人間の物語である。そこで本章では，彼らの経営思想の物語性を明らかにし，「経営を物語る」というプラグマティックな意味を考えてみたい。

第2節　物語論とは何か
──解釈学の新展開──

　哲学史からすれば，解釈主義アプローチは解釈学の流れを受けている。当初，解釈学は聖書を理解するための技法として確立したが，シュライエルマッハー（F. D. E. Schleiermacher）の一般解釈学を継承したディルタイ（W. Dilthey）が，精神科学という言葉で人間を対象とする哲学としての解釈学を提唱した。「生の哲学」の研究者でもあるディルタイは，俯瞰的に分析する自然科学的方法ではなく，当事者が自分の体験から「生」を理解することの大切さを説いたのだ。こうした方法を継いで人間の存在論を展開したのがハイデガーであり，さらにガダマー（H. G. Gadamer）は，歴史観を重んじる解釈学を構築した。歴史の中に生きる人間は，過去の経験を手がかりに現在を解釈する。それは，歴史に規定されつつ新たな歴史を作っていくという歴史的実存の姿である（丸山 1997, 252頁）。ガダマーはこれを「地平の融合（Horizontverschmelzung）」と呼んだ。こうした解釈学に共通しているのは，「全体から部分へ」と「部分から全体へ」というように，全体と部分とを相互に反映し合って解釈を強化するという方法である。これは「解釈学的循環」と

呼ばれ，シュライエルマッハー以降，解釈学の鍵概念となって現在に至る。

　ところで，「全体から部分へ」と「部分から全体へ」という「解釈学的循環」は，まさにフォレットの「状況の法則」の論理である[2]。フォレットによれば，状況とは「円環的反応」によって形成される全体の一局面である。「円環的反応」は，活動の交織や経験の蓄積を表すとともに，その連続的な相互作用がもたらす「全体状況」を示すものである。そして全体の一局面から，発展した全体の一局面へと導いていく過程的趨勢を，フォレットは「状況の法則」と呼んだ。この相互作用において，一方で個々人は一局面としての状況に働きかけ，他方で個々人は一局面としての状況から影響を受ける。既に述べたように，フォレットは状況の進展とともに成長する人間の在り様を「再人格化」と称したのである。

　もう一つ，「解釈学的循環」と並ぶ鍵概念に「先行了解」がある。これは解釈の枠組みであり，ハイデガーの「先行構造」やガダマーの「先入観」がこれに当たる。われわれは，これまでに得た知識や経験などを手がかりに物事を解釈する。しかし，その手がかりが正しいとは限らない。誤った解釈を招く場合もある。したがって，それを防ぐためには解釈の枠組みである「先行了解」でも，「全体から部分へ」と「部分から全体へ」という「解釈学的循環」がなされなければならない。なぜなら，それらの解釈が矛盾なく進行していれば，暫定的ながら妥当性が担保されるからだ。

　こうした解釈学はローティーらの「言語論的転回」の原動力となり，さらに1960年代以降，隣接諸学に「物語論的転回（narrative turn）」をもたらした。歴史哲学の分野では，ダント（A. C. Danto）の『物語としての歴史（*Narration and Knowledge*）』や，ホワイト（H. White）の『メタヒストリー（*Metahistory*）』などがその嚆矢と見做され，その後，リクール（P. Ricoeur）の『時間と物語（*Time and Narrative*）』へと引き継がれた。物語論の影響を受けた歴史学は，こうして人間経験を時間軸に沿って構造化するという新しい方法を確立させた。

　また，心理学では河合隼雄が「関係性の回復」に向けて自分自身の物語を紡いでいく心理療法を実践し，社会学では浅野智彦が社会的相互行為から自己を捉えるという家族療法の物語論的展開を主張している。その他，生物学では生

命誌という物語論的アプローチが提唱されている（中村 2004, 24-27 頁）。遺伝情報を保持している DNA の構造と機能を分析する生命科学に対し，生命誌は生き物の起源から現在までの多様性，関係性，歴史性などを時間軸に沿って理解するのに都合が良い。こうした生命誌には生命科学の発展を補完する役割が期待されている[3]。

　同様の立場は 1980 年代以降，言語に媒介された相互行為によって，「現実は社会的に構成される」とする社会構成主義のナラティブ・セラピーを誕生させた。加えて，それまで支配的だった「根拠に基づく医療（Evidence Based Medicine: EBM）」を補完するものとして，「物語に基づく医療（Narrative Based Medicine: NBM）」が現れた。人間は皆，人生という物語を生きており，病気もまたその人の物語の一部である。そうであれば，患者の不安や悩みなどを「語り」から理解し，それを臨床実践に活かしていくことが医療現場の重要な責務だという。さらに，経営コンサルティングでも AI（appreciative inquiry）という対話型の組織開発が注目されつつある。社会構成主義に基づくこの手法では，成功体験の「語り」が内発的動機づけやチーム・エンパワーメントに効果的だとされている。

　ところで，坂部恵の「かたり」や野家啓一の「物語り論（narratology）」もまた，解釈学的な歴史学の流れを汲んでいる。坂部恵は同じ哲学者である折口信夫を援用しつつ，「いわゆる近代科学の客観主義，実証主義の圧倒的影響のもとに，対象ないし客観の〔記述〕を言語の本来の機能と見做し，したがってまた，〔科学的〕な歴史学における叙述もまた，客観的に定着された文字・文献資料を偏重する受動的な対象記述に尽くされると考える近代実証史学の姿勢」（坂部 1990, 2008, 13-14 頁）を批判した。坂部恵の『かたり』に解説文を寄せた野家啓一も，歴史学は客観主義，実証主義の呪縛から開放されるべきとの意見に同意する。そして野家啓一は，「歴史的出来事と歴史叙述は基本的には別のものである。存在論的には，歴史的出来事が起こらなければ歴史叙述はできないのであるから，当然にも歴史的出来事の方が先行する。しかし，どのような歴史的出来事が起こったのかを知るという段階になると，われわれは歴史叙述を通して知るほかはない。だから，認識論的には歴史叙述が先行し，われわれはそれを手がかりにしていかなる出来事が起こったのかを探求するので

ある」（野家 2010a, 19 頁）として，「物理的（科学的）因果性」とは別に「物語り的因果性」という解釈学的な方法に注目するのである（野家 2010a, 24-25 頁）。

　こうした方法は経営学史研究でも用いられている。その代表的な著作は吉原正彦の『経営学の新紀元を拓いた思想家たち』であろう。同書は 1930 年代のハーバード大学を舞台に，人間協働の科学としての経営学を樹立しようとした思想家たちの物語である。「実在論的歴史哲学」を批判するダントは，単なる歴史年表を書き留めるに過ぎない「理想的編年史（Ideal Chronicle）」を斥け，「分析的歴史哲学」に基づく「物語文（narrative sentence）」の意義を強調した（吉原 2009, 115 頁）。そこで吉原正彦もダントに依拠して自ら手に入れた未刊行の論考，覚書，メモ，そして往復書簡などの第一次史料から複数の人物や出来事を時間的に関連づけたのである（吉原 2006, 2-5 頁）。その際には，「ある書簡で一つの事がわかっても，それが事実であるという保証はない。それゆえに，それを他の資料で裏づけて一つの事実を見出し，そして他の事実とつなぎ合わせ，試行錯誤で歴史的な流れを再現する作業を繰り返す。それは，ある種の物語を描くことにもなる」（吉原 2006, 3 頁）。経営学史研究からすれば，アメリカ経営学生成期の史料収集とその解釈だけでも高く評価されるだろうが，吉原正彦は，それらを材料として「歴史が，動く [4]」かの如く物語を制作したのである。

　さまざまな学問分野で注目される物語論は，解釈学の新しい展開と見ることができる。野家啓一によれば，「語られたもの（that which is narrated, a story）」（野家 2010a, 4 頁）ではなく，「語る行為または実践（the act or practice of narrating）」（野家 2010a, 4 頁）という性格を備える物語論は，「一種の解釈学的行為であり，過去の出来事を再構成することによって，現在の自己の境地を逆照射する機能を持っている」（野家 2005, 108 頁）。われわれは過去の経験を物語ることによって，これからの行為との間に規範的関係を構築するというのだ。こうして，解釈学を源流とする現代の物語論は，小説や童話のようなテキストに留まらず，人間経験の解釈装置にまで拡大しつつあるのである。

　このように解釈学における「物語論的転回」を概観すると，その対象は言語や文章に限らない。河辺純によれば，解釈学における実践（Praxis）は，「あ

る問いに対してただ応答するだけではなく，その問いの背後にある無意識の根拠にその都度一旦立ち戻り，現在の状況の理解と解明を他者と共に目指す。このような解釈学的自己了解の過程では，全体と個，理論と実践は相互に応答を繰り返すだけでなく，双方が現在において積み重なっていく状況として捉えることができる」（河辺 2007, 131 頁）。解釈学的な公共経営哲学を提唱する河辺純は，前掲のダント，ホワイト，そして野家啓一らが対象とする「言語（語る）行為」に限らず，「その背景にある人間協働を通して得られる他者との語り得ない相互経験の歴史的意味」（河辺 2009, 51 頁）をも含める形で物語論を展開するのである[5]。

第 3 節　物語論の認識方法
——「現実」と「自己」の概念をめぐって——

　精神病理学者の木村敏は，「リアリティがラテン語で〔物〕を意味する res の語に由来して事物的・対象的な実在を意味するのに対して，アクティアリティの語源はラテン語で〔行為・活動〕を意味する actio である」（木村 2005, 56-57 頁）と述べる。人間の行為や歴史的出来事は，リアリティ（reality）というよりは，むしろアクチュアリティ（actuality）のほうが馴染む。野家啓一は木村敏を援用することで，リアリティを問う「三人称の科学」に対してアクチュアリティを問う「二人称の科学」の意義を強調し，後者の方法として「物語り論」を提唱するのである（野家 2010a, 27-30 頁）。

　「二人称の科学」としてのナラティブ・セラピーや NBM のような臨床医療の現場では，「話し手と聞き手」である「クライアントとセラピスト」や「患者と医師」との相互作用から物語が紡ぎ出される。その物語には「重さ，速さ，長さ」などの物理的性質のみならず，「色，音，匂い」などの知覚的性質，また「嬉しい，悲しい，痛い，怖い」などの心的述語が多く盛り込まれる（野家 2004, 50 頁）。こうした臨床の現場で重要視されているのは，生々しい「語り」によって浮かび上がるアクチュアリティとしての「現実」なのであろう。

　アクチュアリティと言えば，これを重要な概念として「有機体の哲学」を提

唱したホワイトヘッドの名が思い浮かぶ。唯物論を批判するホワイトヘッドは，物的なものと心的なものとを区別しない。そして，同じようにリアリティとアクチュアリティという二分法を用いないのである。海も山も，人間の身体も精神も，そして神も「現実的存在」なのである。こうした「現実的存在は複合的で相互依存的な経験の滴り」（Whitehead 1929, 1978, p.18, 翻訳書30頁）であるから，それぞれの実在が「単に位置を占める」ことはない。かかる「現実的存在」はプロセスである（Whitehead 1925, 1967, p.72, 翻訳書97頁）。つまり，この世の一切は「モノ」ではなく「コト」として把握されるのだ。したがって，われわれが「今，ここ」で経験している「コト」そのものが「現実的存在」なのである。ホワイトヘッドのコスモロジーは「生起」する「現実的存在」の動的なプロセスであり，そこには唯一無二のアクチュアリティが無数に現れ続けるというのである[6]。

　こうしてアクチュアリティの概念の相違が明らかとなる。現象学者であるフッサールの「生活世界（Lebenswelt）」という認識世界において，人間は間主観的なアクチュアリティを生きている。ただし，現象学における「間主観性（Intersubjektivität）」は実在する他者との相互作用を想定していない。現象学では「他我が〔私〕と同じ〔主観〕として存在し，かつこの他我も〔私〕と同じく唯一同一の世界の存在を確信している」（竹田 1989, 132頁）という「私」の意識を意味するものであり，フィヒテやヘーゲルのドイツ観念論哲学のように「自己」と「他者」との間で相互的に形成されるものではない。現象学における「間主観性」は「自己（自我）」の性質なのだ。つまり，フッサールの「世界」は何時でも「唯一私」の内にあるのである。社会構成主義のナラティブ・セラピーも，セラピストがクライアントに寄り添いつつ，ともにアクチュアリティを構成するのであるから「特殊な他者」は存在するものの，全てを自己に還元する主観主義の立場であることに変わりはない。

　それに対して，ホワイトヘッドは主観／客観ないし主体／客体という二元論的な認識を否定する。宇宙を構成する無数の「現実的存在」は「知覚する主体」でもあり「知覚される客体」でもある。だからアクチュアリティは主客統合の存在として把握されるのだ。それゆえ，ホワイトヘッドは主観を唯一のものとする考え方，とりわけ，カントの方法論的個人主義を徹底的に批判するの

である（Whitehead 1929, 1978, pp.88-89, 翻訳書 152 頁）。

　ところで心理学者であるブルーナー（J. Bruner）は，人間の認知・思考様式を，「原因 - 結果」の因果性を説明する「実証様式（paradigmatic mode）」と，人生を物語（story）として了解する「物語様式（narrative mode）」とに区分した。意味研究の復権を目指すブルーナーによれば，後者は人間が生きた時間を記述するのに適した形式であるという（Bruner 1986, 翻訳書 18-20 頁）。さらに自分の人生を他者に語るとき，これまでの事実を羅列するのではなく，一つの筋立てのもとに数々の出来事を意味づけることによって経験を組織化することができるというのだ。

　ほぼ同じ年代に人間経験の時間的性格に注目したリクールは，「物語的自己同一性（identite narrative）」（Ricoeur 1985, pp.244-249, 翻訳書 445-453 頁）という自己論を唱えた。誕生から死に至るまでの生涯にわたって同一人物であることを正当化する答えは，人生を物語ることでしかあり得ない。「人生物語は，主体が自分自身について物語るあらゆる真実もしくは虚構の話（story）によって絶えず再形象化され続ける。この再形象化は人生それ自体を，物語られる話の織物とする」（Ricoeur 1985, p.246, 翻訳書 449 頁）とリクールは述べる。物語ることは筋立てによる行為の模倣（mimesis）であり，行為と物語との絶えざる循環によって，「行為者としての自己」と「物語の主人公」とが同じになるというのだ。リクールによれば，「物語的自己同一性は解釈学的循環の詩的解決」（Ricoeur 1985, p.248, 翻訳書 451 頁）なのである。

　そして前述したマッキンタイアも，「私たちは皆，人生において物語を生きており，物語を基にして自分自身の人生を理解している」（Maclntyre 1981, 2007, p.211, 翻訳書 259 頁）とし，人間の行為は歴史的文脈から捉えることで理解可能だと述べる。そして会話が他者との共同制作であるように，人生という物語も他者との相互行為を通して作られるという。その意味で人間は「物語を語る動物（story-telling animal）」（Maclntyre 1981, 2007, p.216, 翻訳書 264-265 頁）なのであり，人生は「善き生」の「物語的探求」なのだ。

　村田康常もまたホワイトヘッドの「我有化（appropriation）」（Whitehead 1929, 1978, p.219, 翻訳書 399 頁）を引き，「今，ここ」での私が生起するプロセスを語る。そして，「生まれてから現時点まで広がっている私の経験の諸契

機の連なり」(Whitehead 1938, 1968, p.163) というホワイトヘッドの言葉を合わせて次のように述べる。「誕生以来この現実世界に連綿と継起する〔私〕の自己同一性，一般に〔精神〕とか〔魂〕とか〔人格〕と呼ばれる内的同一性は，この人生の，その都度の〔今，ここ〕での私という経験の諸契機あるいは現実的諸存在から成っている」(村田 2014b, 17頁) のだと。変化し続ける自己同一性の概念は未完の物語のようで興味深い。

　こうした「現実」と「自己」の概念を有する物語論は，時間性と関係性とに深く関わっている。リクールが指摘するように，時間は物語の仕方で分節されるに応じて人間的時間となり，物語は時間経験を描き出すのに応じて意味を帯びる (Ricoeur 1985, p.3, 翻訳書3頁)。前述したブルーナーの「物語様式」は，野家啓一の「物語り的因果性」と同義であろう[7]。そしてマッキンタイアにもホワイトヘッドにも同じことが言える。彼らの物語論的な世界観では，現実世界を生きる自己の時間性と関係性が重んじられているのである。

第4節　経営を物語る
──フォレットとバーナードの経営思想における物語性──

　有機体の様相をアクチュアリティという言葉で表現するホワイトヘッドは，前に述べたように，その特徴を「延長」と「経験」であるとした。前者の「延長」は「多」と「一」との相互関係であり，後者の「経験」は相互に生起し続ける主体の活動である。かかる「延長」と「経験」によって，有機体では新しいアクチュアリティが次々に現れては消えてを繰り返すのである。

　これと同じ観点がジェームズにもある。すなわち，あらゆるものが常に作られ続けるという可塑的な観点である。フォレットは，より善い生き方を求めるジェームズ哲学に基づきながら，日常の生活の中で，社会意識を体感しながら自己意識を発展させていく人間を捉えた。フォレットの『創造的経験』における「経験」の概念は，単なる過去の出来事ではなく，過去から現在，そして未来に向かって「経験を創造する」という物語論的な性格を含意している。企業経営の世界に関わるようになったフォレットは，こうして経営者ないし管理者

の役割として「予測」を提示し，状況の移りゆく瞬間を見極めることが大切だと主張したのである。

　進むべき方向性を見極める積極的な経営者ないし管理者の姿勢は，バーナードの創造的管理論にもつながる。バーナードもまた，ジェームズとホワイトヘッドから多大なる影響を受けた。それは，まず人間観に表れる。バーナードによれば，個人とは「過去および現在の物的，生物的，社会的要因である無数の力や物を具体化する，単一の，独特な，独立の，孤立した全体」(Barnard 1938, 1968, p.12, 翻訳書 13 頁) である。その人格的特性が，「活動ないし行動 (activities or behavior)」，「心理的要因 (psychological factors)」，「有限の選択力 (the limited power of choice)」，そして「目的 (purpose)」である (Barnard 1938, 1968, pp.13-15, 翻訳書 13-16 頁)。人間は，物的，生物的，社会的要因に制約されながらも自由意思を行使する主客統合の存在として，過去から現在への歴史的時間を生きている。そして協働システムもまた，物的，生物的，社会的要因の合成物であり，それらの諸要因が，活動の場としての組織において統合される過程的存在である。

　ジェームズ流に言うならば，人間と協働システムは，「部分の形」と「全体の形」との多即一の関係にある。人間は「意識の合成」によって，協働システムに制約されながらも組織の活動を通じて自己を発展させる。またホワイトヘッド流に言うならば，人間と協働システムは，それぞれが「単に位置を占める」ことのない「現実的存在」である。人間は組織を通じて協働システムに働きかける主体でもあり，それと同時に協働システムに統合される客体でもある。こうした作り作られる主体 / 客体の在り様を，ホワイトヘッドは「自己超越体 (superject)」と呼んだ[8]。ホワイトヘッドの「有機体の哲学」は，言うなれば「自己超越体」である「現実的存在」の物語である。

　人間から宇宙までの相互依存関係は秩序を前提として成り立っている。こうしたホワイトヘッドのコスモロジーを，経営の世界に置き換えたのがバーナードであった。村田晴夫はバーナードの『経営者の役割』を次のように読む。すなわち，「バーナードは，その理論を人間の考察から始めた。そして協働システムという現実的存在から組織の考察へ到り，仮説としての公式組織の定義に到着した。それを出発点として科学的に組織理論を構築し，そこから再び人間

の方向へと降下するのである」（村田 1984, 130 頁）と。機会主義的な科学（science）の頂から降り立った先には，「道徳準則（moral code）」の創造を最高のテストとする芸術（art）としての管理があったのだ（Barnard 1938, 1968, pp.281-282, 翻訳書 294 頁）。

　バーナードは，「全体としての組織とそれに関連する全体状況を感得すること」（Barnard 1938, 1968, p.235, 翻訳書 245 頁）を管理の本質であるとした。全体状況は，人間，組織，そして社会と関わっており，また「深く過去に根ざし，未来永劫に向かう」（Barnard 1938, 1968, p.284, 翻訳書 296 頁）ものである。つまり，「全体状況」は空間的かつ時間的な文脈そのものである。それらを感じ取るのは，科学よりもむしろ芸術の問題であり，論理的であるよりもむしろ審美的である（Barnard 1938, 1968, p.235, 翻訳書 245 頁）。

　さて，ここで「全体の創造的な経済」（Barnard 1938, 1968, p.253, 翻訳書 264 頁），すなわち「能率（efficiency）」の概念に注目しておこう。これには効用の分配に関わる「部分の能率（efficiency of detail）」ないし「分配的能率（distributive efficiency）」と効用の調整に関わる「創造的能率（creative efficiency）」がある [9]。前者では効用を交換する相手の満足度が問われる。それに対して，後者では効用の余剰が問われるため，「調整の質こそ組織の存続における決定的要因」（Barnard 1938, 1968, p.256, 翻訳書 268 頁）となる。飯野春樹によれば，「組織は，協働システムの諸要素を調整して，効用の創造，変形，交換を行い，組織にプールされたこれら効用を組織メンバーに分配して必要な活動を獲得するとともに，組織もまた，可能ならば，効用の余剰を留保する」（飯野 1992, 94-95 頁）。

　かかる効用の創造，変形，交換をバーナードは「経済（economy）」と称し，物的経済，社会的経済，個人的経済，そして組織経済からなる協働システムの四重経済を説いた（Barnard 1938, 1968, pp.240-244, 翻訳書 251-255 頁）。これらを遂行する管理過程では，感じ，判断，感覚，調和，釣り合い，適切などの言葉が馴染むらしい（Barnard 1938, 1968, p.235, 翻訳書 245 頁）。なるほど，この問題は主知主義的な能力や要素還元の技術を超えている。

　では，どうすればよいか。管理過程では，組織の構成員と非公式組織にとって，「個人準則（individual code）」と「組織準則（organizational code）」とが

一致しているという確信をもたらし得る「組織道徳」を創造することが肝要である。なぜなら，かかる「組織道徳」は人間協働の場で「共同目的に共通な意味を与え，他の諸誘因を効果ならしめる誘因を創造し，変化する環境の中で，無数の意思決定の主観的側面に一貫性を与え，協働に必要な強い凝集力を生み出す個人的確信を吹き込む」（Barnard 1938, 1968, pp.283-284, 翻訳書 296 頁）ことを可能にするからだ。バーナードは，「協働する人々の間では，目に見えるものが目に見えないものによって動かされる。空虚なる所（void）から，人々の目的を形成する精神が生じる」（Barnard 1938, 1968, p.284, 翻訳書 297頁）と述べるが，やはり「組織道徳」のように実体のないものを言い表すのは難しい。

　そこで，バーナードは「物語」という非科学的とも言える言葉を用いて『経営者の役割』を締めくくるのである。「自由と非自由，支配と被支配，選択と被選択，誘因の供与と誘因の拒否不能，権威の源泉と権威の否定不能，独立と従属，人格の育成と非人格化，目的の形成と目的のやむを得ざる変更，意思決定のための諸制約の探求，特定なものを探求しながらも全体との関連の保持，リーダーの発見とリーダーシップの拒否，現世支配の希望と見えざるものによる支配」（Barnard 1938, 1968, p.296, 翻訳書 309 頁）などの「人間の生に内在する深刻な逆説と感情の対立」（Barnard 1938, 1968, p.296, 翻訳書 309 頁）は科学では語り得ないと。なぜなら，それらは「社会における人間の物語（the story of man in society）」（Barnard 1938, 1968, p.296, 翻訳書 309 頁）であって，普遍的な答えなどないからだ。それゆえ，経営者自身が信念を表明し，それらに立ち向かっていくしか方法はない。それが企業経営者として経営世界を生きたバーナードの結論だったのである。

第5節　おわりに

　解釈学が原動力となって巻き起こった「言語論的転回」や「物語論的転回」という思潮のうねりは，さまざまな学問領域に「意味の復権」や「関係性の回復」に立ち向かう機運と知識を提供した。そればかりではない。ガーゲン（K.

J. Gergen）らの社会構成主義に基づく物語論は術として，人間の主観的な内
面世界に迫るべく，介護，福祉，医療，教育，そして経営の現場で実践されて
いるのである。

　そして経営学史を遡ると，もう一つの物語論に遭遇することができた。それ
はフォレットとバーナードの経営思想であった。19 世紀末から 20 世紀初頭に
かけて登場したプラグマティズムの伝統の上に，フォレットとバーナードは，
ホワイトヘッドの「有機体の哲学」に影響されながら「経営を生きる」という
物語論的な経営思想を作り上げたのだ。

　こうして，経営学には二つの物語論を確認することができる。一つは社会構
成主義に基づく「臨床」の物語論であり，もう一つはプラグマティズムと全体
論的思考に基づく「行為」の物語論である。両者は時間性と関係性のパースペ
クティブを擁する点で共通するものの，アクチュアリティ（現実）観は大きく
異なる。前者の場合には，主観的な現実が「言語」を通して現れるが，後者の
場合には，主客統合の現実が，過去から現在，そして未来に向かう「経験」と
して現れる。以上のことから，「経営を物語る」ということには「語ること」
と「生きること」があることを指摘したい。

　もっとも，人間は「言語」なしでも「経験」を重ねることができる。「生ま
れたばかりの赤ん坊にとって，世界とは混沌であろう。しかしながら，やがて
赤ん坊は身体を動かすことで世界に触れていく。身の回りの出来事のうちにパ
ターンを読み取り，その意味を知るようにもなる。さらに赤ん坊は言葉を学習
する以前から，他の赤ん坊との相互行為を始めている」（宇野 2013, 43-44
頁）。宇野重規が言うように，「経験」とは「人々が他者とともに，その行動に
よって世界と関わっていくプロセス」（宇野 2013, 44 頁）である。なるほど，
ここにプラグマティズムの「生きること」の意味がある。

　ここで，ポストモダン的な「語ること」の文脈でプラグマティズムの再構築
が試みられた事実にも注目しておこう。ネオ・プラグマティズムの旗手と称さ
れるローティーは，ジェームズやデューイらの初期プラグマティズムから，可
謬主義，歴史主義，多元主義，そして反基礎づけ主義（anti-foundationalism）
というスタンスを受け継ぎ，「言語論的転回」や「物語論的転回」の成果を取
り入れて言語分析に舵を切った。ジェームズやデューイが人間社会における，

経験，精神，意識に注目したことを考えると，同じプラグマティズムでも「新」と「旧」では大きく異なるものだ。初期プラグマティストは「生きること」，そして後期プラグマティストは「語ること」に関心があるのだろう。

　ただ彼らの「語ること」は，「お互い異なる考えを持ちながらも，対等な存在として協力し合い，よりよき結果を求めて，顔を合わせて話し合いをしながら，その都度，問題に対処していく」（大賀 2015, 12 頁）ことなのだから，社会構成主義との違いを明確にするためにもプラグマティズムらしく「対話」と言い直しておきたい。柳沼良太によれば，「プラグマティズムは現代の閉塞的な思想状況においても，個々人が将来への希望を抱きながら，創造的で社会的な知性を用いてより善く生きる可能性を示唆すると共に，伝統的な哲学や因習的な社会制度の弊害を除去して，より自由で民主的な社会を漸進的に再構築するビジョンを提供する」（柳沼 2002, 78 頁）。それゆえ「新」と「旧」のプラグマティズムの基本問題が「生き方としての民主主義」であることに違いはない[10]。

　さて，二つの物語論の可能性を最後に示したい。まず「臨床」の物語論は，生きることの意味や人間関係の意味の理解を語り手に促すだろう。主観的要素を排除しない「我と汝」の間に成立する「二人称の科学」が，経営の現場で果たす役割は大きい（野家 2010a, 28 頁）。今後の展開に注目したい。次に「行為」の物語論は，経営世界を生きる人々に倫理的な生き方を教えてくれるだろう。本章で取り上げた「行為」の物語論者たち，すなわち，ホワイトヘッドは多元的な宇宙の秩序を論じ，フォレットは他者とともに「再人格化」する人間の成長を捉えた。そして，バーナードは主著のクライマックスで道徳的創造性の尊さを語ったのである。

　さて続く第 9 章では，物語の主人公である行為者自身の「経験」を問うてみたい。フォレットはジェームズ経験論の「知覚」を援用し，〈人間 - 組織 - 社会〉の関係を生きる経営者を論じた。では，経営者の目にその世界はどのように映るのだろうか。それを考えてみたいと思う。

注

1）野口祐二が指摘するように，ナラティブ・セラピーの理論的基礎は社会構成主義である（野口 2005, 22-23 頁）。ただし物語論の領域によっては，野家啓一が述べるように「緩やかな連携」であ

り，また「物語論も広い意味では社会構成主義の議論と重なり合うところがある」という関係であ
ろう（野家 2010a, 7-8 頁）。なお，物語論の方法は野家啓一（2005, 301 頁）を参照されたい。
2 ）経営学と解釈学との関連は村田晴夫（1984, 211-218 頁）を参照されたい。ここで村田晴夫は，
ホワイトヘッド，バーナード，そしてフォレットらの思想の解釈学的意義を述べている。また小濱
純（2004）は，「解釈学的循環」と「先行了解」という解釈学の鍵概念からフォレットの「状況の
法則」の解釈学的特性を指摘している。
3 ）本章における「物語論的転回」は林貴啓を参考にしている。ここで林貴啓は，「このように物語
の立場は，法則化・数量化・抽象化を旨とする自然科学とは異なる，人間と世界についての語り
方，それを具体的で生きた姿のままに語ろうとするアプローチ」（林 2010, 135-136 頁）であると，
その特徴を指摘している。
4 ）同書「序言」のサブタイトルは「歴史が，動く」である。吉原正彦は同書の方法と意義を次のよ
うに説明している。「わたくしは，メイヨーやレスリスバーガーなどの人間関係論者とバーナード
との間に何らかの接点があったのではないか，もし接点があったのであれば，如何なる接点であ
り，彼らの相互交流はどのようなものか，を解明することを狙いとしている。もちろん，彼らの間
に交流があったからといって，それがどのような意味を持つのか，という問いは充分に承知してい
る。しかし，その意味を明らかにするためにも，まずその事実関係を知ることが不可欠である」
（吉原 2006, 2 頁）。なお，本書第 5 章「フォレット経営思想と有機体論」の初出論文（2010）は吉
原正彦の研究方法を参考に執筆した。筆者も，ハーバード大学古文書図書館（Pusey Library）で
入手したフォレットとホワイトヘッドとの交流史料を他の事実とつなぎ合わせて歴史的な流れを再
現した。
5 ）河辺純は「物語り」の製作を支える「背景」を次のように整理している。ここで「背景」とは，
「全ての物語りを包括し，各々の物語りの在り方を導く基盤であり，また理法のようなものを意味
する。この理法は，科学的法則性のような確固たるものではなく，個々の物語りの失敗や物語り間
の対立によって取り残されてきたものをも受容し，語り得なかったものを再度語り直すことができ
るように開かれたものである。さらにその理法は，語り直された各々の物語りの進展によって，
〔背景〕それ自体がその都度影響を受け，その基盤を拡大させていくような，穏やかな理法でもあ
る」（河辺 2007, 132-133 頁）。こうした「背景」に注目する河辺純は，フォレットとバーナードの
思想から「物語り論的状況」や「物語り論的存在」という人間観や組織観を提示するのである。
6 ）ホワイトヘッドの基本概念である「現実的存在」と「合生」は『過程と実在』（1929）で多用さ
れる語であり，『科学と近代世界』（1925）の段階では「現実的生起（actual occasion）」と「抱握」
という語が使われているが，これらは基本的に同様の概念である（田中 1998, 270-271 頁）。
7 ）ここで野家啓一はフォースター（E. M. Forster）の『小説の諸相』（Aspect of the Novel, 1927）
を引いて「物語り的因果性」を説明している。まず，その部分を引用しておきたい。「われわれは
ストーリーを『時間の進行に従って，事件や出来事を語ったもの』と定義しました。プロットもス
トーリーと同じく，時間の進行に従って事件や出来事を語ったものですが，ただしプロットは，そ
れらの事件や出来事の因果関係に重点が置かれます。つまり『王様が死に，それから王妃が死ん
だ』と言えばストーリーですが，『王様が死に，そして悲しみのために王妃が死んだ』と言えばプ
ロットです。時間の進行は保たれていますが，二つの出来事の間に因果関係が影を落とします。
（中略）ストーリーなら『それから？』と聞きます。プロットなら『なぜ？』と聞きます。これが
ストーリーとプロットの根本的な違いです」（野家 2010b, 26 頁）。次に，野家啓一の解説を記して
おこう。「ここで言われている因果関係とは，もちろん〔物理的因果性〕ではなく〔物語り的因果
性〕のことである。ストーリーにおいては，時間的進行にしたがって出来事が並列される。自然科
学においては法則がそれを秩序づけるであろう。他方のプロットは法則によってではなく，〔悲し
みのために〕という理由によって出来事を結びつける。法則は一義的であるが，理由は多面的であ

る。それゆえ，物語り的因果性は，原因と結果を直線ではなく多様な曲線によって結びつける。どのような曲線を最適なものとして選ぶべきかには当の状況の歴史的来歴あるいは生活史が反映するであろう」（野家 2010b, 27 頁）。こうして野家啓一は，ホワイトヘッドの「有機体の哲学」と「物語り論」との接点を指摘する。

8）ホワイトヘッドは「現実的存在」の常住不変性を否定し，創造的性質を有する「現実的存在」を「自己超越体」という語で表現した。詳細は村田晴夫（1984, 182-184 頁）および本書第 5 章を参照されたい。

9）バーナードの「創造的能率」と「分配的能率」に関する説明は次の通りである。「分配の統制は高度に発展した技術の問題となり得るし，また，しばしばなっている。他方，創造的能率は結果的には技術の発明を含むけれども，性格としてはもともと非技術的である。必要なのは事物の全体感であり，部分を全体に永続的に従属させることであり，最も広範な観点に立って，他の管理職能，技術，説得，誘因，伝達，分配的能率などすべての諸要因から戦略的要因を識別することである。物的，生物的，経済的，社会的，個人的および精神的な効用をはかる共通の尺度はあり得ないから，創造的協働の戦略的要因を決定するのは直感（sense）の問題であり，釣合感の問題であり，異質的な諸部分の全体に対する重要な関係の問題である」（Barnard 1938, 1968, pp.256-257, 翻訳書 268 頁）。

10）大賀祐樹によれば，「生き方の民主主義」の「民主主義」は，「選挙や議会といった政治制度だけでなく，自分たちの力でコミュニティを作り上げ，運営する際に必要とされる〔態度〕のことでもあった」（大賀 2015, 12 頁）。そして柳沼良太によれば，「新」と「旧」のプラグマティズムには次のような共通した利点がある。「第一に，プラグマティズムは日常経験の生活感覚を重視したうえで，現実社会に潜在する矛盾や問題点を発見し，その問題解決のための仮説を形成し，実験を通してその有効性を検証する。第二に，プラグマティズムは多元性や偶発性を認め，情報化とグローバル化によって差異化と断片化が進展する現代社会にも柔軟に対応する。第三に，プラグマティズムは狭小な学問的境界を取り除き，多角的かつ学際的な協働探究によって全体論的なアプローチを可能にする。第四に，プラグマティズムは，知識や理論の基礎づけや大物語が検証不可能であることを認めながらも，個人が世界に影響力を持って行動したり特定の道徳的なコミットを正当化したりできると考える」（柳沼 2002, 78 頁）。

第 9 章

物語論的経営思想の世界観

第 1 節　はじめに

　「一切の事物は流れる」という「人間の直観が生み出した最初の漠然とした一般化」（Whitehead 1929, 1978, p.208, 翻訳書 362 頁）は，古今東西を問わず，哲学に不可欠な概念装置として機能してきた。ヘラクレイトス（Hèrakleitos）的なこの格言は『方丈記』の冒頭を思い起こすまでもなく，多くの文芸にも哀歓を与えた。そこで用いられる「流れ」のメタファーは，自然の美しさと四季の移り変わりを描写し，人間の心情の細かな襞をも掬い取る。それゆえなのか。時間や歴史のように「流れ」の表象がつきまとう哲学的考察には，どことなく抒情詩の香りが漂う（Whitehead 1925, 1967, p.54, 翻訳書 72 頁）。

　それとは対照的に，科学は如何なる情趣をも認めない。現象学者であるフッサールは，刻々と移ろいゆく時空間を「生活世界」と捉え，喜怒哀楽など，日々の暮らしの中での人間の知覚的経験を捉えた。「生活世界」の中で，音や光は「うるさい」や「眩しい」と感じられるのに，客観的世界では，音は振動に，光は粒子や波動に数量化されてしまう。フッサールは，数学的法則のみを真理と見做す客観的世界観に批判の意を込めて，「生活世界」に「数式の衣」を被せたガリレイを，「発見する天才であると同時に隠蔽する天才」（Husserl 1936, 2012, s.56, 翻訳書 95 頁）と皮肉った。

　これまで述べてきたように，自然科学は諸事象間の因果的な説明を目指し，人間科学は心的および社会的事象の内在的な理解を目指す。木村敏によれば，自然科学が探究するのは「存在（being）」としてのリアリティであり，人間科学が表現するのは「生成（becoming）」としてのアクチュアリティである（木村 2005, 55-57 頁）。前者のリアリティは「ものの世界」の静的秩序を捉え，後

者のアクチュアリティは「こ・と・の世界」の動的発展を捉えている（木村 1982, 4-12 頁）。

　科学を標榜する経営学では実証主義に依拠してリアリティを問う方法が「主流」であるが，経営学史を 100 年近く遡るとアクチュアリティに注目した経営思想家に出会うことができる。その人物こそ，プラグマティズムと全体論の復権という知的状況の中で経営思想を説いたフォレットであったのだ。彼女は人間を他者との関係の中で主体性を得る存在と把握し，コミュニティや組織を生きる人間の在り様を問うた。フォレットが大切にしたのは，アクチュアリティという「こ・と・の世界」における当事者の眼差しだった。人間が他者や社会と関わることで経験が生成し続ける様は，生きることの物語と呼ぶに相応しい。そこで本章では，フォレットの万物流転の世界観における物語性を捉えてみたい。

第 2 節　アクチュアリティの様相

　フォレットの『創造的経験』では，行為主体間での「相互作用」,「統一体化」,「創発」という動態的なプロセスと，その前提として，行為主体の「知覚作用（percept）」と「概念作用（concept）」とが示された（Follett 1924, pp. 144-145, 翻訳書 154 頁）。ここで「知覚作用」は言葉で表現される前の「直観」を，「概念作用」はこれを抽象化し，類型化する働きを指す（三井 2012, 49-51 頁；西村 2012, 91 頁）。フォレットは，創造的な「経験」を「知覚作用」と「概念作用」との継続的なプロセスとして捉えた。

　こうした考え方はジェームズ哲学の影響を受けている[1]。既に述べたように，ジェームズは人間の思考の様相を単に心理学の問題とせず，哲学の問題として形而上学的かつ宗教的に問うた。そこで「意識の流れ」は「感じ」という「知覚」に，そして「考え」という「概念」に置き換えられた。前者は主体と客体が分離する以前の原初的素材であり，後者は主体が事物を客体化して理解する働きである。こうしてジェームズは，概念作用が未だ働かない「知覚」を「純粋経験」と称した。かかる世界は，いずれの場所でも多即一の光景が現れ

る。そこでわれわれは，まず事物を客体化する以前に，曖昧模糊とした「感じ」でそれと融合し，次にコンテクストに応じてその「感じ」の抽象化と類型化を行うのである。

　ところで，『善の研究』を著した西田幾多郎がジェームズの「純粋経験」から影響を受けたことは広く知られている。西田幾多郎は次のように言う。「経験するというのは事実そのままに知るの意である。まったく自己の細工をすてて，事実に従うて知るのである。純粋というのは，普通に経験といっているものもその実は何らかの思想をまじえているから，毫も思慮分別を加えない，真に経験そのままの状態をいうのである。たとえば，色を見，音を聞く利那，まだこれが外物の作用であるとか，我がこれを感じているとかいうような考えのないのみならず，この色，この音は何であるという判断すら加わらない前をいうのである。それで純粋経験は直接経験と同一である。自己の意識状態を直下に経験したとき，いまだ主もなく客もない，知識とその対象がまったく合一している。これが経験の最醇なるものである」（西田 1911, 2012, 13 頁）と。美しい景色や音楽に触れたとき，つまり「色を見，音を聞く利那」，われわれは「見るもの」と「見られるもの」を分け隔てていない。ジェームズの言葉を借りれば，「まだどんな明確な〔何 what〕にもなっていない〔あれ that〕」（James 1912, 1976, p.46, 翻訳書 84 頁）であり，こうした意識の原初状態が主客合一だというのである。

　そして，ジェームズ経験論との思想的関連を自認するホワイトヘッドも同様の観点を有していた。ホワイトヘッドのコスモロジーは，生起する「現実的存在」の動的なプロセスであり，そこには唯一無二のアクチュアリティが無数に現れ続ける。アクチュアリティは，「現実的存在」の内的な生成を示す「合生」と，「現実的存在」の外的な連鎖を示す「推移」という二種の流動性を有する（Whitehead 1929, 1978, p.210, 翻訳書 366 頁）。かかる「合生」と「推移」とが「一つの今，一つのここ（a here and a now）」（Whitehead 1925, 1967, p.69, 翻訳書 93 頁）のアクチュアリティを生成し続けるのである。

　こうした視点は主観に特徴がある。ホワイトヘッドはカント流の主観主義を批判するが，主観そのものを否定しているわけではない。問題は唯一の主観という点である。あらゆる「現実的存在」がそれぞれ主体であると考えるホワイ

トヘッドの「有機体の哲学」では，ただ一つの主観は存在せず，無数の主観が宇宙全体に広がり生成消滅を繰り返している。つまり，世界の中心は「私」ではないのだ。あらゆる瞬間，あらゆる場所で，すべての「現実的存在」が世界の中心となり得るのである（中村 2007, 88-89 頁）。

　また，「現実的存在」は「知覚する主体」でもあり「知覚される客体」でもある。このことからアクチュアリティは主客統合の存在として把握される。ここにアクチュアリティと「純粋経験」との親和性が浮かび上がる。ホワイトヘッド研究者らは，こうした主客関係を「汎主体主義（pansubjectivism）」と呼ぶ。その一人，田中裕は「現実にあるものは，それ自身において考察されるときは，すべて主体であり，他者の観点から見れば客体である。そして，主体から客体への，客体から主体へのダイナミックな移行がまさしくホワイトヘッドがプロセスと呼んだものの内実を為している」（田中 1998, 131 頁）と述べ，こうした主体の複数性がホワイトヘッドの多元主義（pluralism）を基礎づけていると指摘している。

　ホワイトヘッドによれば自然は生きている（Whitehead 1938, 1968, p.145）。有機体である「自然には血が通っている。そしてリアルな諸事実が起きている」（Whitehead 1938, 1968, p.144）のである[2]。われわれの世界は，生命なき自然の機械論的なプロセスではなく，「現実世界の多なる現実的諸存在を受けて，それらを自己のリアルで内的な構成要素として統合する」（村田 2014b, 16 頁）ような生命のプロセスに満ち溢れている。ホワイトヘッドの「有機体の哲学」では，一つの主体の成立に他の主体が関わっている。つまり「単に位置を占める」ことのない「現実的存在」には，経験の主体的直接性が認められているのである（村田 2014b, 16 頁）。

　主体と主体との関係性に関心を抱き続けたフォレットの方法も同じであろう。人々の相互作用を基礎とする社会プロセスでは，主体と切り離された客体は存在しない。それぞれの主体の相互作用による社会的状況の形成にフォレットの主眼が置かれたのだ。そこで問われるのが，個々の経験を関連づけるための「概念（concept）」である（三井 2012, 50 頁）。

第 3 節　創造的経験における「知覚」と「概念」

　われわれの生活の中で「概念は，以前のままの概念に止まってはいない」（Follett 1924, pp.144-145, 翻訳書 154 頁）。流れゆく状況の中で知覚されたものが，その都度，概念の中に入り込んで概念そのものを変化させる。それゆえ，概念は固定化されたものではなく，われわれの活動の中で形成され続けるものなのである（Follett 1924, p.144, 翻訳書 153 頁）。

　ともすると，われわれは概念を静止画のように見たり，生活と乖離したものと思い込んだりしてしまう。それを危惧したフォレットは，「知覚作用」と「概念作用」との「進歩的統合」（Follett 1924, p.146, 翻訳書 155 頁）というプロセスの重要性を指摘したのである。「ときどき，われわれは静的な用語である概念画（conceptual pictures）という言葉を聞くことさえある。しかし，進化し続けていく状況は，概念画とは相反するものである」（Follett 1924, p.146, 翻訳書 155 頁）。概念は生活の一場面を描いた単なる絵画ではない。フォレットにとって，それは日々の生活の中での知覚に応じてその内容を変化させるものであったのだ。

　ジェームズも同様に，「概念は知覚から流れ出し，再び知覚に流れ込む」（James 1911, 1979, p.31, 翻訳書 41 頁）と述べている。そこで，われわれは知覚と概念との応答によって，この流れの中から多様な感覚を取り出して意味と名を与える（James 1911, 1979, p.33, 翻訳書 45 頁）。かかる作業によって抽出された「何 what」が概念である。われわれは，そうした「概念（whats）を用いて知覚の事実（thises）を理解する」（James 1911, 1979, p.34, 翻訳書 46 頁）のである。ジェームズにとって「われわれの知的生活は，知覚の世界（われわれの経験はそこで初めて成立する）を概念の世界に翻訳すること」（James 1911, 1979, p.33, 翻訳書 45 頁）であった。ここにもジェームズ流のプラグマティズムが表れる。つまり，知覚と概念との間を往復する「調停的な態度（mediating attitude）」（James 1911, 1979, p.36, 翻訳書 51 頁）がプラグマティストの姿なのだ。

　そしてホワイトヘッドも，主観的感覚と客観的現象とを分け隔てる「自然の二元分裂」を批判し，有機体では「情緒的経験が概念的なものにおいて正当化され，概念的経験が情緒的なものに例示されるという和解（reconciliation）を必要とする」（Whitehead 1929, 1978, p.16, 翻訳書 25 頁）と述べるのである。つまり，情緒的な「感じ」である原初的素材が概念化され，それらによる知的洞察が，再び情緒的なものへと転換されるというのだ。これは，「概念は知覚から流れ出し，再び知覚に流れ込む」というジェームズと同じ感覚であろう。そしてホワイトヘッドの「情緒的な相と知性的な相との和解」について，村田康常は「情的知」という言葉を用いて次のように述べる（村田 2000, 83 頁）。すなわち，「情緒的経験と概念的経験との統合は，他者との関係における自己の生成のプロセスの中で，絶えず新しく，そして過去を継承しつつ，未来へと連綿と続く〔生の躍動〕である」3)と。

　ここで「生の躍動」は，「純粋持続」という直観的な意識の在り様を示すベルグソンの言葉である。フォレットによれば，「持続」とは自己を永続的に包摂することであり，それは経験から生起するアクチュアリティを自ら感じ取ることだった。知覚は「今，ここ」に，そして概念は未来や過去に関わるとジェームズは言う（James 1911, 1979, p.34, 翻訳書 65 頁）。こうした知覚と概念の時間的把握，および両者の応答プロセスは，ジェームズの「調停的な態度」に，ホワイトヘッドの「和解」に，そしてフォレットの「進歩的統合」に共通している。

　ここでバーナードの主張にも注目しておきたい。バーナードは『経営者の役割』の付録「日常の心理（Mind in Everyday Affairs）」において，人間の精神過程を論理的なものと非論理的なものとに区分し，とくに言語や記号では表せない非論理的な思考の重要性を指摘している（Barnard 1938, 1968, p.303, 翻訳書 314 頁）。かかる二つの精神過程の在り様は，「大洋に転々と島嶼が浮かんでいる風景を想像してみるとよい。海面の遥か下には広大な海底（大地）が広がっている。その大地が非論理的精神過程であり，海面からぽつぽつと顔をのぞかせている島の一つひとつが論理的精神過程なのである」（藤井 2011, 180 頁）。通常，われわれが島と呼ぶのは海面から上の部分であるが，実際には海面下に深く広がっている。そうであれば海面下の見えない部分，つまりは非論

理的精神過程の領域にも目を向けなければならない。

　しかもバーナードによれば，言語や記号で表すことのできない非論理的思考
も，「多少とも意識的な努力と研究によって，われわれの心に入り込む」
(Barnard 1938, 1968, p.304, 翻訳書 315 頁) のだという。人間の「知」は二つ
の精神過程間を往来する密接不可分のプロセスである（藤井 2011, 184 頁）。
つまり，論理的なものと非論理的なものとの「解釈学的循環」が島全体を捉え
ることを可能にするのである。そして藤井一弘は，バーナードが「知」を精神
ではなく精神過程として論じたことに注目して次のように述べる。バーナード
は「このように〔知る〕ということを捉えて，そして彼自身を取り巻く（か
つ，その中に含まれている）全体状況——具体的には経営者としての彼の経
験——を，その〔知る〕でもって，あるいは知るための方法を適用して記述し
ていった」（藤井 2011, 184 頁）のだと。こうした「知る」のプロセスは，前
述したジェームズ，ホワイトヘッド，そしてフォレットの認識作用と相通じる
ものがある。

第4節　創造的経験における「真理」と「価値」

　とはいえ，目の前の「純粋経験」や「情緒的経験」を感受するのは難しい。
そこで人間は自ら知覚することを辞め，専門家（expert）の概念画に依存し，
自らの「知覚作用」と「概念作用」を放棄してしまった。科学的発展を遂げた
社会では，われわれが知覚する現実世界とは無関係に概念が作られ，いつの間
にか，それが唯一の真理と見做されてしまう。フォレットは，自ら経験するこ
となく専門家らの主張をそのまま科学的な真理としてしまうことに危機感を抱
き，この現象を「代理的経験（vicarious experience）」(Follett 1924, chap.1
and 2) と呼んで批判したのだ。フォレットが『創造的経験』で問うたのは，
「我」ないしは「我々」が「協働し続けていく経験のプロセス」(Follett 1924,
p.30, 翻訳書 41 頁) であった。そうした社会プロセスでは，一人ひとりの実際
の経験が問われることになるのである。

　それでは社会プロセスにおける真理とは何か。前述したように，ジェームズ

は「実証的真理」と「限定的真理」という二つの真理観を提示したうえで，と
くに「限定的真理」を重んじた。なぜなら，ジェームズは宗教のように非科学
的であったとしても，生きるための活力をもたらし得るのであれば，それこそ
が真理であると考えていたからである。こうした特殊な真理観から，フォレッ
トはホワイトヘッドの「有機体の哲学」の本質を社会プロセスにおける創造性
に見出したのだ（Follett 1926, pp.10-11）。ホワイトヘッドにとって，「有機体
は創発する価値の単位」（Whitehead 1925, 1967, p.107, 翻訳書 149 頁）と考え
られていた。つまり，ジェームズ思想に依拠するフォレットにしてみれば，価
値を創発する「進化（evolution）」が，実証的にも限定的にも真理だったので
ある。

　ところで「進化」と言えばダーウィン（C. R. Darwin）が有名だが，その
『種の起源（*On the Origin of Species*）』（1859）の出版に先んじて「進化」お
よび「適者生存」の語を用いて社会進化論を提示したのがスペンサーであっ
た [4]。富永健一によれば，「スペンサーの社会有機体論は，社会学にとって社
会システム理論の原型をなすものであったが，それはなお社会学の説明原理を
生物学から借りてくるというアナロジーの方法論に依存していた」（富
永 1995, 109 頁）。それにより，「社会を構成している個人を，自らの意志で行
為する主体としてではなしに，中枢神経系からの命令によって動く細胞や器官
の位置に貶めてしまった」（富永 1995, 82 頁）。つまり，スペンサーは能動的
に行為する人間とその人間関係の実在性を見落としていたのである。

　そして，ベルグソンもスペンサーの進化論には批判的であった。その理由は
空間と同列に置かれた時間の概念にある [5]。ベルグソンによれば，近代科学は
空間の性質と機能を解明し，得られた知見を時間に適応させる。その際，時間
は直線上の点時刻 t を前提とする。しかし，これでは時間の本質を捉えている
とは言えない。なぜなら時間は流れるからだ。しかも人間の「生」において時
間は「持続」するのである。

　ホワイトヘッドによれば，「徹底的な進化論哲学は，実は唯物論と相容れな
い」（Whitehead 1925, 1967, p.107, 翻訳書 148 頁）。なぜなら，「唯物論哲学の出
発点となる原初的素材，すなわち物質は進化することができない」（Whitehead
1925, 1967, p.107, 翻訳書 148 頁）からだ。スペンサーの社会進化論は有機体的

機械論（organic mechanism）であり，「物質の各部分間の外的関係の変化を記述する」（Whitehead 1925, 1967, p.107, 翻訳書 148-149 頁）に過ぎない。それに対してホワイトヘッドの「有機体は創発する価値の単位」であり，その進化は「現実的存在」の「創造性」（Whitehead 1925, 1967, pp.111-112, 翻訳書154 頁）にこそ意味がある。

　ここで野家啓一はホワイトヘッドを引き，「物質の外的関係の変化を記述するだけの唯物論においては価値の創発は見られず，〔ただ目的なく進歩のない変化があり得るのみ〕」（野家 2010b, 22-23 頁；Whitehead 1925, 1967, p.107, 翻訳書 148 頁）と述べ，ホワイトヘッドの有機体論を科学的唯物論が描く「存在」としての「死せる自然」ではなく，自己組織的に発展する「生成」としての「生ける自然」であると評した。ホワイトヘッドによれば，唯物論の基本は「独立して存在する二つの実体，すなわち物質と精神にある」（Whitehead 1925, 1967, p.152, 翻訳書 204 頁）。精神の在り様を度外視し，静態的な物質のみを扱うガリレイやデカルトらの唯物論的な自然は，「無味乾燥で，音もなく，香りもなく，色もない。それらは目的も意味もない，単なる物質の慌ただしさに過ぎない」（Whitehead 1925, 1967, p.54, 翻訳書 72 頁）のに，それが現実世界の真相と見做されてしまうことがある。

　ホワイトヘッドは，これを「具体性取り違えの誤謬」であると警鐘を鳴らした。近代科学において，「あらゆる認識は具体的なものをそれぞれの仕方や度合いに応じて抽象化している」（村田 2018, 14 頁）にも関わらず，抽象的な科学的知識で眼前の具体的な現実世界を説明できると信じている科学者が多い。ホワイトヘッドの『科学と近代世界』における「具体性取り違えの誤謬」は，こうした近代科学とその科学者に対する批判であったのだ。

　では具体性とは何か。村田康常によれば，それは「事実と価値が一体化した直接経験の原初相」（村田 2018, 14 頁）であり，これがホワイトヘッド思弁哲学の出発点であるという。しかしながら，いつしか没価値的な事実が具体性と見做されるようになってしまった。そこで，ホワイトヘッドは『科学と近代世界』において，「具体性取り違えの誤謬」の典型である「単に位置を占める」ことと「実体 - 性質」の観念が示す没価値的な唯物論を批判したのだ（村田 2018, 14 頁）。それらを踏まえ，ホワイトヘッドは事実と価値が一体化した

「現実的存在」の創発的なプロセスを「抱握」という語を用いて説明したのである。それが『過程と実在』であった。

　これに関して村田康常は次のように述べる。「私たちは一回限りの出来事が生じては消えていく不可逆的な世界に生きている。ホワイトヘッドはこれを端的に〔生きている自然〕と呼んでいる。そこで生じては消えていく諸々の出来事の関係性からなる不可逆的なプロセスを相手取るのが科学であるが，近代科学は，そこから一定の方法で何かを切り取ってきて他を排除することで確実性を担保している。しかし，科学はその方法論によって，対象を選択し捨象し強調している。そのとき捨象されるのは，たとえば事実と不可分に結びついて成立する価値であったり，不可逆的プロセスの唯一回性であったり，このプロセスの至るところで生じる無数の主体という観点の多元性であったり，あるいは科学的探究や理論の適用の動機となった個別的で切実な経験であったりする。科学者や科学に触れる者は，このことに自覚的にならなければならない」（村田 2018, 16 頁）。ホワイトヘッドはこのように訴えているというのだ。

　ところで，村田晴夫によれば東日本大震災後の原発事故は「具体性取り違えの誤謬」に起因するという（村田 2013, 109-111 頁）。クリーンで安全という原発の抽象化された概念によって作成された美しく完璧なまでのマニュアルと，東京電力・福島第一原子力発電所という具体的な「現実的存在」を取り違えたということだろう。村田晴夫が言うように，「有機体の時間のリズムを機械論的時間に置き換えることによって成立する科学の理論は，具体的現実から科学的思考の目で抽象化したものである」（村田 2013, 105 頁）。

　しかしながら，安全神話から出来上がった原発のマニュアルでは，「単に〔今〕という時間だけが強調され，その機械論的時間が人間を支配する。すると，人間の時間は近代組織の時間に吸収され，人間は自らの時間を忘れて精神なき専門人と化した」（村田 2013, 110 頁）。フクシマの原発事故を招いた一つの原因は時間の誤謬だった。その機械論的時間は今なお現代社会を支配している。こうした危機的な状況の中で，村田晴夫は刹那的な「科学の時間」ではなく，全体的かつ過程的な「有機体の時間」の重要性を主張するのである。

　また，フクシマの原発事故をワインバーグ（A. Weinberg）の「トランス・サイエンス（trans science）」の問題とする見方もある。原発は科学の問題で

はあるけれども，もはや，それだけでは結論を出せないほどの広がりを持っていたというのだ。なるほど，フクシマの事故によって「原子力発電の〔安全〕神話が崩壊し，それを下支えしている科学・技術や科学者・技術者に対する〔信頼の危機〕が惹起された。それは，専門家間の，そして専門家と生活者間の認識ギャップの顕在化を通じて，生活者の，科学・技術や専門家への信頼の動揺を増幅させ〔不安〕の拡大をもたらした」（藤沼 2016, 94 頁）。指摘の通りであろう。しかも恐ろしいことに，ワインバーグは半世紀近く前に，原子炉の事故確率を科学的に回答することはできないとしていた[6]。つまり，科学者・研究者らは原発をトランス・サイエンス問題であると認識していながら，それでも科学的精緻化を志向し続けていたのである。科学者は反省しなければならない。いや，われわれにも責任があるだろう。なぜならフォレットの言葉を借りれば，われわれ生活者も自ら知覚することを辞めて，科学者が示した概念画に頼りきっていたからである。

　では，どうすれば「具体性取り違えの誤謬」に陥らないのか。その答えの一つとして，村田晴夫は水平同型性から垂直同型性への思考様式の転換を主張している[7]。水平同型の特徴は，① 客体化された対象間の同型，② 構成原理における同型（「how?」という問いに対して同型の答えを得ること）であり，垂直同型の特徴は，① 全体とそれに含まれる部分の間の同型，② 存在原理における同型（「何であるか（what?）」という問いに対して同質の答えを得ること）である（村田 1984, 25 頁）。前者はカント的な方法論的個人主義の形態であり，後者はホワイトヘッド的な方法論的有機体主義の形態である（村田 1984, 25-26 頁）。村田晴夫の主張は，「一切のものが一切のものと関連し合っている」（村田 1984, 208 頁）という垂直同型的な有機体論にある。この立場からすれば，「現実的存在」は相互依存的であって「単に位置を占める」ことはない。

　前述したフクシマ原発事故では，「具体性取り違えの誤謬」やトランス・サイエンス問題があった。科学の対象とされた原発は，① 客体化された対象間の同型，② 構成原理における同型，の物質と見做されたことで，その時間と空間は機械論的なものとなった。だが原発を，① 全体とそれに含まれる部分の間の同型，② 存在原理における同型，の「現実的存在」や「全体状況」と把握していたならば，その時間と空間は有機体論的なものになっていたはずで

ある。

　村田晴夫は「有機体の論理」を次のように説く。「組織とその活動が受け入れられるためには，受け入れる側に主体的調和と満足がなければならない。〔受け入れる〕という主体的調和の意味は，外から横並びに見るだけでは見えないであろう。感覚，価値，そして目的といった心的要因が内側から垂直的に解釈されなければならない。それぞれの意味が総合されて組織活動の生成へと結ばれていくのである。フクシマ原発事故を見れば，これは人間にも，社会にも，受け入れられないものであろう。ここで人間は，未来の人間たちを含むことに気づかされる」（村田 2013, 107-108 頁）のだと。このように垂直同型の「有機体の論理」では，(a) 組織の目的が受け入れられていること，(b) 組織の価値が受け入れられていること，(c) 組織の時間に美的調和があること，が求められている（村田 2013, 108 頁）。

　そうであれば，科学的知識あるいは分析的論理から得られた知見は，その都度，「全体状況」の中で解釈されなければならない。ある実在を理解する際には，それを他から切り離してはならず，他との関係で考えなければならないのだ。しかも「現実的存在」は目に見えるものばかりではない。無数の見えないつながりが，それらの生成に関与している。そのつながりを理解すればするほど，「現実的存在」にせよ，社会にせよ，それらの在り様をより深く理解できたことになる（林 2014, 113 頁）。われわれは，そうした数々の「現実的存在」が織りなす結合体（nexus）ないし社会を生きているのである。

第5節　おわりに

　元来，フォレットの「状況の法則」は俯瞰的な科学の類ではない[8]。なぜなら，認識の対象に主体が含まれているからである。その場合，状況を構成する人間がその流動性を客観視するのは難しく，ある程度の主観を免れ得ない。かくして当事者は，静態的な存在のリアリティとしてというよりは，むしろ動態的な生成のアクチュアリティとして状況を理解するのである。経験を重んじるフォレットは，自らの活動を通して感じ取ったこのアクチュアリティに価値の

創発性を認めた。「状況の法則」が「個」と「全体」の発展性を内包している
のはそのためである。

　にもかかわらず，人間は往々にして与えられた概念画や第三者の「代理的経
験」に身を委ね，自ら経験することを放棄してしまう。フォレットはこれを憂
慮し，直観を本質とする「知覚作用」と「概念作用」との「進歩的統合」の大
切さを主張したのである。フォレットが言うように，専門家の知識は状況から
混乱を排除してくれるが，その状況を知覚し，それを思考することができるの
は状況の中にいる当事者しかいない。

　フォレットが『創造的経験』で語ったのは，新たなものが生み出される「神
秘の瞬間」（Follett 1924, pp.XIV-XV, 翻訳書 7 頁）であった[9]。それは価値が
創発される社会プロセスであり，「人間の成長と社会の発展とが両立する道へ
と導く理論」（Follett 1924, pp.XIV-XV, 翻訳書 7 頁）に他ならない。こうした
考えのもと，フォレットは一人称（複数）で流転する〈人間 - 組織 - 社会〉の
関係を論じたのである。人間の成長，組織の発展，そして社会の進歩は，すべ
て「我々」の経験から始まる。その社会プロセスという連なりに物語性が宿る
のである[10]。

　さて次章では，フォレットの解釈学的経営思想とは何かを明らかにしよう。
そこで，経営世界におけるフォレット自身の知覚の概念化に焦点を当て，そこ
から導かれた経営思想を「一人称の経営学」として提示したいと思う。科学を
志向するのが「三人称の経営学」であるとすれば，哲学を志向するのが「一人
称の経営学」である。この二つを補完的に有するならば，経営学はより豊かな
学問になり得るのではないか。筆者はそのように考えている。それを示して結
論としたい。

注
1 ）ジェームズの経験論はデューイへと継承された。それによれば，人間の経験や成長は他者ととも
　にある。デューイは，こうした観点から社会的集合体を重視した。そして「経験（実験）による民
　主化の実現」という構想は，教育の現場などに広まり，「共に経験する技法」などを開発させたの
　である。こうしたデューイ思想における社会性や動態性は，フォレット思想との関連で検討すべき
　テーマであろう。なお，フォレットとデューイとの関連は三井泉（2009, 112 頁）が詳しい。参照
　されたい。
2 ）村田康常はホワイトヘッドを引用した後に次のように続けている。「〔生きている自然〕には〔血
　が通っている〕。私たちの生きているこの現実世界はただ機械論的なプロセスではなく，さまざま

なリアルな事実が生じ，働き，出会いつつ，新たな価値を実現していく，血の通った生命のプロセスに満ちている。森羅万象が，〔生きている自然〕に満ちる生命の血潮を受けて，それらを一つに統合しつつ生起してくる個別的な出来事であり，この私もそれらの出来事の一つである。この現実世界に満ち満ちている生命の血潮は，私にも通ってきて私を生かす血潮なのだ」（村田 2014b，16-17 頁）と。

3）村田康常から筆者宛ての書簡（2015.2.25）による。そこには，「情的知とは私の師であるホワイトヘッド研究の大家，山本誠作先生が提唱された考えで，もともとは西谷啓治先生の言葉だったものです。西谷先生の大谷大学講義などに見られた情的知の考えを，山本先生はホワイトヘッドの有機体の哲学の基本的特徴を示すものとして取り上げられたのです。」と綴られている。

4）富永健一によれば，スペンサーの社会有機体論の特徴は，「第一に，有機体に成長という現象があるように，社会にも社会成長と呼び得る現象がある。第二に，有機体には構造と機能の分化があるように，社会にも成長が進むとともに構造と機能の分化が生じる。第三に，有機体には異なった諸組織や諸器官の間に相互依存の関係があるように，社会にも異なった役割を受け持つ諸集団や諸組織の間に相互依存の関係がある。第四に，有機体には種の進化があって，進化とともに有機体の諸部分間の相互依存関係が強まっていくように，社会も社会進化と呼び得る現象があって，進化とともに社会の諸部分間の相互依存関係は強まっていく。以上を約言すれば，有機体と社会は，成長・分化・諸部分間の相互依存・進化の四点において共通する」（富永 1995, 106 頁）。

5）ベルグソンの時間観は中村昇（2014, 72-74 頁）を参考にしている。その部分を引用しておこう。「これまでの哲学や科学は，いずれも時間の本質をとらえそこなっているとベルクソンはいう。対象によりそい，その実相を追究する唯一の哲学だと思っていたスペンサーの哲学でさえも，時間にかんしては，やはりほかの哲学同様，まちがった概念を基礎にすえていたのだ。ようするにいままで，あらゆる科学や哲学において，〔時間〕は〔空間〕とおなじようなものだと誤解されてきたのだ。それにたいして，真の時間のあり方は，〔持続〕だとベルクソンはいう。ほかの哲学や科学は，時間をひとつの数直線だと考えて，その直線上に点時刻 t を前提する。このような従来のやり方では，時間の本質をとらえることは原理的に無理なことなのだ。時間は，そんなものではない。点時刻などでは特定はできない，つねに流れていくものだ。つまり，〔持続〕なのである。〔持続〕は，流れゆく幅をもった時間であり，つねに動きつづけていくものなのだ」（中村 2014, 73-74 頁）。

6）この箇所は野中洋一（2016, 66-69 頁）を参考にしている。科学的に回答できないなら絶対安全とは言えない。だが，われわれ市民は原子力発電所を絶対安全な構造物だと信じていた。原発が壊れるなどあり得ない。まさに安全神話であった。

7）村田晴夫によれば「水平同型性と垂直同型性とを分かつものは，第一に，同型関係を結ぶものが相互に独立しているか否かである。水平同型性とは，互いに独立な二者 A と B の間の同型性を言うのに対して，垂直同型性とは，A が B に含まれているときの，または A が下位システムで B がその上位システムであるときの，A と B の間の同型性を言う」（村田 1990, 201-202 頁）。

8）法則という語から機能主義と誤解されがちな「状況の法則」の概念にも物語性が窺える。状況とは「円環的反応」が作り出す全体の一局面であり，「状況の法則」とは「円環的反応」が連続する過程的趨勢である。こうした相互作用によって，「一つの今，一つのここ」の状況が次々に現れる。ここに価値の創発がある。この文脈において価値は解釈され意味を与えられるのである。さらに，状況の進展は同時に人間の成長を促す。それゆえフォレットが「再人格化」と称する自己概念は実に物語論的である。

9）ここでフォレットは「神秘の瞬間」について次のように述べる。「既存のものから新たなものを引き出すことである。ともあれ，円環的行動あるいは統合的行動という理論は，前進する経験を示す理論であり，個人の成長発展と社会の成長発展とが両立する道へと導く理論なのである」（Follett 1924, pp.XIV-XV，翻訳書 7 頁）と。「前進する経験」とは実にフォレットらしい言葉で

ある。

10) 経験は過去の出来事ではない。フォレットは『創造的経験』の第7章「経験は検証の過程ではな
い」の冒頭で，経験とは「創造していく過程」（Follett 1924, p.133, 翻訳書141頁）だと述べてい
る。そして，「経験が前進的に自己進化していく中において，あらゆる活動は，形成し続けていく
全体における不可欠な活動として機能し，そうしたあらゆる活動は，その間のそれぞれの瞬間に
〔検証されている〕のである。われわれは，創造し続けていくという過程を通して検証している。
つまり，検証は思考と活動に分ける二元論（dualism）や物自体（Dinge an sich）を通して行われ
るのではないし，あるいは時間が止まった中で行われるものでもない」（Follett 1924, p.143, 翻訳
書151頁）。こうした論述からも，フォレット思想における「経験」は過去の出来事だけを指すも
のではないことが理解できる。

　これはホワイトヘッドも同じである。林貴啓によれば，「活動的存在の生成は時間的な過程であ
り，原理的には，過去のすべての出来事がその生成にあずかっている。つまり〔累積〕によって成
り立っている。また満足に達した活動的存在は消滅しながらも客体的不死性にあずかり，後続する
実質に対する因果的効果を，理論上は永劫にわたって行使し続ける。私たちが〔いま・ここ〕にお
いてなす行為が遠い未来にまで影響を及ぼすというのは，プロセス哲学の立場では当然の事態であ
る」（林 2014, 114-115頁）。ちなみに，ここで引用した林貴啓はactual entityに「活動的存在」の
訳語を当てているが，本書ではこれを「現実的存在」としている。

第 10 章
解釈学的経営思想の現代的意義

第 1 節　はじめに

　本章では，科学哲学（philosophy of science）の議論を通して「経営学は科学か」を思索する。そこで焦点を当てるのは，「部分と全体との生ける有機的関係」を問う哲学としての解釈学である。19 世紀後半から 20 世紀初頭にかけて，ヨーロッパを軸に発展した解釈学は，同時代の「生の哲学」からの流れでアメリカのプラグマティズムにも影響を与えた。プラグマティズムと言っても論者によって異なるが，ジェームズの場合には，人間と社会の主体的把握と多元的理解に特徴がある。これを思想的基盤の一つとすることで，フォレットとバーナードは行為者自らが経営世界を生きるという思想を作り上げた。

　結論を先に言ってしまえば，科学を志向する経営学が「主流」になっているが，それに馴染まない研究も数多く存在する。それらを単に批判・排除するのではなく，むしろ積極的に活かすことが肝要である。そうすることで，ホワイトヘッドの「具体性取り違えの誤謬」を回避することができるのではないか。経営学にとって重要なのは，「科学としての経営学」か，それとも「哲学としての経営学」か，という二者択一的な思考方法からの脱却である。それによって，事実と価値とをプラグマティックに絡み合わせることができれば「経営学の未来[1]」が拓かれる。

　それではまず，科学哲学の議論を踏まえて解釈学とは何かを論究しよう。次に解釈学が問う「部分と全体との生ける有機的関係」に着目し，そこからフォレットとバーナードの物語論的な経営思想を確認したい。そして最後に，物語論的な解釈学が「本流」と呼ばれる経営学の歴史に息づいていることを明らかにし，そこから「一人称の経営学」の意義を考えたいと思う。

第2節　科学と解釈学
――経営学は科学か――

　一般に，科学哲学は第二次世界大戦中の亡命者を担い手として発展した論理実証主義を奉ずる英米圏の科学論を指す[2]。ウィーン＝シカゴ学派と称される彼らは，経験主義と反形而上学の立場から，現実世界を構成しているのは物理的要素のみであると主張し，それらの真偽を確かめることのできる観察・実験を重視した。そして，その代表者であるノイラート（O. Neurath）は，要素還元主義を唯一の方法とする統一科学を声高らかに提案し，論理実証主義の領導者カルナップなどから多くの支持を得たのである。

　実際，多くの領域で統一科学化が推し進められた。たとえば，「社会学は社会の変動を記述し，そこに法則性を見出す学問ということができる。社会は基本的に個人から構成されており，個人の行動は個人の心理現象の結果であるから，社会学は心理学に還元される。心理現象は基本的に生理現象の結果であるから，心理学は生理学に還元できる。そして，人間の生理現象は基本的に化学反応だから，生理学は化学に還元できる。さらに化学反応は基本的に分子原子の運動であるから，化学は物理学に還元できる。このようにして上位概念を下位概念で全て書き直し，そこへ還元することによって，最終的には物理学の方法によって学問は統一される」（野家 2010a, 14頁）と考えられたのだ。

　こうした統一科学化の運動は経営学にも影響を与えた。その先駆者がサイモンであった。サイモンは意思決定における事実前提と価値前提を区別し，事実前提のみを対象として意思決定の科学を構築した。価値前提は客観的に検証できないし，倫理・道徳は神のような超越的存在を仮定している。こうした理由から，サイモンは経営における価値や道徳を経験主義と反形而上学の基準から排除したのである。このサイモンを皮切りに，経営学は実証研究の隆盛を見ることになる。論理実証主義と批判的合理主義（critical rationalism）という方法論が登場し，そこに統計学が加わることで，数量的に「見える化」する「科学としての経営学」が「主流」となった[3]。

　こうした科学的立場では，「理論命題が観察命題の連言から論理的に演繹可能であるとき，その理論命題は〔検証〕されたと言い，逆に当の理論命題の否定が演繹された場合には〔反証〕されたと言う」(野家 1993, 17 頁)。このように，科学理論は観察事実によって検証ないしは反証され，その試行錯誤を経ることで科学的真理に近づいていく。野家啓一は，かかる科学哲学の伝統を「科学の論理学」と名づけた。

　科学史的に，こうした「科学の論理学」は 1950 年代に最盛期を迎えたが，1960 年代になると検証可能性などをめぐる論争を経てその勢いは衰え，新科学哲学 (new philosophy of science) という新たな潮流が現れた。その論者の一人，ハンソン (N. R. Hanson) は「観察の理論負荷性」という科学性から，観察という作業には「～として見る (seeing as)」という「先行了解」が組み込まれていると主張した。またクーン (T. S. Kuhn) は，観察と理論との間の「解釈学的循環」を指摘し，科学者集団におけるパラダイム内でのルーティン化された研究活動を「パズル解き」と称した。

　そして野家啓一は，こうした立場を「科学の論理学」に対して「科学の解釈学」と位置づけた。「科学の解釈学」は「科学的認識をも人間諸活動の一部として捉え返し，それを他のさまざまな人間的諸活動との連関において位置づけることにより，これまで見失われてきた科学哲学の〔規範的〕機能，すなわち，歴史や社会との関わりの中で既成事実として受け入れられている科学の存在様態を批判し，ありうべき科学の構築に向けての方途を示唆するという機能を回復しようと努めるものである」(野家 1993, 34-35 頁)。つまり，科学主義が自明の前提としてきた，真理，合理性，進歩等の諸概念を俎上に載せ，それらを歴史的・社会的文脈の中で問い直そうというのである。

　ホワイトヘッドは，「いかなる科学も，自らが暗黙に前提している無意識の形而上学より確かなものではあり得ない。個体的な事物は，必ずその環境の一変様であって，そこから分離しては理解し得ない。何らかの形而上学に言及することがなければ，すべての推論は不完全である」(Whitehead 1925, 1967, p.154, 翻訳書 210-211 頁) として，科学の確実性は虚妄であると断じた。そのうえで，科学は「二つの秩序だった経験の出会いによって形成される。一つの秩序は，個々の観察の直接的無媒介的識別によって構成されている。もう一つ

の秩序は，われわれが〔宇宙〕を一般的に把握する方法によって構成されている。これらは〔観察的秩序〕と〔概念的秩序〕と呼ばれるだろう」（Whitehead 1925, 1967, p.154, 翻訳書 210-211 頁）と述べるのである。野家啓一も同じように，「科学の論理学」と「科学の解釈学」は相補的であるゆえ，両者を車の両輪にすべきと考えている。さて，経営学はどうするのか。サイモンに倣って，これからも「科学の論理学」の道を進むのか。それとも「科学の解釈学」なるものを認めるのか。果たして，経営学はホワイトヘッドが提示した二つの秩序を手に入れることができるのだろうか。

第 3 節　一人称の経営思想
──そのプラグマティックな視点──

　これまで再三述べてきたが，状況は「円環的反応」によって形成される全体の一局面である。そして，ある一局面から発展したある一局面へと導く過程的趨勢をフォレットは「状況の法則」と呼んだ。フォレットによれば，状況が移行する瞬間を理解するためには，「最も微妙で敏感な知覚力，想像力，洞察力，そして同時に勇気と信念を必要とする」（Metcalf and Urwick 1941, 1955, p.263, 翻訳書 361 頁）という。それが単なる状況適応のみならず，新たなる状況創造を含意している点は特筆に値する。なぜなら，フォレットの「状況の法則」は個人や組織を超えて社会全体の価値規範をも含んでいるからだ。

　ここで岩田浩の『経営倫理とプラグマティズム』に注目したい。同書によれば，1980 年代の経営倫理学は規範倫理学に依拠し，あらゆる経営事象に適用可能な判断基準を求め，倫理綱領の制定やコンプライアンスの強化という形で実業界に大きく貢献した。しかしながら，こうした経営倫理学は，過度の一般性，抽象性，そして実践不適合性を帯びやすく，意思決定状況における経営者の倫理的判断を捉えきれない。そこで岩田浩は，経営倫理学の「プラグマティズム的転回（pragmatic turn）」に向けての考察を試みるのである。

　まず，人間の精神活動に含まれる知的かつ道徳的な価値を重視する点にその本質を見出す。そこから展開される倫理学は，形式主義や基礎づけ主義の呪縛

から開放し，行為者の倫理的判断そのものを問うことになる。その拠り所となるのが，デューイのプラグマティックな倫理思想の三つの特徴——環境への適応性，社会性，動態性——である。こうした点に岩田浩はバーナードの管理責任論との親近性を認める。経営の意思決定状況の中で，「あらゆる道徳準則にも抵触しない行為の方向性を見出したり，新たな組織道徳を創造したりすることを迫られる経営者も，その道徳的判断を基礎づける絶対確実な究極的基準や拠り所など無いところから，押し寄せる不安を行動の必要条件として受け止めながら，自らの信念あるいは信じる勇気を頼りに，万人のために決断してゆかなければならない」（岩田 2016, 118 頁）という経営者像は，まさにデューイ流のプラグマティックな道徳的探究者というところであろう。

　ところで，バーナードは『経営者の役割』の序において，「組織のセンス」を十分に伝えることができなかったと反省している[4]。しかし，それは謙遜である。管理過程論（組織経済論）や管理責任論（道徳的リーダーシップ）などを内的視点の論理と方法で語り得たのはさすがだ[5]。また，いわゆる権限受容説もバーナードには自然に見えたのだろう[6]。バーナードによれば，個人が命令を受容するときには，「(a) コミュニケーションを理解でき，また実際に理解すること，(b) 意思決定にあたり，それが組織目的と矛盾しないと信じること，(c) 意思決定にあたり，それが自己の個人的利害全体と両立し得ると信じること，(d) その人は精神的にも肉体的にもそれに従い得ること」（Barnard 1938, 1968, p.165, 翻訳書 173 頁）という条件が満たされている。

　実際のところ，多くの組織において上位者と下位者との間でのコミュニケーションは概ね機能しているように見える。その理由は，上位者が下位者の「無関心圏（zone of indifference）」（Barnard 1938, 1968, p.167, 翻訳書 175 頁）にある命令を発しているからである。バーナードの「センス」によれば，命令を受けるか否かは下位者の態度に依存的なのだ。つまり，権限受容説は上位者ではなく下位者に主体性を認めているのである。したがって，組織階層における上から下への一方的な命令は，バーナードに言わせれば「上位権限の仮構（fiction of superior authority）」（Barnard 1938, 1968, p.170, 翻訳書 178 頁）に過ぎない。

　同様にフォレットの「円環的反応（経験の発展的な連鎖）」，「再人格化（個

人と組織の同時的成長・発展）」，そして「権限機能説（権限と責任は機能に付随する）」なども，「組織のセンス」ないし「コミュニティのセンス」によるものと捉えれば腑に落ちる。組織における人間関係で大切なのは，営利・非営利を問わず，「誰かの下で働いているというよりも，誰かと一緒に働いているという感覚を作り出すこと」（Wren 1994, p.261, 翻訳書 288 頁）にあった。そしてこのことは，前述したように「上からの権力」に対して「共にある権力」という概念で論じられた。かくして，「権限は人や地位から生じるのではなくて，状況から生まれる」（Wren 1994, p.262, 翻訳書 289 頁）という感覚が，「職位のリーダーシップ」や「人格のリーダーシップ」に代えて，「機能のリーダーシップ」という言説になったのであろう。バーナードとフォレットは自らの経験から会得した一人称の「センス」で語ったのだ。

　一般に，実務家が自らの経験を綴った著作は人々を惹きつけるものである。辻村宏和が「一人称レベルの持論」と評するように，第一線で活躍する彼らの言葉には説得力があるからだろう（辻村 2018, 37 頁）。だが庭本佳和が指摘するように，実務家が自己の体験を理論化するためには，三つの条件——①広く深い経営体験と行為直観把握（行動知），②自己の体験（個別経験）を一般理論化する深い哲学的洞察能力，③それを概念化し，理論化し，思考として他者に示す言語表現能力——が必要であり，これらを満たす実務家は極めて少ないという（庭本 2012, 75 頁）。なるほど，書店に並ぶビジネス書はハウツー本やエッセイ本の類が多く，理論のレベルに到達しているとは言い難い。

　現在，多くの実証主義研究者や経営コンサルタントが現場通いと関係者へのインタビューを試みているが，そのほとんどは「現場観察が最も成功しても臨床知にとどまり，インタビューもたちまち実務家の言語化の壁に突き当たってしまう」（庭本 2012, 74 頁）。こうした現状からすると，バーナードの卓見は庭本佳和が指摘するように，行為者視点で経営および組織現象を言語化することにあったと言えるだろう。

　ここでバーナードの方法について触れておこう。辻村宏和によれば，バーナードは「内観法（introspective method）」によって「経営者ポジションで経営を論じる」ことを成し遂げた（辻村 2018, 37 頁）。つまり，自分の意識経験を省察して綴ったものが「一人称レベルの持論」としての『経営者の役割』だ

というのである。そして辻村宏和は，バーナードのような「一人称」の持論を
経営教育の場面に適用することを提唱する。その際には，ナラティブのように
セラピストとクライアントとの関係を想定した「二人称」の経営（学）が展開
されるであろう。

　一方，庭本佳和は「視点」に注目する。この「視点」には二種類ある。一つ
は近代科学的な「観察者の視点」であり，もう一つはバーナード経営学的な
「行為者の視点」である。前者の場合には，観察者が対象を俯瞰的に分析する
が，後者の場合には，バーナード自らが「参加的観察者（participant
observer）」として経験した出来事を解釈するのである[7]。デカルト以降の近
代科学の方法である「事実と価値の分離：とりわけ価値を含まない事実の強
調」，「見るものと見られるものとの分離：認識主体から切り離された客観的対
象の追求」，「分析的視点：総合的視点の欠如」（三井 1988, 115 頁）のような
単純な「ものの見方」には限界があるから，〈人間 - 組織 - 社会〉を射程とする
「経営学は近代科学の方法に代わる道を模索せざるを得ない」（庭本 2006, 133
頁）と庭本佳和は言う[8]。そこで『経営者の役割』に白羽の矢が立ったのだ。
バーナードの「一見，素朴なその方法が近代科学知を超える」（庭本 2006, 133
頁）のだと[9]。

第 4 節　経営学と解釈学
──解釈学的経営思想の可能性──

　かつてアメリカ経営学は科学を求めて誕生した。そしてテイラーは，アメリ
カ機械技師協会（The American Society of Mechanical Engineers：ASME）
で発表した論文「出来高払制度（A Piece Rate System）」（1895），また「工
場管理（Shop Management）」（1903）や『科学的管理の原理（*The Principles
of Scientific Management*）』（1911）の刊行によりその始祖と評される[10]。テ
イラーの関心事は一貫して労使の対立を除去し，双方の協調を確保することに
よって生産性を向上させることにあった（経営学史学会編 2012, 31 頁）。三戸
公によれば，テイラーの科学的管理は，「経験から科学へ」の機能主義と「対

立から協調へ」の人間主義との二本柱からなる。ここから経営学は，前者のみを追及する「主流」と，両者を同時に追及する「本流」とに分かれて発展したと考えられている（三戸 2002, 3-11 頁）。

　まず「主流」の経営学は機能主義の学と評される。前述の通り，機能主義と言えばパーソンズ流の構造 - 機能主義を指すことが多い。システムの維持・存続のための貢献作用に注目するこのタイプの機能主義は，社会システムにおける諸事象間の因果関係，また，それとの関連で「目的 - 手段」の合理性を問う。経営学の歴史の中でも，唯一最善の方法は存在しないという認識のもと，より機能的な，すなわち合目的的な組織構造の探求を試みたコンティンジェンシー理論はその色彩が強い。論理実証主義に依拠する「三人称の科学」としての経営学は，意思決定の科学を構築したサイモンなど，まさに経営学の「主流」となって現在に至る[11]。

　次に「本流」の経営学は，「主流」のように要素還元的に接近することはせず，部分と全体とを有機的に把握しようとする。三戸公はその論者として，「統合論に立つフォレット，科学的対象として把握する人間規定と科学を超える人間規定の両者に立とうとするバーナード，自由と機能のマネジメントを説くドラッカー」（三戸 2013, 19 頁）の名を挙げた[12]。フォレットはソーシャル・ワーカー，バーナードは企業経営者，ドラッカーは新聞記者や経営コンサルタントなどの経歴を有する。そうした「実務家にして研究者」の彼らには単なる思いつきや勘とは異なる経営の「センス」があったのだ。あるがままの経営世界を認識する能力を持ち，それを言語化する能力に秀でた三者が語る経営思想は言い得て妙であり，そこには深みや味わいが感じられるのである。

　たとえばバーナードの顧客概念にも「実務家にして研究者」の「センス」が見て取れる。周知の通り，バーナードは「商品を購入する顧客，原材料の供給者，資本を提供する投資家」（Barnard 1938, 1968, pp.76-77, 翻訳書 79-80 頁）も組織の構成員（members）ないし貢献者（contributors）だとした。しかし，経営および組織現象を俯瞰する科学志向の研究者であれば，顧客らを組織メンバーに含ませるなど常識的にあり得ない。実際，この箇所は多くの研究者から批判されてきた。庭本佳和は，ときに酷評される「バーナードの顧客把握だが，『会社の概念（*The Concept of the Corporation*）』（1946）執筆の際に擬似

内的視点を経験したドラッカーには響いたであろう」（庭本 2012, 76 頁）と述べ，同じ「実務家にして研究者」であるバーナードからドラッカーへの内的視点の影響を指摘する。そして「穿ち過ぎ」と言いながら，ゼネラルモーターズ社（GM）からの依頼で同社を調査したときの「実務家にして研究者」ならではの身体的感覚（身体知）と行為的直観（行動知）が，「顧客の創造（creation of customers）」を企業の経営目的だとする極めてユニークな主張につながったのではないかと推察するのである。

　1943 年，ドラッカーは経営コンサルタントとして GM に招かれた。そして同社の調査に 18 カ月間を費やして上梓したのが『会社の概念』であった。その内容は GM の経営批判ゆえに当の GM からは不評を買ったが，アメリカを代表する他の大手企業は同書でドラッカーが主張した分権化を高く評価した。その一社がゼネラルエレクトリック社（GE）であった。その後，ドラッカーは GE のコンサルティングを手がけ，その経験をもとに『現代の経営（*The Practice of Management*）』（1954）を出版した。顧客によって事業を再定義し，それに従って分権化を進めるべきと述べる敏腕コンサルタントは，企業を利潤追求の機関とする考えと矛盾することなく，「企業が社会の一機関である以上，それ自身の内にではなく，それが存在する社会の中に求められるべき」（ドラッカー著，牧野訳 2005, 128-129 頁）という考えから「顧客の創造」という経営目的を導いたのである。

　こうした「顧客の創造」について阪柳豊秋は，「生産活動の担い手である企業が，市場活動（marketing）と革新活動（innovation）を通じて顧客の持つ潜在需要を顕在化し，需要を喚起することによって，ひいては，経済発展の原動力となるべきことを主張したものと考えることができる。彼が企業の目的を企業自身の利潤追求に求めず，あえて社会の中にこれを求めるのは，かつての自由放任主義経済のもとで，企業がそれぞれ自由勝手な行動をとった結果として生じた自由経済の崩壊，ならびにそれに代わって抬頭してきた全体主義的思想を極度に警戒したことによる」（阪柳 1987, 44 頁）と述べる。

　なるほど，ドラッカーは歴史的・社会的状況の中に埋め込まれた存在，つまり「状況づけられた自己」として自身の物語を生きていたのだ。ウィーンに生まれ，ナチスからの迫害を経験したドラッカーは，秩序ある自由経済社会の必

要性を痛感し，企業の経営目的を企業の内にではなく外に求めた。こうした考えは，企業の社会に対する役割ないし使命から派生したものなのであろう。ドラッカーの生涯を知ることにより，われわれは「自由と機能のマネジメント」の意味を理解することができる。ドラッカーは社会の自由を希求していたのだ。だから，産業社会の発展に寄与する経営者の自由な意思決定とその実践を，「顧客の創造」という物語論的な言葉に込めたのではないだろうか。

　前述したように，19世紀後半から20世紀初頭にかけて発展した解釈学は，ゲシュタルト学派など同時期に勃興した全体論的な思想的潮流と互いに接近した。こうした思想・哲学の流れの中で，〈人間‐組織‐社会〉における「部分と全体との生ける有機的関係」を問う「本流」の経営学が誕生したのである。こうした「本流」に位置づけられるフォレット，バーナード，そしてドラッカーは，自ら感じたり経験したりした経営世界の出来事を物語論的に語ったのだ。それゆえに，彼らのような「本流」の経営思想には「センス」の良さが感じられるのである。

　科学の名のもとに，歴史，哲学，倫理，規範，価値，意味といったものを排除する「主流」の経営学では，経営の実態を豊かに語り，来るべき未来を的確に見通すような理論や学説は出てこない（勝部 2018, 60 頁）。そこで庭本佳和は，「鍛造・拡張して，現代の経営課題に即して新たに展開し直すこと」（庭本 2012, 77 頁），村田晴夫は，「理論のエッセンスを解釈学として捉え直すこと」（村田 2013, 106 頁）が必要だと述べるが，これらはバーナード理論についての指摘であり，庭本佳和にあっては解釈学に触れていない。それを承知のうえで，経営学の未来は「本流」の経営学の更なる解釈学的な展開によって拓かれると筆者は主張したい[13]。つまりは，フォレット，バーナード，そしてドラッカーのような「実務家にして研究者」の解釈学的な経営の「センス」を，現代の経営課題に即して鍛造・拡張していくということである。

　だが学の世界には高い壁と深い溝がある。「主流」と「本流」との間も同じである。フォレット的に言えば，科学を志向する経営学者は「何であるか（what is）」に関心があり，「何である可能性があるか（what perhaps may be）」という事実を超えることへの言及は理性的でないと考えている。それでも手を拱いてばかりはいられない。沼上幹は，「いつの時代にも，歴史的・社

会的コンテクストに注意を払わなければ，研究の方向づけを誤る可能性がある」（沼上 2007, 105 頁）と述べるなど，実証主義者でありながらも「本流」の経営学に理解を示している。やはり対話が必要である。上林憲雄は哲学者の竹田青嗣（1993）を引き，相克する間を取り持つことは思想・哲学サイドの重要な仕事だと指摘する（上林 2019, 17 頁）。そうであれば，思想・哲学サイドのわれわれは，実証主義サイドの研究者との対話のために，経営の「何である可能性があるか」を問い続けなければならないのである。

第 5 節　おわりに

　20 世紀から 21 世紀に移るとき，H. パットナム（H. W. Putnam）は，デューイの自然主義哲学に依拠して『事実／価値二分法の崩壊（*The Collapse of the Fact/Value Dichotomy and Other Essays*)』を著した。同じくデューイから多くを負い，「価値が内在する事実」（村田 2018, 5 頁）を形而上学的に論究したのがホワイトヘッドであった。そして，彼らと同じ自然主義哲学者であるジェームズとベルグソンらの思想を基礎に据え，フォレットは一人称の経営思想を構想したのである。H. パットナム的に言えば，「存在」と「当為」を同時に問うフォレットの思想は実践的でもあり規範的でもある。それゆえ，フォレットの経営思想は「何である可能性があるか」を問うことの大切さを教えてくれる。しかしながら，それはいささか形而上学的ゆえ，経営の「何であるか」という形而下学的な観点に乏しいと言わざるを得ないだろう。

　大森荘蔵によれば，自然の数学化は世界を数量的――温度，和音，色彩など――に表現してくれる。問題は「感覚的性質が削除され，幾何学・運動学的性質のみが残留する」（大森 1994, 147 頁）ことによる「自然の死物化」である。大森荘蔵は，それを補うために「近代科学の路線の本来あるべき道」（大森 1994, 239 頁）として，物理的描写と知覚的描写との「重ね描き」（大森 1994, 10 頁）を提唱するのである[14]。

　ここで大切なのが感性である。この感性は「近代科学と少しも矛盾しない。矛盾しないどころか近代科学の進展に連れそうべきもの」（大森 1994, 238-239

頁）だという。野家啓一は大森荘蔵の『知の構築とその呪縛』に「物活論の復権」と題する解説文を寄せ，そこに「〔重ね描き〕は科学論上の一提案であるに留まらず，〔活物自然と人間との一体感〕の回復を目指した世界観上の態度変更という意義をも有しているのである」（大森 1994, 251 頁）と，その可能性を記している。20 世紀後半の科学史における「科学の論理学」から「科学の解釈学」への潮流変化を捉え，その相補的な関係構築の必要性を主張する野家啓一も同じ境地なのだろう。

　とはいえ，岩田浩が指摘するように「経験的なもの」と「規範的なもの」とを単に統一しようとすると概念的泥沼に陥り，結果的には自滅しかねない。経営倫理学を構想する岩田浩は，「デューイの観点に立てば，経験的アプローチは価値評価を受けることでのみその十全なる意義を獲得することができ，同様に規範的アプローチもまた経験的に検証されることでのみその十全なる意義を獲得することができる」（岩田 2014, 44 頁）と述べる。そして事実／価値の二元論を超克するには，「双方がその十全なる意義の獲得を他方のコンテクストの中に求め合う」（岩田 2014, 44 頁）ことが肝要だと主張するのである[15]。

　そこでわれわれは，「三人称の経営学」に重ね描く材料として，「部分と全体との生ける有機的関係」を問う「一人称の経営学」を提出したいと思う。岩田浩と H. パットナムの言葉を借りれば，科学志向の「三人称の経営学」と哲学志向の「一人称の経営学」とが互いのコンテクストで求め合うならば，「事実と価値との絡み合い（entanglement of fact and value）」（H. Putnam 2002, p.28, 翻訳書 32 頁），すなわち，二つの経営学での「解釈学的循環」が期待できるのではないだろうか。科学的な概念は抽象化されている。そのことが忘却され，実在の具体的な真相そのものと見誤られるときに「具体性取り違えの誤謬」が生じてしまうのである。だから分析的論理から得られた科学的な知見は，その都度，全体状況の中で照合されなければならないのだ。そのためには，科学では捉えきれない〈人間 - 組織 - 社会〉におよぶ全体的な経営観が必要であろう。それを用意し得るのがフォレットの解釈学的経営思想なのである。

注
　1）この「経営学の未来」は経営学史学会第 26 回全国大会（2018, 神戸大学）の統一論題である。大会趣旨文には次のように記されている。「一般に歴史研究の醍醐味の一つは，過去の長い時間的流

れの中で現代を見つめ直し，未来のあるべき姿を構想していく点にある。それゆえ，広義の歴史研究として位置づけられる経営学史研究もまた，これまでの経営学の歴史を踏まえつつ，現代経営学の在り方を照射し，さらに経営学という学問の未来を見通し切り拓いていく役割を担っている。このような意味での〔経営学史研究の意義〕を改めて問い直し，それを〔経営学〕という学問自体の存在意義との関連で論じてみよう，というのが本大会の目的である」（経営学史学会編『経営学の未来』（第 26 輯）文眞堂，2019 年，3 頁）。なお，副題は「経営学史研究の現代的意義を問う」であった。

2）科学哲学と統一科学化について野家啓一は次のように説明している。「〔科学哲学〕という，本来は歴史哲学や社会哲学などと並ぶべき哲学の一領域を指すはずの言葉が，わが国では移入の経過など諸般の事情から，〔論理実証主義〕という特定の哲学的立場を指す語として用いられてきた。だが，よく知られているように，論理実証主義は科学哲学をその主たる活動の舞台とすると同時に，〔科学的哲学〕あるいは〔哲学の科学化〕を目指す一つの思想運動でもあった。それは自然科学的知識を真正な知識（エピステーメー）の正嫡として認知し，その基準を満たさない諸々の知識，とりわけ旧来の哲学的教説を〔形而上学〕ないしは〔無意味な命題〕として斥け，さらに人文社会科学に対してはその方法を〔自然科学化〕することを要求したのである。一切の知的探究を数学的物理学を模範とする自然科学的方法によって律しようとした〔統一科学化運動〕はその現象形態であり，今日一定の勢力を誇る〔行動科学〕や〔社会工学〕などはその人文社会科学方面における一帰結だと言えよう」（野家 1993, 1-2 頁）。

3）科学史的に見れば，批判的合理主義のもとで「反証主義」を主唱するポパー（K. R. Popper）は，論理実証主義の異端児として科学哲学の流れに連なる（野家 1993, 18 頁および 22 頁）。

4）バーナードによれば，「組織のセンス」とは，「とうてい言葉で説明できないような劇的，審美的な感情であって，主に自ら興味を持って習慣的に試みる経験から生まれるものである」（Barnard 1938, 1968, p.xxxiv，翻訳書 43-44 頁）。

5）この点は庭本佳和の次の記述を参考にしている。「内的視点で捉えた現象を何とか内的視点の論理と方法で語り得たのは，循環的規定だと批判された組織定義，全体感が支配する管理過程論（組織経済論），道徳性（価値的側面）が前面に躍り出てくる管理責任論ぐらいである。受容的な権威理解や責任中心思考も，組織の存続をはかる行為的視点（内的視点）からは自然に見えたのだろう。いずれも激しい批判を浴びた箇所か，無視された箇所である。科学的な対象論理に立つ記述方法でない故の批判であろうが，一般的には理解しにくい組織定義における顧客の位置も，読み手が組織に内的な管理的視点に立てれば，腑に落ちる」（庭本 2012, 75 頁）。こうした観点から，庭本佳和はバーナード理論の方法を行為哲学として捉えた。

6）命令を受容するという行為には，公式組織的なコミュニケーションに関する客観的側面と，命令の同意ないし受容に関する主観的側面がある。コミュニケーション・システムを説く前者は科学的であるが，ここで注目したいのは発令者と受令者との関係を解釈学的かつ物語論的に説く後者である。なお，バーナードの権限論は第 2 章でも取り上げている。参照されたい。

7）バーナード流の「参加的観察者」は質的研究における「参加的観察者」とは異なる。たとえば，エスノグラフィーではエスノグラファーを「参加的観察者」ないし「参与観察者」と呼ぶが，彼らは観察者（＝研究者）として現場に入り込み，内部者（＝行為者）の視点に立って，彼らが解釈する主観的意味を再構成する。そこでは解釈主義アプローチの特徴である「二重の意味構成」の方法が採用される。それに対して，実務家であるバーナードは自身が経験する出来事を解釈したのである。それゆえに「実務家にして研究者」なのだ。なお，質的研究方法は第 6 章で検討している。参照されたい。

8）三井泉の近代科学論（三井 1988）は，庭本佳和稿（1983）「近代科学論を超えて──バーナードの方法──」『大阪商業大学論集』第 66 号，を参考にしている。庭本佳和は同稿でポラニー（M.

Polanyi) の「暗黙知」とバーナードの「行動知」との関連性について次のように述べている。「ポ
ラニーもまた科学の対象的客観主義に反対した。対象的客観主義は，とくに生物学，心理学，社会
学に悪い影響を及ぼすという。経営学もその悪影響を受ける一つに違いない。バーナードも指摘す
るように，マネジメント・スキル＝行動知は，単なる語り得る知識を超えているからである。たと
えば，自転車乗りや水泳を説明することは大変難しいけれど，私たちにはわかっている。このよう
に非言語的に知ることを，ポラニーは暗黙知と呼んだ。バーナードの行動知はこの暗黙知に他なら
ない」（庭本 2006, 128-129 頁）と。そして三井泉もポラニーの知識観に注目して次のように述べ
ている。ポラニーにとって「知識は主観的でも客観的でもなく，両者の超越であり，それは普遍的
意図をもって行為する個人により達成される，ということになる。こうしたポラニーの知識観に
あっては，行為の主体である個人の経験と創造性がもっとも重視されるのである」（三井 1988,
116-117 頁）と。三井泉によれば，ポラニーは認識主体の主観性の入り込む余地のない近代科学の
認識方法を批判している。庭本佳和と三井泉は，こうした観点からバーナード経営学の解明を試み
ているのである。

9）庭本佳和によれば，バーナード経営学が「近代科学知を超えて」いるのは次の点である。ここで
　引用しておこう。「バーナードはまず主体である自分の存在を認識し，そこから日常現象における
　真実を求めて，人間，人間関係，協働，組織，管理の全体を観察記述しようとした。それを社会，
　自然へと広げていくこともできよう。その場合，バーナードはどこまでも自らの経験そのものを観
　察し，解釈することから論を立てる。極めて抽象的に見えるバーナードの諸命題が納得ゆくのも，
　このような日常的経験を基礎にしているためである。経験の洞察という意味では，バーナード理論
　は経験主義に立っている。そのことは，当然，近代科学の絶対主義を排除して，相対主義をとらせ
　よう。また，論理分析的な言語知のみならず，感覚に基づく非言語知，暗黙知＝行動知をも重んじ
　るという点では，方法的多元主義であろう。しかし，何より重要なのは，それらを統一して貫く
　バーナードの能動的精神である」（庭本 2006, 133 頁）。

10）テイラーの業績は廣瀬幹好（2012）を参考にしている。廣瀬幹好によれば，マネジメントという
　ものを「人間協働を確保する実践であり思想であるとみなせば，テイラーのマネジメント思想は完
　全なものではなく欠陥もある。彼は科学決定論者であり，規範論者であったといってよい。働く
　人々の組織を工学的思考に依拠して合理化しようとしたこと，またこのような思考に基づき考案さ
　れた彼のマネジメント・システムによって労使協調が実現できると期待したことに，そのことが
　はっきりと示されている。テイラーにとって，科学即ち体系化された知識は，人間行動の絶対的基
　準である。そうである以上，労働者だけでなく，管理者もこの科学の指令にしたがわねばならない
　のである。精神革命をつとに強調した所以である。彼は科学を過信していた，といわねばならな
　い。（改段）しかしながら，生産という領域にかぎられてはいたが，科学に基づく計画とその実施
　が管理者に求められるもっとも重要な職能であることを明示したこと，さらにいえば，人間協働の
　学としてのマネジメント思想の形成に果たしたテイラーの多大な貢献を，即ち近代マネジメントの
　始祖としての彼の位置を，われわれは正当に評価すべきであろう」（廣瀬 2012, 132-133 頁）。この
　ように「テイラーの科学的管理は，作業の科学に止まるものではなく，管理の科学の出発点に立つ
　ものである。なぜならば，科学的管理は生産という限定された場ではあれ，集団的労働の指揮とい
　う全体的視点に立っているからである」（廣瀬 2019, 15 頁）。これが廣瀬幹好の主張である。そし
　て，『フレデリック・テイラーとマネジメント思想』（2019）は「彼のマネジメント思想を正しく把
　握することだけ」（廣瀬 2019, iii 頁）を考えて執筆したという。

11）三戸公は「経験から科学へ」の研究者たちを「主流」と名づける。こうした「主流」は，「テイ
　ラーの作業の科学に続いて新しい科学の対象を次々に見出し，それを技術化し，それを発展させて
　ゆく。人間関係がホーソン実験を契機として科学の対象となり，それは分化されて経営社会学と経
　営心理学とになってそれぞれに細分化されて研究される。人間関係＝インフォーマル・オーガニ

ゼーションの科学化はフォーマル・オーガニゼーションの科学化を伴わざるを得ない。その基礎は
バーナードによって大きく捉えられた。バーナードの組織論＝管理論に立ってサイモンが意思決定
の科学を作り上げた。そして，組織がそれによってのみ成立し得る環境がコンティンジェンシー・
セオリー＝条件適応理論・環境適応理論によって科学の対象として浮かび上がってきた。そして，
今や意思決定に先立つ組織認識・知識創造の問題が機能志向の科学として取り上げられるに到って
いる」（三戸 2002, 26 頁）。

12) 三戸公によれば，「本流の創始者であるテイラーは，機能性を追及する技術であると同時に〔ハー
　モニー〕を唱え〔心からなる兄弟のような協働〕の規範を掲げたのである。だが〔管理とは何か〕
　の問いを積極的に掲げ，その問いを積極的に追求するところはなかった。それをしたのがフォレッ
　トである。彼女はテイラーの〔ハーモニー〕をひたすら統合として論じた。統合は異なった立場・
　利害・意見の統合である。彼女は管理の本質をそこに見出し，それを基軸に据えて機能論即規範論
　の管理の理論を展開した」（三戸 2002, 26-27 頁）。

13) 経営学史学会第 26 回大会で筆者は「経営学史と解釈学」と題する報告を行った。その内容は，
　三戸公が「本流」と位置づけるフォレットやバーナードなど初期アメリカ経営学の解釈学的特性を
　評価し，そうした「本流」が有する価値・規範的な経営学の更なる展開が「経営学の未来」を拓く
　というものであった。これに対して討論者の藤井一弘は，筆者の主張は，これまでの経営学史学会
　でなされてきたことを確認しているに過ぎないと指摘された（藤井 2019, 64 頁）。その通りの報告
　であった。こうした藤井一弘の指摘を踏まえて加筆・修正をしたものが本章である。ここでは「本
　流」に共通している「実務家にして研究者」の「一人称の経営学」の意義を問うている。

14) 大森荘蔵は「近代科学の本来あるべき道」について次のように述べている。「私と自然との間に
　何の境界もない。ただ私の肉体とそれ以外のものに境界があるだけである。自然の様々な立ち現
　れ，それが従来の言葉で〔私の心〕といわれるものにほかならないのだから，その意味で私と自然
　とは一心同体なのである。当然，〔主観と客観〕と従来いわれてきた分別もない。〔世界と意識〕と
　いう分別もない。これは禅的な意味や神秘的な意味での〔主客合一〕とか〔主客未分〕とかという
　こととは全く別のことである。ごく当たり前の日常生活の構造そのものの中に主観と客観，世界と
　意識といった分別がない，ということだからである。四六時中そうなのである」（大森 1994, 238
　頁）。

15) 岩田浩はデューイ哲学から経営倫理学を構想する。「デューイの価値理論は，経営倫理学の研究
　アプローチに存在する〔経験的なもの〕と〔規範的なもの〕とを有意味に関連づける一つの方法的
　示唆を提供するものと言えよう。それはまた，価値探究の学としての経営倫理学の可能性をも示唆
　してくれるかもしれない。思うに，プラグマティズム的（デューイ流）に言えば，経営倫理とは，
　経営がその実践的活動において，〔何が存在して然るべきなのか（what ought to be）〕を常に探究
　することを通して，経営のあり方やその存在理由を広く社会に披瀝またはアピールすることであ
　る，と捉えられうる。そのためには，事実認識と価値評価との間を絶えず往還しながら，経営に
　とって〔何が問題なのか〕を真摯に問い，〔それにどう対処すべきか〕をよく検討する，そして，
　その中から打ち立てられた〔望ましい（desired）〕価値を社会的実践の中で〔望むに値する
　(desirable)〕規範的価値へと鍛え上げていく，そのような永遠的な価値探究の道を歩まなければな
　るまい。ここに，経営倫理学の一つの研究アプローチとしてのプラグマティックなルートが垣間見
　られよう」（岩田 2014, 45 頁）。本書ではデューイ哲学にほとんど触れていない。だが岩田浩が言
　うように，経営学における事実／価値の問題には，ジェームズ同様，デューイのプラグマティズム
　の考察が必要であろう。筆者の今後の課題としたい。

終章
解釈学的経営思想の展開

第1節　要約と結論

　解釈学は現象学と相性が良い¹⁾。その理由は両者の成り立ちにある。現象学の定立とも言うべき「事象そのものへ」は，フッサールの弟子ハイデガーが『存在と時間（*Sein und Zeit*)』で用いた言葉である。フッサールの「一人称的な観点から私たちの経験を探究する」（吉川 2017, 4-7頁）という現象学を，ハイデガーは人間存在の意味を問う解釈学として展開したのだ。つまり，ハイデガーは外側の世界を一旦括弧に入れて，人間の「生」から世界を捉えるという存在論を提唱したのである。改めて説明するまでもなく，フッサールは現象学の創始者，ハイデガーは解釈学の立役者である。この師弟は現象学の展開や政治思想をめぐる対立から絶縁となってしまうが，現象学の要である「事象そのものへ」という考えは生涯変わることがなかった。

　さて，本書で試みてきた「一人称」による「事象そのもの」に対する接近は現象学とは異なる。なぜなら現象学は超越論的な主観主義だからだ。フッサールの現象学における「世界」は「唯一私」の内にあった。では，ジェームズとホワイトヘッドの思想はどうであろう。ときに両者は主観主義という評価を受けたりするものの，意識論と経験論を両輪とするジェームズのプラグマティズムは多元的であるし，ホワイトヘッドの「現実的存在」が織りなす「有機体の哲学」は，あらゆる主体を過程的存在として認めている。それゆえ二人の思想における「世界」は「唯一私」の内にあるものではない。ジェームズとホワイトヘッドは，各人が「一人称」で「事象そのもの」を知覚するという行為の大切さを指摘したのだ。こうした思想・哲学を基盤として，フォレットは「一人称」の経営者論を提示したのである。フォレットの関心事は，経営者自身が

「生活世界」ならぬ「経営世界」を如何に生きるかだったのだ。

　それでは，ここで各章の論点を振り返っておきたい。

　本書の主役であるフォレットは，アメリカとイギリスで哲学と政治学の薫陶を受け，1896年に『下院議長』を，そして1918年に『新しい国家』を上梓し，政治哲学者としての名声を高めた。その後，ソーシャル・ワーカーとしての活動を通して社会心理学などに関心を抱き，人間と組織との関係を心理学的に考察した『創造的経験』を1924年に刊行した。それを携えてニューヨーク人事管理協会での講演活動を精力的に行い，企業経営者たちから高い評価を得るようになった。こうしてフォレットは，この時期に政治哲学者から経営哲学者へと転身したのである。これ以降，フォレットは企業経営の世界で活躍することになった。かかるフォレットの生涯を，「第1期：出生から学究生活期まで」，「第2期：ソーシャル・ワーカーとしての活動期」，「第3期：企業経営の分野での活動期」，「第4期：晩年期」に区分して素描したのが第1章であった。

　第2章では，フォレット経営思想の基礎として，人間観，組織観，そして管理観を考察した。フォレットは個人を機能遂行者として把握し，他者との「機能の統合」によって出現する全体を組織ないし社会と捉えた。そして，「機能の統合」を「調整」という「組織および管理の基本原則」として提示したのである。そこで用いられる「状況の法則」や「非人格化」などの用語は実に興味深い。なぜなら，これらは人間と組織の同時的な成長や発展を捉えているからである。ただ，フォレット思想の代表的な概念には「機能」や「法則」など機能主義に特有のものが多い。それがフォレット思想の正確な理解を妨げてしまうのである。

　そこで第2章の後半では，フォレットの「管理の科学」の意味をプロフェッションの概念から考察した。その結果，フォレットの経営思想では，経営者自身の役割ないし活動としての機能が問われるものであることを確認することができた。かかる機能は「人間性」，「合理性」，「社会性」を含意していたのである。ここまでが第Ⅰ部「フォレットの基本的スタンス」であった。

　第3章では，フォレット経営思想とドイツ観念論哲学との関連を究明した。10代後半にドイツ観念論哲学の研究者から教えを受けたフォレットにとって，そのことが彼女の思想形成に及ぼした影響は大きかった。それはまず「自己」

と「他者」との相互主体的な人間観に表れた。ただし、個人相互の主体性であればフィヒテ哲学で説明できるが、それが組織や社会との相互主体性になるとヘーゲルの相互承認論に頼らざるを得ない。実際に『新しい国家』ではヘーゲルの全体論への言及が多い。国家への貢献を人間本来の生き方であると考えたヘーゲルにとって、共同体（全体）は精神的自由を実感できる場であった。20世紀初頭、悪しき全体主義が世界に蔓延する中ではあったが、フォレットはヘーゲルの「全体的相互関連性」に注目し、弁証法的に統一体を形成する国家論を提唱することになり得たのである。

　フォレットの『新しい国家』に登場する思想家は数多いが、頻出度の高い人物は何と言ってもジェームズである。フォレットはヘーゲルの「全体的相互関連性」にジェームズの「意識の合成」を重ね合わせたのである。そこで第4章では、ジェームズの意識論と経験論、そしてプラグマティズムの考察を試みた。ジェームズは心的事実を「意識の流れ」と認め、そうした意識概念をもとに根本的経験論を提唱した。主観と客観、および主体と客体が未分離の「純粋経験」を基本とする根本的経験論は、自分自身が含まれる可塑的な世界を知覚し続けることを説いている。こうした経験論は、行為による観念の真理化というプラグマティズムに帰結することになったのである。ここで実利主義というプラグマティズムの通俗的な評価は斥けられなければならない。なぜなら、ジェームズのプラグマティズムの本質は、人間の精神活動に含まれる知的ならびに道徳的な価値を重視する点にあるからだ。フォレット思想には、こうしたプラグマティズムの精神が息づいているのである。

　第5章では、フォレットとホワイトヘッドとの関連を考察した。ホワイトヘッドがハーバード大学に招聘されたのは1924年である。同年にフォレットは『創造的経験』を、その翌年にホワイトヘッドは『科学と近代世界』(1925)を上梓した。さらに1年後の1926年、ハーバード大学で開催されたセミナーにおいて、フォレットはホワイトヘッドを前に報告をし、それに対してホワイトヘッドは「現実的存在」と「全体状況」との親和性を語ったのである。フォレットの著作に一貫している「プロセス性」と「創造性」の萌芽はジェームズ思想に依拠するが、それらを基盤として企業経営における統合論を展開する段階では、ハーバード大学の著名な哲学教授であるホワイトヘッドを積極的に援

用していたのだ。それを裏付けるように，フォレットの1920年代後半の著作にはホワイトヘッドを賞賛するコメントが多い。ニューヨーク人事管理協会での講演論文を集めた『組織行動の原理』で展開される統合的統一体論，すなわち〈人間‐組織‐社会〉の有機体論的観点は，村田晴夫が述べるようにホワイトヘッド流の「垂直同型性」を特徴としているのである。

　第3章から第5章までの第Ⅱ部「フォレットの哲学的基礎」を踏まえ，第Ⅲ部では「フォレットの経営思想と解釈学」に切り込んだ。

　まず第6章では，第2章を踏まえてフォレットの機能概念を考究した。一般に機能主義は諸事象間の因果関係を問い，そこに法則性を導き出す。とりわけサイモン以降，科学を志向する経営学はこれを目指した。それに対して，プラグマティズムの影響を受けたフォレットの機能概念は，動態的な役割や活動を捉えている。フォレットが問うのは，あくまでも活動し続ける人間であり，また，そこに出現する全体としての組織であった。こうして，フォレットの経営思想は活動する本人の眼前に広がる経営世界をそのまま描写するものとなった。ここで人間は歴史的・社会的な存在であり，そこから逃れることはできない。それゆえ，人間は生きる世界から影響を受け，同時に生きる世界に影響を与える。かかる「個」と「全体」との創造的なプロセスに，フォレット経営思想の解釈学的性格を確認することができる。

　また第6章では，解釈主義など経営学でも使用される研究アプローチの方法を確認したうえで，解釈学としての経営学を提起した。そこでの解釈主体は行為者であり，解釈対象は経験としての経営世界そのものである。解釈学としての経営学では「生きること」が問われる。これが本書における解釈学的経営思想のスタンスである。

　そこで第7章では，時間的接点はないものの，人間の「生」を問うコミュニタリアニズムとフォレット思想との関連を吟味した。コミュニタリアニズムの旗手サンデルは，人間を文化的・歴史的な文脈の中に埋め込まれつつ生きる存在と規定し，コミュニティを生きる「物語的存在」としての人間を示した。サンデルは解釈学的に人間存在を問うたのだ。また，コミュニタリアンらが「共通善」を重要視したように，フォレットもコミュニティないし組織で共有される「集合的意思」や「集合的観念」を創出することの大切さを論じた。ここに

自己と他者が「善き生」と「善き社会」を求める物語がある。フォレットとコミュニタリアンに共通しているのは民主主義社会を善く生きる人間の物語であったのだ。

　ただ物語論は一様ではない。そこで第8章では，経営学における二つの物語論の存在を示した。一つは社会構成主義に基づく「臨床」の物語論であり，もう一つはプラグマティズムと全体論的思考に基づく「行為」の物語論である。そして，ここでは両者のアクチュアリティという「現実」の世界観の相違から，前者の場合には主観的なアクチュアリティを「語ること」が問われ，後者の場合には主客統合のアクチュアリティを「生きること」が問われることを指摘した。前者の物語論は，話し手と聞き手という「我と汝」の間に成立する「二人称の科学」と位置づけることができる。それに対して後者の物語論は，人々に倫理的な生き方を問いつつ生きることの大切さを示すものであった。フォレット経営思想における物語性が後者であるのは言うまでもない。

　第9章では，こうした物語性をプラグマティズムとの関連から検討した。創造的な経験を重んじるフォレットは，静態的な「存在」のリアリティではなく，動態的な「生成」のアクチュアリティとして状況を捉えた。フォレットは，自らの活動を通して感じ取ったアクチュアリティに価値の創発性を認めたのである。ここにジェームズ流のプラグマティズムを確認することができる。

　それは「状況の法則」の非科学性を明らかにするものである。直観を本質とする「知覚作用」と「概念作用」との「進歩的統合」としての経験を強調したフォレットは，当事者の立場から〈人間-組織-社会〉に関わる経営思想を論じたのである。フォレットは「状況の法則」により「管理の科学」を標榜するものの，それらは外部の観察者の視点ではなく当事者本人の視点であるため科学とは言い難い。それぞれの行為主体が〈人間-組織-社会〉の価値を認め，それらを発展させるというプラグマティックな経営者像を提示するフォレットは，まさしく思想家であり哲学者であった。

　そして第10章では，解釈学的経営思想としての「一人称の経営学」を，科学としての「三人称の経営学」に重ね描くことで，ホワイトヘッドの「具体性取り違えの誤謬」を回避できる可能性があると述べた。フォレットは，ジェームズとホワイトヘッドの思想を基盤として，行為者自らが経営世界を生きると

いう思想を作り上げた。これらは，フォレット自身の経験から会得した一人称の「センス」を語ったものでもあったのだ。通常，科学者は具体を抽象に移す作業を行うが，「実務家にして研究者」はそれをしない。眼前の世界をありのままに描写して見せるのである。つまり，現象学の「事象そのものへ」に倣えば，彼らは経営の「事象そのもの」を解釈してみせたのである。

　経営学史上，科学を志向する「三人称の経営学」は，事実のみを取り上げて価値を捨象したが，思想・哲学としての「一人称の経営学」は，事実と価値を不可分離のものとした。それゆえ「一人称の経営学」は規範性を帯びる。これらを重ね合わせることができれば，経営学はより豊かな学問として発展していくであろう。

　本書では，フォレットの解釈学的経営思想を「一人称の経営学」として提唱した。フォレット自らが生きた経験世界を一人称で物語る経営思想は実にプラグマティックであり，それが実践性と規範性という性格として表れたのだ。一方，科学を志向する「三人称の経営学」はそれを避け，あくまで俯瞰的なスタンスで経営現象の「見える化」に徹する。今後も「科学としての経営学」にかかる期待は大きいが，木を見て森を見ずになってはならないし，「具体性取り違えの誤謬」を犯してはならない。そのために学の歴史を振り返り，抽象と具体，事実と価値，科学と哲学，こうした二分法を反省したい[2]。

　プラグマティストらは一世紀にわたり，事実と価値の「両者は相まみゆることあるまじ（never the twain shall meet）」（H. Putnam 2002, p.145, 翻訳書182頁）というドグマの見直しを図ってきた。そして21世紀，これを継承したH. パットナムはヒュームの「存在」から「当為」を推論することはできないという教説を批判して，「事実と価値との絡み合い」を唱えた。だが，両者は分断されたままである。プラグマティズムの先達でさえも苦しめられた難題ではあるが，それでもなお，われわれは対話への一歩を踏み出さなければならない。異なる経営学が互いにその意義を認め合い，そのうえで相補的な関係を構築することができれば，より豊かな学に発展するに違いない。フォレットは，そうした視座と方法を教えてくれているのである。

第2節　今後の課題

　本書では，経営現象を多面的かつ全体的に把捉するための方法を提案した。大森荘蔵の言葉を借りれば，それは経営学の「重ね描き」である。では，どうやって重ねるか。重ねてどうするのか。片岡信之は，筆者が学会報告をした折に，「要素還元的方法・分析的論理の経営学的知見が解釈学的経営学においてどのように止揚（＝否定すると同時に保存し，より高い次元において実現・統一）されていくのかということを，方法論のレベルを超えて具体的内容展開のプラン提示と内容そのものの展開として示す」（片岡 2019, 78頁）べきと指摘された。片岡信之が筆者に求めているのはヘーゲル的な弁証法だろうか。いずれにしても経営学方法論の止揚は難しい。大森荘蔵は自身が提唱する「重ね描き」について，「科学の無色無音の死物描写の上に色や音を重ねて描くというただそれだけ」と述べている。もちろん，これでは不十分であり答えにはならない。現時点では，プラグマティズムがその方法になり得ると考えているが，その具体的内容の提示は今後の課題とさせていただきたい。

　さて，解釈学的経営思想の展開に向けての最重要人物はホワイトヘッドであろう。第5章で述べたよう，ホワイトヘッドは「有機体の哲学」における「真・善・美」を説いた。これはジェームズの道徳的なプラグマティズムと相性が良い。なぜなら，二人とも有機的世界の中で人間の経験を捉えようとしているからである。そこで問われるのは生き様である。それゆえ，二人の思想は実践性と規範性を帯びるのである。本書で展開したフォレットの解釈学的経営思想は経営世界を生きる人間の物語である。フォレットが示してくれた物語をさらに紡いでいくためには，ホワイトヘッドら自然主義哲学者らの声に注意深く耳を傾けなければならない。

　とにもかくにも，筆者の解釈学的経営思想の研究は端緒についたばかりである。まずは「一人称の経営学」とは何かを丁寧に説明するところから始めなければならないと考えている。

注

1）新田義弘によれば，「現象学と解釈学はともに，知の持つ多様な現象形態，つまり知のパースペクティブ性と，知の生動性，つまり知を生きる現場の生起性格，この両者が形成する特有の仕組を問う方向を歩む哲学運動である。解釈学系統の知の理論は，生の多様性に基づく多彩な知の理論の形成を，作品解釈や歴史的理解の場面で積極的に捉えようとする。現象学は，生きられた経験そのもののなかに知の原型を求め，すでに経験の機能において多様性の発生を構造的に成立させる場面を探り出す。現象学によれば，この多様化を多様化としてとり出すには，それを事象として解き明かす方法を事象そのもののなかに見出していかねばならない。ここに現象学と解釈学の出会う場が，現象学のほうから切り開かれてくる」（新田 2006, 437-438 頁）。

　このように述べる新田義弘の『現象学と解釈学』に解説文を寄せる谷徹は次のように記している。「新田氏は，哲学的な解釈学の基本概念を，人間の知のパースペクティブ性，有機体の論理，書物の論理という三点から説いている。この解釈学がハイデガーにおいて現象学と出会った。さらに解釈学は，ガダマーやリクールらに継承された。現代の解釈学の中心概念は，〔部分と全体の解釈学的循環〕，〔地平の融合〕などだが，これらは現象学の地平の分析と大きく重なる。そして解釈学は，ある意味で現象学の分析以上に問題を明確に示している。この出会いは，現象学と解釈学の相互にとって，きわめて実り豊かなものであった。20 世紀のひとつのエポックメイキングな事件だったと言ってもよい」（新田 2006, 451 頁）と。それゆえ「解釈学は現象学と切り結ぶ」のだという。そして谷徹は続ける。それは，「現象学も〔それ自体で存在している存在者〕への信念を遮断し，それを支える〔地平〕を認めるからである。〔地平〕の概念は，現象学ではさまざまな場面で用いられるが，端的な例としては，次のようなものがあげられるだろう。つまり，私たちが大地を歩んでいくとき，それにつれて地平線が移行していく。しかし，この時，過ぎ去った経験〔地平〕は失われず，現在の経験に影響を及ぼし，またまもなく到来する経験〔地平〕は，すでに私たちの行く手に描かれている。砂漠を行くキャラバンが現在運んでいる〔荷〕は，昨日出発した地点（の記憶）と，明日到着する目的地（の投企）との関連のなかで，その（商品としての）〔意味〕をもち，それが（明日）実現・充実されるのである。要するに，過去の地平と未来の地平との関係のなかでこそ，それは何かとしての〔意味〕をもち，次第に充実されていくのであって，仮に現在だけしかなければ，それは単なる（物理的な）重荷以上のものではないだろう…。いや，小さく見ると，瞬間的な現在などはないのだから，〔意味〕は，すでに，時間幅のある現在の地平において成り立っているのである。すべての〔意味〕がそうである。地平は，個々の〔意味〕のように明確かつ確定的に規定されないが，しかし，これが個々の〔意味〕を支えている。他方で，個々の〔意味〕はそのつど地平を豊かにするのであり，これがなければ，地平そのものも単なる空虚である。ここには，（テクストの次元ではなく）経験の次元で，解釈学的循環が成り立っている」（新田 2006, 452-453 頁）。解釈学は現象学と切り結ぶことによって，その対象がテクストから経験へと広がった。そして両者を切り結んだ張本人がハイデガーであったのだ。

2）上林憲雄氏は，経営学史学会第 26 回大会の基調報告「経営学に未来はあるか？」で次のように述べている。「(1) 経営学史研究は過去の歴史や学説に閉じたものであってはならず，それらの意義と反省を踏まえ，現代の経営現象に焦点を当て，来るべき未来をも見据えた研究であって然るべきである。(2) 現代の経営や経営学の未来にとって今般最も大きな影響を及ぼしているのは〔グローバル市場主義〕の進展・浸透である。(3) グローバル市場主義は，経営学を含む学術研究の在り方そのものも変質させつつあり，とりわけ次代を担う若手研究者の研究姿勢に，領域分断化志向・見える化志向・短期化志向の助長という形で，暗い影を落としている。(4) 経営学史学会がここ数年，問題視してきた仮説 - 検証型の（軽薄な）実証研究志向の隆盛もこのコンテクストにおいて理解が可能である。(5) 経営学には，経営の大前提となる価値や規範にまで踏み込んだ吟味が必要であり，昨今のグローバル市場主義の進展下においては一層この点に留意されねばならない。(6) 学史研究

と実証研究との間に厳然として横たわる価値規範の溝を埋め，ひとまず相互に対話が可能な状況へと回帰させることは，哲学や思想を基盤に据え研究しようとする経営学史学会ならではの使命であり，これこそが経営学史研究に求められる現代的役割にほかならない」（上林 2019, 17-18 頁）。

あとがき

　本書は，これまでの学会報告や発表論文を基にしている。これらを「フォレットの解釈学的経営思想」として纏めるために大幅な加筆・修正を行ったが，各章と対応する論文等は以下の通りである。転載を許可してくださった版元に感謝申し上げたい。

序　章　「解釈学的経営思想の視座」経営学史学会東北部会準備研究会（報告資料），2019 年 12 月 7 日。

第 1 章　「フォレットの生涯とその時代」『フォレット（経営学史叢書Ⅳ）』経営学史学会監修／三井泉編著，文眞堂，2012 年。

第 2 章　「M. P. フォレット経営思想の射程——プロフェッションの概念を巡って——」『石巻専修大学経営学研究』石巻専修大学経営学会，第 12 巻第 2 号，2001 年。「フォレットの組織論」『現代経営組織論の基礎』佐久間信夫・坪井順一編著，学文社，2011 年。

第 3 章　「M. P. フォレット管理思想の基礎——ドイツ観念論哲学における相互承認論との関連を中心に——」『経営学百年』経営学史学会編，第 7 輯，文眞堂，2000 年。

第 4 章　「M. P. フォレット管理思想の基礎——W. ジェームズとの関連を中心に——」『ガバナンスと政策』経営学史学会編，第 12 輯，文眞堂，2005 年。「フォレットとジェームズ——マネジメント思想の哲学的基礎——」『石巻専修大学経営学研究』石巻専修大学経営学会，第 17 巻第 1 号，2005 年。

第 5 章　「フォレットとホワイトヘッド——マネジメント思想の哲学的基礎——」『経営哲学』経営哲学学会，第 8 巻第 1 号，2011 年。

第 6 章　「M. P. フォレット管理思想におけるプロセス観の基礎」『経営哲学』経営哲学学会，第 3 巻，2006 年。「M. P. フォレット解釈学的組織論の基礎」『石巻専修大学経営学研究』石巻専修大学経営学会，第

　あとがきに代えて本書が完成するまでの物語を記しておこう。

　専修大学大学院の修士課程に入学して間もなく，組織における人間関係を研究したいと考えていた私に，フォレットを読むように勧めてくださったのは指導教授の高澤十四久先生である。初めて読んだのは『新しい国家』(1993)（三戸公監訳・榎本世彦・高澤十四久・上田鷲訳）の校正刷りだった。原書の刊行は 1918 年だから日本で言えば大正時代である。しかも，アメリカの政治思想が現代日本における企業組織の人間問題と何の関係があるのか。そんなことを考えながら読んだので最初はなかなか頭に入らなかった。だが，読書百遍義自ずから見るである。私が高澤先生から学んだのは本の読み方だった。

　その後に進んだ明治学院大学大学院の博士後期課程では阪柳豊秋先生のもとでフォレット研究を継続させた。阪柳先生の指導方針は学会発表だった。毎週木曜日，白金校舎の阪柳研究室と大学近辺の喫茶店ではマンツーマンでご指導いただいた。そこで先生に草稿を提出すると翌週にはいつも真っ赤になって戻ってきた。阪柳先生はこうして私に論文の書き方を教えてくださった。

　それなのに本書をお見せできなくなってしまった。この本の初校後に阪柳先生の訃報が届いたのだ。完成本をご覧になっていたら何とおっしゃっただろう。今はただ先生のご冥福を祈るばかりである。

　思い起こせば明治学院に在籍中のこと，「学説を過去の遺物にしてはならな

い」という阪柳先生の教えに従い，榎本世彦先生主催の日本フォレット協会で
「フォレット経営思想の社会性」と題する研究報告をした。質疑応答では，三
戸公先生から「フォレットは易しいが難しいのぉ。だったら外堀を埋めたらえ
えのじゃないか」というご助言を賜った。さて「外堀」とは一体何のことか。
そこで私なりに考え抜いた答えが「哲学」だった。

　こうして経営思想の哲学的研究が私のライフワークになった。その過程で，
村田晴夫先生から形而上学的に経営を「哲学スル」ことの大切さを学んだ。ま
た小笠原英司先生には本質究明の「経営哲学」を，庭本佳和先生には「行為哲
学」としての経営学を教えていただいた。ここでお名前を挙げた先生方に師事
されている藤沼司先生と河辺純先生との交流は実に刺激的だ。藤沼先生の「経
営学と文明」や「協働の学としての経営学」，そして河辺先生の「公共経営哲
学」や「哲学的経営学」は含蓄に富むものであり，いつも多くの示唆を得てい
る。なお本書の序章は，藤沼先生が幹事を務められた経営学史学会東北部会準
備研究会での報告が基になっている。研究会では藤井一弘先生から本質をつく
コメントをいただいた。それによって本書の序章から終章までがつながった。
この部会が立ち上がったことで，経営を「哲学スル」という東北の素晴らしい
文化が存続しそうだ。

　ここで時間を戻そう。博士後期課程を3年で単位取得退学した私は，すぐに
石巻専修大学での職を得ることができた。加藤茂夫先生のおかげである。専修
大学に入学し，加藤先生が担当されていた必修科目「経営学総論」を受講して
経営学の面白さを知った。そこで迷うことなく加藤ゼミナールの門を叩いたの
だ。月曜日の本ゼミでは国内外の書物を輪読し，木曜日のサブゼミでは全国ゼ
ミナール連合会の討論会に向けて勉強をした。そして学部4年のとき，もっと
学びたいと加藤先生に大学院進学を相談すると，先生は高澤研究室への入室を
取り計らってくださった。私の性格を見越してのご判断だったと思う。

　学士，修士，博士課程と異なる研究室に所属して経営学研究の多様さを実感
した。それに戸惑うことも多かったが貴重な経験だった。経営学の幅広さと奥
深さを知ることができたからだ。大学院に入ってからは学説研究が中心となっ
たが，実務家との対話を大事にされている加藤先生は，学部時代，別の研究室
に所属していた大学院時代，そして現在も私を引き回してくださる。企業訪問

への同行，正確に言えば加藤先生の鞄持ちは，「学説研究者であっても現場を大事にしろ」というメッセージだと受け止めている。

　仲間にも恵まれた。加藤ゼミナールの同期には水野基樹氏，2期下には福原康司氏，そして高澤研究室のいくつか下には間嶋崇氏がいた。明治学院大学大学院に在籍していた3年間も毎週月曜日は専修大学の生田校舎に通った。午後1時からは高澤先生の大学院演習，午後5時からは加藤先生の学部ゼミナールに参加させていただいた。目標を同じくする彼らとの付き合いが精神的な支えだった。その後，水野氏には「科学」としての経営学を，福原氏と間嶋氏には「ナラティブ」などの新しい経営学を教えてもらった。本書では，そうした経営学を批判的に検討している。

　ところで，2011年3月11日に発生した東日本大震災は私の人生に大きな影響を与えた。震災後，しばらくは学内業務で多忙を極めたが，5月下旬の入学式を終えてやっと一段落し，石巻の被災地で産学官関係者と一緒になって復旧復興の作業に勤しんだ。当時，日本経営学会理事で東北部会長をされていた吉原正彦先生は，東北部会と全国大会の両方で震災特別セッションを企画され，私に報告の機会を与えてくださった。そこで私は被災地の実情を紹介した。すべてを津波で流されても何とか前に進もうとする中小企業経営者の姿を伝えたかったのだ。

　そのセッションに出席された村田晴夫先生は，「経営学者は理性的でなければならない」とコメントされた。私が感情的に見えたのだろう。村田先生のその一言により，昼間は復旧復興の作業，夜間は経営学史学会叢書『フォレット』の原稿執筆が日課となった。経営学者として被災地を生きることの意味は何か。フォレットとの対話によって，私はプラグマティズムを「ワガコト」として考えられるようになった。そして，この時期，叢書の責任編集を務められた三井泉先生と各章を執筆された先生方から温かいお言葉をいただいた。

　フォレット研究を始めて四半世紀，経営学者との協働，そして経営者との協働が，私の研究を訓詁学から解釈学へと向かわせてくれた。三戸先生の「外堀」というお言葉から「哲学」を志向し，学会研究会での学びと経営現場の出来事とを重ねることで見えてきたのが「一人称の経営学」としての解釈学的経営思想なのである。しかしながら，そんなものはフォレット思想の歪曲である

とお叱りを受けるかもしれない。何とも大きな不安を感じるが，一書を呈示して読者諸賢の忌憚のないご意見やご批判を仰ぐ次第である。

　さて，本書の出版を引き受けてくださった株式会社文眞堂社長の前野隆氏，専務取締役の前野眞司氏に厚くお礼申し上げたい。経営学史の中でも最もマイナーなフォレット研究で，しかも浅学非才の私が文眞堂から上梓できるのは望外の喜びである。

　本書は令和2年度石巻専修大学図書刊行助成費の交付を受けた。また，専修大学相馬学術奨励基金第22回海外研究員としてアメリカ北東部の町に滞在し，そこで収集した史料が本書の完成につながった。ここに記して，学校法人専修大学ならびに石巻専修大学に感謝の意を表したい。

2020 年 12 月 15 日

杉田　博

主要参考文献

【外国語文献】

Austin, J. L. (1971), *How to Do Things with Words*, Oxford University Press. (飯野勝己訳『言語と行為――いかにして言葉でものごとを行うか――』講談社，2019 年。)

Barnard, C. I. (1938, 1968), *The Functions of the Executives*, Harvard University Press. (山本安次郎・田杉競・飯野春樹訳『経営者の役割』ダイヤモンド社，1968 年。)

Barnard, C. I. (1948, 1962), *Organization and Management*, Selected Papers, Harvard University Press. (飯野春樹訳『組織と管理』文眞堂，1990 年。)

Berger, P. L. and Luckman, T. (1966), *The Social Construction of Reality: A Treatise in the Sociology of Knowledge*, New York. (山田節郎訳『現実の社会的構成――知識社会学論考――』新曜社，2003 年。)

Bernstein, R. (1983), *Beyond Objectivism and Relativism: Science, Hermeneutics, and Praxis*, University of Pennsylvania Press. (丸山高司訳『科学・解釈学・実践 (上・下)』岩波書店，1990 年。)

Blumer, H. (1969), *Symbolic Interactionism: Perspective and Method*, Prentice-Hall, Inc. (後藤将之訳『シンボリック相互作用論――パースペクティブと方法――』勁草書房，1991 年。)

Bosanquet, B. (1899, 2001), *The Philosophical Theory of the State*, Batoche Books.

Bruner, J. S. (1986), *Actual Minds, Possible Worlds*, Harvard University Press. (田中一彦訳『可能世界の心理』みすず書房，1998 年。)

Burrell, G. and Morgan, G. (1979), *Sociological Paradigms and Organizational Analysis: Elements of the Sociology of Corporate Life*, Heinemann. (鎌田伸一・金井一頼・野中郁次郎訳『組織理論のパラダイム――機能主義の分析枠組み――』千倉書房，1986 年。)

Butterfield, H. (1949, 1997), *The Origins of Modern Science*, Free Press. (渡辺正雄訳『近代科学の誕生 (上・下)』講談社学術文庫，1978 年。)

Cabot, R. C. (1926), Social Ethics 20a, box62, R. C. Cabot Papers, Harvard University Archives, Oct. 4th.

Cabot, R. C. (1934), "Mary Parker Follett: An Appreciation," *Radcliffe Quarterly*, April.

Carnap, R. (1959), "The Elimination of Metaphysics Through Logical Analysis of Language," translated by A. Pap, *Logical Positivism*, A. J. Ayer, The Free Press. (永井成男・内田種臣編訳『カルナップ哲学論集』紀伊國屋書店，2003 年。)

Carr-saunders, A. M. and Wilson, P. A. (1933), *The Professions*, Oxford at the Glarendon Press.

Cohen, A. I. (1971), *Mary Parker Follett: Spokesman for Democracy, Philosopher for Social Group Work, 1918-1933*, D. S. W. diss., Tulane University.

Cooley, C. H. (1909), *Social Organization*, Schocken. (大橋幸・菊地美代志訳『社会組織論』青木書店，1971 年。)

Danto, A. (1985), *Narration and Knowledge*, University Press.（河本英夫訳『物語としての歴史』国文社，1989年。）

Drucker, P. F. (1946, 1972), *The Concept of the Corporation*, John Day Co.（岩根忠訳『会社という概念』東洋経済新報社，1966年。）

Drucker, P. F. (1954, 2006), *The Practice of Management*, Harper Business.（上田惇生訳『新訳 現代の経営』ダイヤモンド社，1996年。）

Drucker, P. F. (1974, 1993), *Management: Tasks, Responsibilities, Practices*, Harper Business.（野田一夫・村上恒夫監訳『マネジメント──課題・責任・実践（上・下）──』ダイヤモンド社，1974年。）

Elliott, P. (1972), *The Sociology of the Professions*, Macmillan.

Etzioni, A. (1964), *Modern Organization*, Prentice-Hall.（渡瀬浩訳『現代組織論』至誠社，1967年。）

Etzioni, A. (1995), *New Communitarian Thinking: Persons, Virtues, Institutions, and Communities*, The University Press of Virginia.

Etzioni, A. (1996), *The New Golden Rule: Community and Morality in a Democratic Society*, Basic Books.（永安幸正監訳『新しい黄金律──「善き社会」を実現するためのコミュニタリアン宣言──』麗澤大学出版会，2001年。）

Etzioni, A. (2001), *Next: the road to the good society*, Basic Books.（小林正弥監訳『ネクスト──善き社会への道──』麗澤大学出版会，2005年。）

Follett, M. P. (1896, 2015), *The Speaker of the House of Representatives*, Scholar's Choice.

Follett, M. P. (1918, 1998), *The New State: Group Organization the Solution of Popular Government*, Pennsylvania University Press.（三戸公監訳，榎本世彦・高澤十四久・上田鷺訳『新しい国家──民主的政治の解決としての集団組織論──』文眞堂，1993年。）

Follett, M. P. (1919), "Community is a Process," *The Philosophical Review*, Vol.28.（高橋公夫・青柳哲也訳「フォレットの「コミュニティはプロセスである」」『経済系』関東学院大学経済学会，第200集，1999年。）

Follett, M. P. (1924), *Creative Experience*, Longmans, Green and Co.（三戸公監訳，齋藤貞之・西村香織・山下剛訳『創造的経験』文眞堂，2017年。）

Follett, M. P. (1926), Social Ethics Seminary, box62, R. C. Cabot Papers, Harvard University Archives, Dec. 20th.

Follett, M. P. (1928), *The Opportunities for Leadership for the Nurse in Industry*, Twelfth Annual Conference of the American Association of Industrial Nurses.（上田鷺訳「企業における看護婦のためのリーダーシップの機会」『北九州大学商経論集』第12巻第2号，1977年。）

Follett, M. P. (1928, 1970), "The Teacher-Student Relation," *Administrative Science Quarterly*, 15-2.（上田鷺訳「リーダーシップの一つの局面としての教師と学生・生徒の関係」『北九州大学商経論集』第12巻第4号，1977年。）

Forster, E. M. (1927), *Aspects of the Novel*, Edward Arnold & Co.（中野康司訳「小説の諸相」『E. M. フォースター著作集8』みすず書房，1994年。）

Fox, E. M. (1970), *The Dynamic of Constructive Change in the Thought of Mary Parker Follett*,

Ph.D. diss., Columbia University.

Gergen, K. J. (1994), *Realities and Relationships: Soundings in Social Construction*, Harvard University Press.（永田素彦・深尾誠訳『社会構成主義の理論と実践——関係性が現実をつくる——』ナカニシヤ出版，2004 年。）

Graham, P. (1995), *Mary Parker Follett: Prophet of Management*, Harvard Business School Press Classic.（三戸公・坂井正廣監訳『M. P. フォレット　管理の予言者』文眞堂，1999 年。）

Hanson, N. R. (1958), *Patterns of Discovery: An Inquiry into the Conceptual Foundations of Science*, Cambridge University Press.（村上陽一郎訳『科学的発見のパターン』講談社学術文庫，1986 年。）

Henderson, L. J. (1926), typescript of discussion, box62, R. C. Cabot Papers, Harvard University Archives, Dec. 20th.

Holt, E. B. (1915), *The Freudian Wish*, Henry Holt & Company.（本多啓訳「フロイト流の意図」『現代思想』青土社，Vol.28-5，2000 年。）

Hoopes, J. (2003), *False Prophets: The Gurus Who Created Modern Management and why Their Ideas Are Bad for Business Today*, Basic Books.（有賀裕子訳『経営理論　偽りの系譜——マネジメント思想の巨人たちの功罪——』東洋経済新報社，2006 年。）

Husserl, E. (1936, 2012), *Die Krisis der europäischen Wissenschaften und die transzendentale Phänomenologie*, Felix Meiner Verlag, Hamburg.（細谷恒夫・木田元訳『ヨーロッパ諸学の危機と超越論的現象学』中公文庫，1995 年。）

James, W. (1892, 1984), *Psychology: briefer course*, Harvard University Press.（今田寛訳『心理学（上・下）』岩波文庫，1992 年，1993 年。）

James, W. (1898, 1975), "Philosophical Conceptions and Practical Results," *The Works of W. James*, Harvard University Press.

James, W. (1907, 1981), *Pragmatism*, Hackett Publishing Company.（桝田啓三郎訳『プラグマティズム』日本教文社，1960 年。）

James, W. (1909, 1977), *A Pluralistic Universe*, Harvard University Press.（吉田夏彦訳『多元的宇宙』日本教文社，1961 年。）

James, W. (1911, 1979), *Some Problems of Philosophy*, Harvard University Press.（上山春平訳『哲学の諸問題』日本教文社，1961 年。）

James, W. (1912, 1976), *Essays in Radical Empiricism*, Harvard University Press.（桝田啓三郎・加藤茂訳『根本的経験論』白水社，1998 年。）

Kornhauser, W. (1963), *Scientists in Industry: Conflict and Accommodation*, University of California Press.

Kuhn, T. S. (1962, 2012), *The Structure of Scientific Revolutions*, 4th edition, The University of Chicago Press.（中山茂訳『科学革命の構造』みすず書房，1971 年。）

Lowe, V. (1962), *Understanding Whitehead*, The Johns Hopkins University Press.（大出晃・田中見太郎訳『ホワイトヘッドへの招待』松籟社，1982 年。）

MacIntyre, A. (1981, 2007), *After Virtue*, 3rd edition, Bristol Classical Press.（篠崎榮訳『美徳なき時代』みすず書房，1993 年。）

MacIver, R. M. (1917, 1920), *Community, a Sociological Study: Being an Attempt to Set Out the Nature and Fundamental Laws of Social Life*, Macmillan and Co.（中久郎・松本通晴監訳『コミュニティ——社会学的研究：社会生活の性質と基本法則に関する一試論——』ミネルヴァ書房，1975年。）

March, J. G. and Simon, H. A. (1958, 1993), *Organizations*, 2nd edition, Cambridge.（高橋伸夫訳『オーガニゼーションズ——現代組織論の原点——』ダイヤモンド社，2014年。）

Mayo, E. (1926), typescript of discussion, box62, R. C. Cabot Papers, Harvard University Archives, Dec. 20th.

McNamee, S. and Gergen, K. J. (1992), *Therapy as Social Construction*, Sage Publication Ltd.（野口裕二・野村直樹訳『ナラティヴ・セラピー——社会構成主義の実践——』金剛出版，1997年。）

Mead, G. H. (1934, 1967), *Mind, Self, Society: from the Standpoint of a Social Behaviorist*, ed. by C. W. Morris, The University of Chicago Press.（河村望訳『精神・自我・社会』人間の科学社，1995年。）

Merton, R. K. (1949), *Social Theory and Social Structure*, Free Press.（森東吾ほか訳『社会理論と社会構造』みすず書房，1961年。）

Metcalf, H. C. and Urwick, L. (1941, 1955), *Dynamic Administration: the Collected papers of Mary Parker Follett*, Bath Management Trust.（米田清貴・三戸公訳『組織行動の原理（新装版）』未来社，1997年。）

Parsons, T. (1937), *The Structure of Social Action*, Mcgraw-Hill.（稲上毅・厚東洋輔訳『社会行為の構造』木鐸社，1976年。）

Popper, K. R. (1945, 2003), *The Open Society and Its Enemies, Vol.1. The Spell of Plato, Vol.2. Hegel and Marx*, Routledge.（内田詔夫・小河原誠訳『開かれた社会とその敵（第1部 プラトンの呪文・第2部 ヘーゲル，マルクスとその余波）』未来社，1980年。）

Popper, K. R. (1972), *Objective Knowledge: An Evolutionary Approach*, Clarendon Press.（森博訳『客観的知識——進化論的アプローチ——』木鐸社，2004年。）

Putnam, H. W. (2002), *The Collapse of the Fact/Value Dichotomy and Other Essays*, Harvard University Press.（藤田晋吾・中村正利訳『事実／価値二分法の崩壊』法政大学出版局，2006年。）

Putnam, R. D. (2000), *Bowling Alone: The Collapse and Revival of American Community*, Simon & Schuster.（柴内康文訳『孤独なボウリング——米国コミュニティの崩壊と再生——』柏書房，2006年。）

Rawls, J. (1971, 1999), *A Theory of Justice*, revised edition, Harvard University Press.（川本隆史ほか訳『正義論』紀伊國屋書店，2010年。）

Ricoeur, P. (1984, 1985, 1988), *Time and Narrative Vol.1. 2. 3*, The University of Chicago Press.（久米博訳『時間と物語（I・II・III）』新曜社，1987年，1988年，1990年。）

Robbins, S. P. (1974), *Managing Organizational Conflict: A Nontraditional Approach*, Prentice-Hall.

Rorty, R. (1979), *Philosophy and the Mirror of Nature*, Princeton University Press.（野家啓一監訳，伊藤春樹他訳『哲学と自然の鏡』産業図書，1993年。）

Rorty, R. (1982), *Consequences of Pragmatism*, The University of Minnesota. (室井尚ほか訳『哲学の脱構築——プラグマティズムの帰結——』御茶の水書房，1985 年。)

Rosenthol, S. B. and Buchholz, R. A. (1999), *Rethinking Business Ethics: A Pragmatic Approach*, Oxford University Press. (岩田浩・石田秀雄・藤井一弘訳『経営倫理学の新構想』文眞堂，2001 年。)

Rowe, S. C. (1996), *The Vision of James*, Element Books Ltd. (本田理恵訳『ウィリアム・ジェイムズ入門——賢く生きる哲学——』日本協文社，1998 年。)

Sandel, M. J. (1998), *Liberalism and the Limit of Justice*, 2nd edition, Cambridge University Press. (菊池理夫訳『リベラリズムと正義の限界』勁草書房，2009 年。)

Sandel, M. J. (2009), *Justice: What's the right thing to do?*, Farrar, Straus & Giroux. (鬼澤忍訳『これからの「正義」の話をしよう』早川書房，2010 年。)

Sheldon, O. (1923, 1979), *The Philosophy of Management*, Arno Press. (田代義範訳『経営管理の哲学』未来社，1974 年。)

Simon, H. A. (1945, 1997), *Administrative Behavior: A Study of Decision-Making Processes in Administrative Organizations*, 4th edition, The Free Press. (二村敏子ほか訳『新版　経営行動——経営組織における意思決定過程の研究——』ダイヤモンド社，2009 年。)

Simon, H. A. (1983), *Reason in Human Affairs*, Stanford University Press. (佐々木恒男・吉原正彦訳『意思決定と合理性』ちくま学芸文庫，2016 年。)

Simon, H. A. (1996), *Models of My Life*, The MIT Press. (安西祐一郎・安西徳子訳『ハーバード・A・サイモン　学者人生のモデル』岩波書店，1998 年。)

Stout, M. and Love, J. M. (2015), *Integrative Process, Follettian Thinking from Ontology to Administration*, Process Century Press.

Taylor, F. W. (1911), *The Principles of Management*, New York, Harper & Brothers. (有賀裕子訳『新訳　科学的管理法——マネジメントの原点——』ダイヤモンド社，2009 年。)

Tonn, J. C. (1995), Follett's Challenge for Us All, Chukyo University. (中條秀治訳「われわれすべてに対するフォレットの挑戦」『中京経営研究』第 5 巻第 1 号，1995 年。)

Tonn, J. C. (2003), *Mary P. Follett: Creating Democracy, Transforming Management*, Yale University Press.

Urwick, L. (1949), *Freedom & Co-ordination: Lectures in Business Organization by Mary Parker Follett*, Management Publications Trust Ltd. (アーウィック編，藻利重隆解説，斎藤守生訳『フォレット　経営管理の基礎——自由と調整——』ダイヤモンド社，1963 年。)

Watson, J. B. (1930), *Behaviorism*, Norton & Company Inc. (安田一郎訳『行動主義の心理学』河出書房新社，1980 年。)

Weick, K. E. (1979), *The Social Psychology of Organization*, 2nd ed., Random House. (遠田雄志訳『組織化の社会心理学』文眞堂，1997 年。)

Weick, K. E. (1995), *Sensemaking in Organizations*, Thousand Oaks: Sage. (遠田雄志・西本直人訳『センスメーキング　イン　オーガニゼーションズ』文眞堂，2001 年。)

White, H. (1973), *Metahistory: The Historical Imagination in Nineteenth-Century Europe*, The Johns Hopkins University Press.

Whitehead, A. N. (1925, 1967), *Science and the Modern World*, The Macmillan Company.（上田泰治・村上至孝訳『科学と近代世界』松籟社, 1981 年。）

Whitehead, A. N. (1926a), Social Ethics Seminary, box62, R. C. Cabot Papers, Harvard University Archives, Oct. 18th.

Whitehead, A. N. (1926b), typescript of discussion, box62, R. C. Cabot Papers, Harvard University Archives, Dec. 20th.

Whitehead, A. N. (1929, 1978), *Process and Reality*, The Macmillan Company.（山本誠作訳『過程と実在（上・下）』松籟社, 1984 年, 1985 年。）

Whitehead, A. N. (1933, 1961), *Adventures of Ideas*, The Free Press.（山本誠作・菱木政晴訳『観念の冒険』松籟社, 1982 年。）

Whitehead, A. N. (1938, 1968), *Modes of Thought*, The Free Press.

Wolf, W. B. and Iino, H. (1986), *Philosophy for Managers, Selected Papers of Chester I. Barnard*, Bunshindo.

Wren, D. A. (1994), *The Revolution of Management Thought*, 4th edition, John Wiley & Sons, Inc.（佐々木恒男監訳『マネジメント思想の進化』文眞堂, 2003 年。）

【日本語文献】

青柳哲也 (1992),「フォレットのコミュニティ論──組織と個人の共生を求めて──」『経済系』関東学院大学, 第 170 集。

浅野智彦 (2001),『自己への物語論的接近──家族療法から社会学へ──』勁草書房。

安倍尚紀 (2002),「A. ギデンズ「二重の解釈学」の論理構成」『社会学研究』東北社会学研究会, 第 72 号。

新睦人ほか (1979),『社会学のあゆみ』有斐閣新書。

新睦人・中野秀一郎 (1984),『社会学のあゆみ　パートⅡ──新しい社会学の展開──』有斐閣新書。

アリストテレス著, 高田三郎訳 (1971, 1973),『ニコマコス倫理学（上・下）』岩波書店。

アリストテレス著, 出隆訳 (1959, 1961)『形而上学（上・下）』岩波文庫。

有福孝岳監訳 (1994),『カント入門講義』法政大学出版局。

飯野春樹編 (1979),『バーナード　経営者の役割』有斐閣新書。

飯野春樹編 (1988),『人間協働──経営学の巨人　バーナード──』文眞堂。

飯野春樹 (1992),『バーナード組織論研究』文眞堂。

石井淳蔵 (2004),『マーケティングの神話』岩波書店。

石川輝吉 (2009),『カント　信じるための哲学──「わたし」から「世界」を考える──』日本放送出版協会。

石毛弓 (2013),「人格の同一性に対するマッキンタイアの物語論的アプローチについて」『倫理学研究』関西倫理学会, 第 43 号。

石崎嘉彦・山内廣隆編 (1997),『人間論の 21 世紀的課題──応用倫理学の試練──』ナカニシヤ出版。

磯村和人 (2011),「バーナード理論の研究動向」『バーナード（経営学史叢書Ⅵ）』経営学史学会監修／藤井一弘編著, 文眞堂。

伊藤邦武（2012），『物語　哲学の歴史——自分と世界を考えるために——』中公新書。

伊藤博之（2001），「組織の歴史的伝統の探求——物語論の観点から——」『彦根論叢』滋賀大学経済学会，第329号。

伊藤博之（2009），『アメリカ・カンパニー——異文化としてのアメリカ企業を解釈する——』白桃書房。

稲葉元吉（1997），「H. A. サイモン——その思想と経営学——」『アメリカ経営学の潮流』経営学史学会編，第4輯，文眞堂。

今田高俊（1986），『自己組織性——社会理論の復活——』創文社。

今田高俊（2001），『意味の文明学序説——その先の近代——』東京大学出版会。

今田高俊（2010），「リベラル＝コミュニタリアン論争を超えて」『社会学史研究』日本社会学史学会，第32号。

岩佐茂・島崎隆・高田純編（1991），『ヘーゲル用語辞典』未来社。

岩田浩（2011），「バーナード——その人と生きた時代——」『バーナード（経営学史叢書VI）』経営学史学会監修／藤井一弘編著，文眞堂。

岩田浩（2014），「経営倫理学と事実／価値二分法の問題——ジョン・デューイの価値理論を拠り所にして——」『経営情報研究』摂南大学，第22巻第1号。

岩田浩（2016），『経営倫理とプラグマティズム——ジョン・デューイの思想に依拠した序説的考察——』文眞堂。

植村省三（1987），『現代企業の経営管理』白桃書房。

上山春平（1980），「プラグマティズムの哲学」『パース　ジェームズ　デューイ』中央公論社。

魚津郁夫（2001），『現代アメリカ思想——プラグマティズムの展開——』放送大学教育振興会。

魚津郁夫（2002），「プラグマティズム概観——真理と実在——」『理想』理想社，No.669。

魚津郁夫（2006），『プラグマティズムの思想』ちくま学芸文庫。

ウォーンキー著，佐々木一也訳（2000），『ガダマーの世界——解釈学の射程——』紀伊國屋書店。

宇野重規（2013），『民主主義のつくり方』筑摩書房。

大賀祐樹（2015），『希望の思想　プラグマティズム入門』筑摩書房。

太田肇（1993），『プロフェッショナルと組織——組織と個人の「間接的統合」——』同文舘。

大月博司ほか（1999），『戦略組織論の構想』同文舘。

大橋良介・野家啓一編（1999），『〈哲学〉——〈知〉の新たな展開——』ミネルヴァ書房。

大平浩二（2020），「今"実学"をいかに考えるか——実務（経験）と学問（理論）の往復過程を考える——」『経営教育研究』日本マネジメント学会誌，学文社，Vol.23 No.1.

大厩諒（2014），「ジェイムズ哲学における経験への態度——『心理学原理』の意識論の検討と哲学的方法に関するホワイトヘッドとの比較——」『プロセス思想』第16号。

大森荘蔵（1992），『時間と自我』青土社。

大森荘蔵（1994），『知の構築とその呪縛』ちくま学芸文庫。

小笠原英司（2004），『経営哲学研究序説——経営学的経営哲学の構想——』文眞堂。

小笠原英司（2011），「協働システムにおける組織の動態と経営者の役割」『バーナード（経営学史叢書VI）』経営学史学会監修／藤井一弘編著，文眞堂。

小笠原英司（2016），「科学技術時代における「専門家」と「生活者」——原発問題に接近するための基礎概念——」『原子力発電企業と事業経営——東日本大震災と福島原発事故から学

ぶ──』小笠原英司・藤沼司編著，文眞堂。

小川仁志（2012），『アメリカを動かす思想　プラグマティズム入門』講談社現代新書。

小田博志（2010），『エスノグラフィー入門──〈現場〉を質的に研究する──』春秋社。

ガーフィンケルほか著，山田富秋・好井裕明・山崎敬一編訳（1987），『エスノメソドロジー──社会学的思考の解体──』せりか書房。

鹿島徹（2003），「物語り論的歴史理解の可能性のために」『思想』岩波書店，No.954。

片岡信之（2019），「経営学の未来と方法論的課題──シンポジウムを顧みて──」『経営学の未来──経営学史研究の現代的意義を問う──』経営学史学会編，第 26 輯，文眞堂。

勝部伸夫（2018），「経営学の「科学化」と実証研究──経営学史研究の意義──」『経営学史研究の挑戦』経営学史学会編，第 25 輯，文眞堂。

加藤勝康（1996），『バーナードとヘンダーソン──*The Functions of the Executive* の形成過程──』文眞堂。

加藤美紀（2010），「生きる意味への物語論的接近」『上智教育学研究』上智大学，Vol.23。

金井壽宏ほか（2010），『組織エスノグラフィー』有斐閣。

河合隼雄著作集（1995），『物語と科学』第 12 巻，岩波書店。

河辺純（2007），「経営学における「実践」の意味とその方法──ステイクホルダー・マネジメント論から物語り論へ──」『大阪商業大学論集』大阪商業大学商経学会，第 3 巻第 1 号（通号 145 号）。

河辺純（2009），「人間協働の再生──公共性と物語り性をめぐる思想からの一考察──」『経営哲学』第 6 巻第 2 号。

河辺純（2011），「開かれた社会における人間性と道徳性」『大阪商業大学論集』大阪商業大学商経学会，第 6 巻第 4 号（通号 160 号）。

河辺純（2015），「「経験としての協働」を考える」『桃山学院大学キリスト教論集』第 50 号。

カント著，波多野精一・宮本和吉・篠田英雄訳（1979），『実践理性批判』岩波文庫。

カント著，原佑訳（2005），『純粋理性批判』平凡社ライブラリー。

菅野仁（2003），『ジンメル・つながりの哲学』日本放送出版協会。

上林憲雄（2019），「経営学に未来はあるか？──経営学史研究の果たす役割──」『経営学の未来──経営学史研究の現代的意義を問う──』経営学史学会編，第 26 輯，文眞堂。

上林憲雄（2020），「日本労務学会への期待──学会創立 50 周年に寄せて──」『日本労務学会誌』日本労務学会，第 20 巻第 2 号。

菊池理夫（2007），『日本を甦らせる政治思想──現代コミュニタリアニズム入門──』講談社現代新書。

菊池理夫（2011），『共通善の政治学』勁草書房。

木田元ほか（1994），『現象学事典』弘文堂。

木下征彦（2013），「コミュニティへのアプローチ──コミュニタリアニズムの人間観から──」『コミュニタリアニズムの世界』菊池理夫・小林正弥編著，勁草書房。

木村博（1995），「イエナ期フィヒテにおける相互人格性と言語」『理想』理想社，No.655。

木村敏（1982），『時間と自己』中公新書。

木村敏（2000），『偶然性の精神病理』岩波書店。

木村敏（2005），『関係としての自己』みすず書房。

木村敏（2006），『自己・あいだ・時間——現象学的精神病理学——』ちくま学芸文庫。

木村敏・坂部恵監修（2009），『臨床哲学の諸相——〈かたり〉と〈作り〉——』河合文化教育研究所。

蔵田伸雄（2002），「マッキンタイアの「物語」概念について——マッキンタイア『美徳なき時代』第15章「諸徳，人生の統一性，伝統の概念」を読む——」『物語としての思想——東西の思想を物語の観点から読み直す——』科学研究費報告書（11610042 代表　小川眞理子）。

グラハム著，榎本世彦訳（2000），『統合的マネジメント』同文館。

グロンダン著，末松壽・佐藤正年訳（2018），『解釈学』白水社。

クワイン著，大出晁・宮館恵訳（1984），『ことばと対象』勁草書房。

クワイン著，伊藤春樹・清塚邦彦訳（1999），『心理を追って』産業図書。

経営学史学会編（2012），『経営学史事典（第2版）』文眞堂。

郷義孝（1998），『ホワイトヘッドの有機体の思想——自然と歴史の統一理論——』晃洋書房。

小濱純（2004），「M. P. フォレットの経営哲学と解釈学——「状況の法則」による「科学的管理」の積極的再構成——」『経営哲学』経営哲学学会，創刊号。

小濱純（2005），『初期アメリカ経営管理思想における解釈学的特性と物語性の研究』雄松堂出版。

小林正弥（2010），『サンデルの政治哲学——正義とは何か——』平凡社新書。

小林正弥（2013），「マイケル・サンデルとリベラル-コミュニタリアン論争」『コミュニタリアニズムの世界』菊池理夫・小林正弥編著，勁草書房。

権左武志（1995），「フィヒテ相互承認論の構造とその意義——『自然法の基礎』（1796/97年）を中心として——」『理想』理想社，No.655。

齊藤毅憲（2020），「山城「実践経営学」の継承と発展」『経営教育研究』日本マネジメント学会，Vol.23, No.1。

サイモン著，安西祐一郎・安西徳子訳（1998），『学者人生のモデル』岩波書店。

坂下昭宣（2002），『組織シンボリズム論——論点と方法——』白桃書房。

坂下昭宣（2004），「エスノグラフィー・ケーススタディ・サーベイリサーチ」『国民経済雑誌』神戸大学経済経営学会，第190巻第2号。

坂部恵（1990, 2008），『かたり——物語の文法——』ちくま学芸文庫。

阪柳豊秋（1984），『経営組織論』同文館。

阪柳豊秋（1987），『現代経営学——組織論的接近——』中央経済社。

佐々木恒男編著（1999），『現代経営学の基本問題』文眞堂。

サトウタツヤ・高砂美樹（2003），『流れを読む心理学史——世界と日本の心理学——』有斐閣アルマ。

佐藤慶幸（1982），『アソシエーションの社会学——行為論の展開——』早稲田大学出版部。

佐藤慶幸（1991），『新版　官僚制の社会学』文眞堂。

塩野谷祐一（2006），「トマス・ヒル・グリーンと福祉国家」『季刊家計経済研究』2006-Winter。

塩野谷祐一（2009），『経済哲学原理——解釈学的接近——』東京大学出版会。

芝田秀幹（2013a），「B. ボザンケとコミュニタリアニズム——ボザンケとサンデル——」『政経論叢』明治大学政治経済研究所，第81巻第5-6号。

芝田秀幹（2013b），『ボザンケと現代政治理論——多元的国家論，新自由主義，コミュニタリア

ニズム──』芦書房。

シュッツ著，森川眞規雄・浜日出夫訳（1980），『現象学的社会学』紀伊國屋書店。

シュッツ著，佐藤嘉一訳（2012），『社会的世界の意味構成──理解社会学入門──（改訂版）』木鐸社。

新明正道（1967），『社会学的機能主義』誠信書房。

新明正道（1982），『タルコット・パーソンズ』恒星社厚生閣。

杉山三七男（2013），「レスリスバーガー──人間関係論とその展開──」『メイヨー＝レスリスバーガー（経営学史叢書Ⅲ）』経営学史学会監修／吉原正彦編著，文眞堂。

高巖（1995），『H. A. サイモン研究──認知科学的意思決定論の構築──』文眞堂。

高橋公夫（1995），「フォレットとヘーゲル──『新しい国家』を読んで──」『FORUM』日本フォレット協会，No.8。

高橋公夫（1998），「フォレットのリーダーシップ論」『経済系』関東学院大学，第194集。

高橋公夫（1998），「フォレットの「合衆国下院議長としてのヘンリー・クレイ」」『経済系』関東学院大学，第196集。

高橋正泰（1998），『組織シンボリズム──メタファーの組織論──』同文舘。

竹内惠行（2010），「現代統計学が20世紀科学に与えた影響」『経営思想研究への討究──学問の新しい形──』青森公立大学経営思想研究懇話会／村田晴夫・吉原正彦編，文眞堂。

竹田純郎（1994），『生きることの解釈学』勁草書房。

竹田青嗣（1989），『現象学入門』NHK 出版。

竹田青嗣（1993），『自分を知るための哲学入門』筑摩書房。

竹田青嗣（1995），『ハイデガー入門』講談社選書メチエ。

竹田青嗣・西研（1998），『はじめての哲学史──強く深く考えるために──』有斐閣アルマ。

田中裕ほか（1995），『ホワイトヘッドと文明論』行路社。

田中裕（1998），『ホワイトヘッド──有機体の哲学──』講談社。

谷徹（2002），『これが現象学だ』講談社現代新書。

丹治信春（1997），『クワイン──ホーリズムの哲学──』講談社。

千田義光（2004），『現象学の基礎』日本放送出版協会。

辻村宏和（2018），「経営教育学序説──経営者の「主客合一性」と一人称レベルの持論──」『経営教育研究』日本マネジメント学会誌，学文社，Vol.21 No.1。

鶴見俊輔（1986），『新装版　アメリカ哲学』講談社学術文庫。

デカルト著，野田又夫訳（1978），「方法序説」『世界の名著27 デカルト』中央公論社。

寺本剛（2010），「ホワイトヘッドの思想とフッサール現象学」『プロセス思想』日本ホワイトヘッド・プロセス学会，第14号。

戸田山和久（2005），『科学哲学の冒険──サイエンスの目的と方法をさぐる──』日本放送出版協会。

冨田恭彦（1994），『クワインと現代アメリカ哲学』世界思想社。

富永健一（1995），『行為と社会システムの理論──構造・機能・変動理論をめざして──』東京大学出版会。

富永健一（1997），『経済と組織の社会学理論』東京大学出版会。

ドラッカー著，牧野洋訳（2005），『ドラッカー　20世紀を生きて──私の履歴書──』日本経済

　　　　新聞社。

中川誠士（1992），『テイラー主義生成史論』森山書店。

中川誠士（2012），「テイラーの生涯と業績」『テイラー（経営学史叢書Ⅰ）』経営学史学会監修／
　　　　中川誠士編著，文眞堂。

中野剛充（2007），『テイラーのコミュニタリアニズム──自己・共同体・近代──』勁草書房。

仲正昌樹（2008），『集中講義！アメリカ現代思想──リベラリズムの冒険──』日本放送出版協
　　　　会。

仲正昌樹（2015），『プラグマティズム入門講義』作品社。

中村桂子（2004），『ゲノムが語る生命──新しい知の創出──』集英社新書。

中村昇（2007），『ホワイトヘッドの哲学』講談社。

中村昇（2014），『ベルクソン＝時間と空間の哲学』講談社。

西研（1995），『ヘーゲル・大人のなりかた』日本放送出版協会。

西田幾多郎（1911，2012），『善の研究』岩波文庫。

新田義弘（2006），『現象学と解釈学』ちくま学芸文庫。

庭本佳和（2006），『バーナード経営学の展開──意味と生命を求めて──』文眞堂。

庭本佳和（2009），「バーナードの方法＝行為主体的把握」『経営哲学』経営哲学学会，第6巻第
　　　　2号。

庭本佳和（2012），「行為哲学としての経営学の方法」『経営学の思想と方法』経営学史学会編，
　　　　第19輯，文眞堂。

西村香織（2012），「フォレットの経験論──価値の創造プロセスとしてのマネジメント思想──」
　　　　『フォレット（経営学史叢書Ⅳ）』経営学史学会監修／三井泉編著，文眞堂。

西村香織（2017），「M. P. フォレットの「創造的経験」──*Creative Experience* における理解を
　　　　中心として──」『経営学史研究の興亡』経営学史学会編，第24輯，文眞堂。

貫成人（2003），『経験の構造──フッサール現象学の新しい全体像──』勁草書房。

貫成人（2004），『哲学マップ』ちくま新書。

貫成人（2010），『歴史の哲学──物語を超えて──』勁草書房。

沼上幹（2007），「アメリカの経営戦略論と日本企業の実証研究──リソース・ベースト・ビュー
　　　　を巡る相互作用──」『経営学の現在』経営学史学会編，第14輯，文眞堂。

野家啓一（1993），『科学の解釈学』新曜社。

野家啓一（2004），「「二人称の科学」の可能性」『聖路加看護学会誌』Vol.8 No.1。

野家啓一（2005），『物語の哲学』岩波新書。

野家啓一（2010a），「物語り論（ナラトロジー）の射程」『経営思想研究への討究──学問の新し
　　　　い形──』青森公立大学経営思想研究懇話会／村田晴夫・吉原正彦編，文眞堂。

野家啓一（2010b），「科学・形而上学・物語り──ホワイトヘッド『科学と近代世界』再読──」
　　　　『プロセス思想』日本ホワイトヘッド・プロセス学会，第14号。

野家啓一（2010c），「〈場所〉と〈あいだ〉：知の統合への哲学的アプローチ」『横幹 Oukan』横
　　　　断型基幹科学技術研究団体連合，第4巻第2号。

野家啓一（2012），「科学哲学における解釈学的諸問題」名古屋大学グローバル COE プログラム
　　　　第13回国際研究集会報告集。

野家啓一（2018），『はざまの哲学』青土社。

野口裕二（2005），『ナラティブの臨床社会学』勁草書房。

野中郁次郎・紺野登（2003），『知識創造の方法論──ナレッジワーカーの作法──』東洋経済新報社。

野中洋一（2016），「原子力「安全神話」をめぐる考察」『原子力発電企業と事業経営──東日本大震災と福島原発事故から学ぶ──』小笠原英司・藤沼司編著，文眞堂。

パース・ジェームズ・デューイ著，植木豊編訳（2014），『プラグマティズム古典集成』作品社。

ハイデガー著，細谷貞雄訳（1994），『存在と時間（上・下）』ちくま学芸文庫。

林貴啓（2010），「プロセス物語論のために──物語るプロセス／プロセスを物語る──」『プロセス思想』日本ホワイトヘッド・プロセス学会，第14号。

林貴啓（2014），「ホワイトヘッド哲学──環境倫理へのラディカルな示唆──」『思想』No.693。

ビールズ編，竹田純郎・三国千秋・横山正美訳（1989），『解釈学とは何か』山本書店。

日高敏隆（2007），『セミたちと温暖化』新潮社。

廣瀬幹好（2012），「テイラーのマネジメント思想」『テイラー（経営学史叢書Ⅰ）』経営学史学会監修／中川誠士編著，文眞堂。

廣瀬幹好（2019），『フレデリック・テイラーとマネジメント思想』関西大学出版部。

福永文美夫（2007），『経営学の進化──進化論的経営学の提唱──』文眞堂。

福永文美夫（2009），「経営学史の新しい科学方法論と歴史観──吉原正彦著『経営学の新紀元を拓いた思想家たち』の意義と限界──」『経営哲学』経営哲学学会，第6巻第2号。

藤井一弘（2010），「ステークホルダー論の組織観」『経営学の展開と組織概念』経営学史学会編，第17輯，文眞堂。

藤井一弘（2011），「環境問題と現在の経営──バーナードの方法から考える──」『バーナード（経営学史叢書Ⅵ）』経営学史学会監修／藤井一弘編著，文眞堂。

藤井一弘（2014），「経営学に何ができるか──経営学の再生──」『経営学の再生──経営学に何ができるか──』経営学史学会編，第21輯，文眞堂。

藤井一弘（2017），「「歴史学的視点から見た経営学史」試考」『経営学史研究の興亡』経営学史学会編，第24輯，文眞堂。

藤井一弘（2019），「杉田博「経営学史と解釈学」およびシンポジウムに寄せて」『経営学の未来──経営学史研究の現代的意義を問う──』経営学史学会編，第26輯，文眞堂。

藤波尚美（2009），『ウィリアム・ジェームズと心理学──現代心理学の源流──』勁草書房。

藤沼司（2013），「メイヨー──人間関係論の思想的基盤──」『メイヨー＝レスリスバーガー（経営学史叢書Ⅲ）』経営学史学会監修／吉原正彦編著，文眞堂。

藤沼司（2015），『経営学と文明の転換──知識経営論の系譜とその批判的研究──』文眞堂。

藤沼司（2016），「「トランス・サイエンス」への経営学からの照射──「科学の体制化」過程への経営学の応答を中心に──」『経営学の批判力と構想力』経営学史学会編，第23輯，文眞堂。

藤沼司（2020），「社会の「分断」と経営学──経営学のバーナード理論的転回に向けて──」『経営哲学』経営哲学学会，第17巻第1号。

藤原保信（1993），『自由主義の再検討』岩波新書。

船津衛・宝月誠編（1995），『シンボリック相互作用論の世界』恒星社厚生閣。

船津衛編（1997），『G. H. ミードの世界』恒星社厚生閣。

船津衛（1999），『アメリカ社会学の展開』恒星社厚生閣。

船津衛（2000），『ジョージ・H・ミード──社会的自我論の展開──』東信堂。

ヘーゲル著，樫山欽四郎訳（1997），『精神現象学』平凡社ライブラリー。

ベルグソン著，坂田徳男ほか訳（2002），『哲学的直観』中央公論新社。

ポパー著，森博訳（2004），『客観的知識──進化論的アプローチ──』木鐸社。

堀江宗正（1998），「「物語と宗教」研究序説──リクール「物語神学を目指して」を読む──」『東京大学宗教学年報』東京大学文学部宗教学研究室，第 15 巻。

間嶋崇（2007），『組織不祥事──組織文化論による分析──』文眞堂。

間嶋崇（2016），「経営学におけるナラティブ・アプローチの可能性──組織の生成理論の構築に向けて──」『経営哲学』経営哲学学会，第 13 巻第 1 号。

増田靖（2013），『生の現場の「語り」と動機の詩学──観測志向型理論に定位した現場研究＝動機づけマネジメントの方法論──』ひつじ書房。

眞鍋知子（2010），「コミュニティ再考──パットナムの社会関係資本を素材として──」『社会学史研究』日本社会学史学会，第 32 号。

丸山高司（1997），『ガダマー──地平の融合──』講談社。

ミード著，船津衛・徳川直人（1991），『社会的自我』恒星社厚生閣。

ミード著，加藤一己・宝月誠編訳（2003），『G. H. ミード　プラグマティズムの展開』ミネルヴァ書房。

見田宗介・栗原彬・田中義久編（1994），『縮刷版　社会学事典』弘文堂。

三井泉（1988），「人間協働の新たな理解に向けて──バーナードは近代科学を超えているか──」『人間協働──経営学の巨人　バーナードに学ぶ──』文眞堂。

三井泉（1991），「経営学の基礎としての「人間協働」──その意味と認識方法をめぐって──」『商学論集』福島大学，第 60 巻第 1 号。

三井泉（1995），「アメリカ経営学史の方法論的考察──ネオ・プラグマティズムとマネジメント思想──」『経営学の巨人』経営学史学会編，第 2 輯，文眞堂。

三井泉（2001），「アメリカ経営学における「プラグマティズム」と「論理実証主義」」『組織・管理研究の百年』経営学史学会編，第 8 輯，文眞堂。

三井泉（2009），『社会ネットワーキング論の源流──M. P. フォレットの思想──』文眞堂。

三井泉（2012），「フォレットの思想的背景と方法」『フォレット（経営学史叢書Ⅳ）』経営学史学会監修／三井泉編著，文眞堂。

三井泉（2013），「マネジメント思想における「個人と組織」の物語り──「個人と組織」の 20 世紀から「関係性」の 21 世紀へ──」『経営学の貢献と反省』経営学史学会編，第 20 輯，文眞堂。

三井泉（2017），「M. P. Follett 思想における Pragmatism と Pluralism」『経営学史研究の興亡』経営学史学会編，第 24 輯，文眞堂。

三橋浩（1986），『ジェイムズ経験論の周辺』法律文化社。

三戸公・榎本世彦（1986），『経営学──人と学説　フォレット──』同文館。

三戸公（1997a），「科学的管理の現在──三つの科学的管理とその射程──」『中京経営研究』第 7 巻第 1 号。

三戸公（1997b），『現代の学としての経営学』文眞堂。

三戸公（1998），「M. P. フォレット，管理論史における位置と意味」『経済系』関東学院大学経済学会，第194集。

三戸公（2002），『管理とは何か──テイラー，フォレット，バーナード，ドラッカーを超えて──』文眞堂。

三戸公（2011），『ドラッカー，その思想』文眞堂。

三戸公（2013），「日本における経営学の貢献と反省」『経営学の貢献と反省』経営学史学会編，第20輯，文眞堂。

宮原勇（2004），『図説・現代哲学で考える〈表現・テキスト・解釈〉』丸善株式会社。

村田晴夫（1984），『管理の哲学──個と全体・その方法と意味──』文眞堂。

村田晴夫（1988），「ウィリアム・ジェームズからバーナードへ」『人間協働──経営学の巨人バーナードに学ぶ──』文眞堂。

村田晴夫（1990），『情報とシステムの哲学──現代批判の視点──』文眞堂。

村田晴夫（1992），「組織倫理と管理論──階層的多元主義の試み──」『武蔵大学論集』第40巻第1号。

村田晴夫（1999），「システム論の哲学的基礎──有機体の哲学から組織倫理学へ──」『プロセス思想研究』南窓社。

村田晴夫（2008），「経営哲学，公共善，そして物語り」『経営経済学研究』青森公立大学，第13巻第2号。

村田晴夫（2013），「経営学史における組織と時間」『経営学の貢献と反省』経営学史学会編，第20輯，文眞堂。

村田晴夫（2017），「文明と経営，その哲学的展望に向けて──経営学における具体性とは何か──」『経営論集』明治大学経営研究所，第64巻4号。

村田晴夫（2019），「文明と経営──経営学史研究と経営学の未来──」『経営学の未来──経営学史研究の現代的意義を問う──』経営学史学会編，第26輯，文眞堂。

村田康常（2000），「有機体の哲学における関係性と情的知」『プロセス思想』日本ホワイトヘッド・プロセス学会，第9号。

村田康常（2002），「文明化とケア──有機体の哲学によるケアの倫理学の基礎づけ──」『プロセス思想』日本ホワイトヘッド・プロセス学会，第10号。

村田康常（2010），「創造性と持続可能性──ホワイトヘッドの文明倫理学──」『研究紀要』名古屋柳城短期大学，第32号。

村田康常（2014a），「文明の進歩と課題──上向きの趨勢と客体的不死性──」『プロセス思想』日本ホワイトヘッド・プロセス学会，第15号。

村田康常（2014b），「住まうこと，冒険すること，斉すること──「プロセス」の三つの様態──」『思想』理想社，No.693。

村田康常（2018），「価値ある事実──ホワイトヘッドの多即一の論理──」数理経済学会（大阪大学）。

村田裕志（2008），「社会学的機能主義系「社会システム論」の視角」『社会イノベーション研究』法政大学，第3巻第2号。

藻利重隆（1973），『経営学の基礎』森山書店。

森川英正（1980），「日本におけるプロフェッショナル企業人の育成」『組織科学』第14巻第4

　　　　号。

森元斎（2015），『具体性の哲学——ホワイトヘッドの知恵・生命・社会への思考——』以文社。

柳沼良太（2002），「新旧のプラグマティズム」『理想』理想社，No.669。

山田英世（2016），『J. デューイ（新装版）』清水書院。

山本誠作（1985），『ホワイトヘッドと西田哲学』行路社。

山本誠作（1999），「ホワイトヘッドの視点からの西田哲学の解釈の試み」『プロセス思想研究』
　　　　南窓社。

吉川孝（2017），「現代現象学とは何か」『現代現象学——経験から始める哲学入門——』植村玄輝・
　　　　八重樫徹・吉川孝編著，新曜社。

吉田幸司（2010），「過渡期ホワイトヘッド哲学における意識——ジェイムズ哲学と対比した発展
　　　　的研究——」『プロセス思想』日本ホワイトヘッド・プロセス学会，第14号。

吉原正彦（2006），『経営学の新紀元を拓いた思想家たち——1930年代のハーバードを舞台に——』
　　　　文眞堂。

吉原正彦（2009），「再び，歴史が動く——拙著への批判に寄せて——」『経営哲学』経営哲学学会，
　　　　第6巻第2号。

吉原正彦（2012），「経営学の思想と方法」『経営学の思想と方法』経営学史学会編，第19輯，文
　　　　眞堂。

吉原正彦（2018），「経営学史研究の挑戦——その持つ意味——」『経営学史研究の挑戦』経営学史
　　　　学会編，第25輯，文眞堂。

寄川条路（2018），『ヘーゲル——人と思想——』晃洋書房。

リクール著，久米博訳（2010），『他者のような自己自身（新装版）』法政大学出版局。

若島孔文編著（2007），『社会構成主義のプラグマティズム——臨床心理学の新たなる基礎——』金
　　　　子書房。

鷲田清一（1997），『現象学の視線』講談社学術文庫。

渡邊二郎（1994），『構造と解釈』ちくま学芸文庫。

渡辺恒夫・村田純一・高橋澪子編（2002），『心理学の哲学』北大路書房。

事項索引

人名索引

著者紹介

杉田　博（すぎた　ひろし）

　1970 年　茨城県つくば市生まれ
　1993 年　専修大学経営学部卒業
　1995 年　専修大学大学院経営学研究科修士課程修了
　1999 年　明治学院大学大学院経済学研究科博士後期課程単位取得退学
　　　　　　石巻専修大学経営学部専任講師，助教授，准教授を経て
　2013 年　同教授　現在に至る

　専攻分野　経営組織論，経営管理論，経営学史
　主要業績　『M. P. フォレット　管理の予言者』（共訳）文眞堂，1999 年。
　　　　　　『マネジメント思想の進化』（共訳）文眞堂，2003 年。
　　　　　　『フォレット（経営学史叢書Ⅳ）』（共著）文眞堂，2012 年。
　　　　　　『経営学史研究の興亡』（共著）文眞堂，2017 年。
　　　　　　『経営学の未来』（共著）文眞堂，2019 年。

文眞堂現代経営学選集
第Ⅱ期第11巻

フォレットの解釈学的経営思想

2021 年 3 月 10 日　第 1 版第 1 刷発行　　　　　　　　　　検印省略

著　者　杉　　田　　　　博
発行者　前　　野　　　　隆
発行所　株式会社　文　眞　堂
　　　　東京都新宿区早稲田鶴巻町 533
　　　　電　話　03（3202）8480
　　　　FAX　03（3203）2638
　　　　http://www.bunshin-do.co.jp
　　　　郵便番号（162/0041）振替00120-2-96437

印刷・モリモト印刷　　製本・高地製本所
©2021
定価はカバー裏に表示してあります
ISBN978-4-8309-5106-0 C3034